新发展格局下的高质量发展

一 基于中国式现代化视角的总体评估 一

HIGH-QUALITY DEVELOPMENT UNDER
THE NEW DEVELOPMENT PARADIGM

An overall assessment based
on the perspective of Chinese modernization

何德旭　汪红驹 等　　著

当代中国出版社
Contemporary China Publishing House

图书在版编目（CIP）数据

新发展格局下的高质量发展：基于中国式现代化视角的总体评估／何德旭等著. -- 北京：当代中国出版社，2024.10. -- ISBN 978 - 7 - 5154 - 1447 - 8

Ⅰ. F124

中国国家版本馆 CIP 数据核字第 20244WF517 号

出 版 人	蔡继辉
责任编辑	乔镜萤　闫行骏
责任校对	贾云华　康　莹
印刷监制	刘艳平
封面设计	宋　涛鲁娟
出版发行	当代中国出版社
地　　址	北京市地安门西大街旌勇里 8 号
网　　址	http://www.ddzg.net
邮政编码	100009
编 辑 部	(010) 66572744
市 场 部	(010) 66572281　66572157
印　　刷	中国电影出版社印刷厂
开　　本	710 毫米×1000 毫米　1/16
印　　张	18.75 印张　1 插页　250 千字
版　　次	2024 年 10 月第 1 版
印　　次	2024 年 10 月第 1 次印刷
定　　价	98.00 元

目 录 CONTENTS

前　言

党的十九届六中全会通过的《中共中央关于党的百年奋斗重大成就和历史经验的决议》（以下简称《决议》）强调，坚持和发展中国特色社会主义，总任务是实现社会主义现代化和中华民族伟大复兴，以中国式现代化全面推进中华民族伟大复兴。必须实现创新成为第一动力、协调成为内生特点、绿色成为普遍形态、开放成为必由之路、共享成为根本目的的高质量发展。党的二十大报告再次强调，高质量发展是全面建设社会主义现代化国家的首要任务，必须完整、准确、全面贯彻新发展理念，坚持社会主义市场经济改革方向，坚持高水平对外开放，加快构建以国内大循环为主体、国内国际双循环相互促进的新发展格局。这些论述对高质量发展提出了更加全面、更加明确、更加具体的要求，为高质量发展提供了根本遵循和方向指引。全面深刻准确领会《决议》和党的二十大报告的精神实质，在经济、社会、文化、生态文明等各个方面及其各个环节推动高质量发展，是全面贯彻落实习近平新时代中国特色社会主义思想和中央决策部署的具体体现，是全面建设社会主义现代化国家的内在要求，是实现为中国人民谋幸福、为中华民族谋复兴的根本路径，是一场关系经济社会全局的深刻变革，必须积极主动务实地做好高质量发展这篇大文章。

一 中国式现代化复杂艰巨，高质量发展是根本出路

党的二十大报告明确概括了中国式现代化5个方面的中国特色，深刻揭示了中国式现代化的科学内涵。中国式现代化是人口规模巨大的现代化、是全体人民共同富裕的现代化、是物质文明和精神文明相协调的现代化、是人与自然和谐共生的现代化、是走和平发展道路的现代化。

人口规模巨大是中国式现代化的基本约束。中国人口众多，约占世界总人口的1/5。人口规模巨大导致中国经济各项指标面临总量大、人均水平低的复杂矛盾。中国已经是世界第二大经济体，要实现中国式现代化，必须在一些关键的人均变量上有所突破。按照传统模式提高人均变量，必然受到总量约束，因此必须通过革命性创新，解决吃饭、交通、就业、分配、教育、医疗、住房、养老、托幼、娱乐、体育、知识、技术、文化、环保等问题，才能实现全体人民共同富裕、物质文明和精神文明相协调、人与自然和谐共生的目标。哪一个问题的解决都不是容易的事。在开放经济中，经济发展规模的数量扩张必然外溢至国际市场和政治领域，处理不好就会产生国际矛盾。中国式现代化的艰巨性复杂性前所未有。

中国特色社会主义制度是党和人民在长期实践探索中形成的科学制度体系，国家治理体系和治理能力，是中国特色社会主义制度及其执行能力的集中体现。治理体系现代化是一种包括政府、市场和社会公众等多元主体通过协商、对话和互动，达成管理日常事务、调控资源、履行权利的行动共识以缓解冲突或整合利益、实现公共目标、满足人民生活需要的结构、过程、关系、程序和规则的体系性活动①。在我国，国家治

---

① 参见陈进华：《治理体系现代化的国家逻辑》，载《中国社会科学》2019年第5期。

理是在中国共产党领导下，以人民根本利益和民族复兴为根本目标，以行政、立法、司法等公共权力机构为主体，充分发挥多种社会团体和阶层的积极作用，相机抉择和综合运用政治、行政、法律和市场等多重手段，从而形成能够有效回应社会公共需求的制度体系、能力和过程①。从满足高质量发展的内在需要来看，推进国家治理体系和治理能力现代化包括以下几个方面。

一是坚持全面依法治国。针对一度存在的有法不依、执法不严、司法不公、违法不究等问题，党的十八届四中全会和中央全面依法治国工作会议专题研究全面依法治国问题，统筹推进法律规范体系、法治实施体系、法治监督体系、法治保障体系和党内法规体系建设。《决议》明确指出，全面依法治国是中国特色社会主义的本质要求和重要保障，是国家治理的一场深刻革命。因此，在新的历史阶段，仍然需要进一步健全中国特色社会主义基本制度，完善保护产权、维护契约、交换平等、竞争公平、监管有效的市场机制，规范社会主义市场经济中各经济主体的行为，激励企业扎实做好技术创新、提高供给质量、降低经济成本、提高竞争力。

二是推进宏观经济治理体系建设。宏观经济治理是国家治理体系的重要构成。在我国，政府主要承担经济调节、市场监管、社会管理、公共服务和生态环境保护等职能②。《中华人民共和国国民经济和社会发展第十四个五年规划和 2035 年远景目标纲要》明确提出了宏观经济治理体系建设的目标和任务。在新的历史阶段，推进宏观经济治理体系建设，还需要进一步提高国家发展规划战略的科学性，优化宏观经济治理体系的目标、加强合理分工、提高协同效率，做好宏观经济政策的跨周期设

---

① 参见吕炜、靳继东：《始终服从和服务于社会主义现代化强国建设——新中国财政 70 年发展的历史逻辑，实践逻辑与理论逻辑》，载《管理世界》2019 年第 9 期。

② 参见江小涓：《创新管理方式完善宏观经济治理体制》，载《经济日报》2020 年 6 月 2 日，第 8 版。

计和逆周期调节，提升财政政策与货币政策调控经济的精准性及两者的协调性，加强就业、产业、环保、区域等政策的紧密配合程度，进而在顶层设计层面保障高质量发展①。

三是努力探索高质量发展规律和模式，不断丰富新时代中国特色社会主义经济理论。习近平新时代中国特色社会主义思想实现了马克思主义中国化新的飞跃，是中华文化和中国精神的时代精华。高质量发展是把握发展规律、从实践认识到再实践再认识的重大理论创新，是习近平新时代中国特色社会主义经济思想的重要组成部分，是马克思主义政治经济学的最新成果②。在倍加珍惜、长期坚持的同时，还要在新时代实践中不断丰富和发展，总结好中国经济理论，讲好中国故事，进而到实践中去，指导经济更高质量、更有利于提高人民福祉的发展，不断为人类文明进步贡献智慧和力量。

〔二〕 着力构建新发展格局，破解高质量发展中的难题

一个时期以来，我国面临的发展质量不高问题，是人民日益增长的美好生活需要和不平衡不充分的发展之间的矛盾的根本原因。构建平衡、协调、充分的新发展格局，是解决这一主要矛盾的有效途径。

一是着力构建国内大循环为主体、国内国际双循环相互促进的新发展格局。中国共产党领导人民进行伟大奋斗积累了宝贵经验，独立自主是中华民族精神之魂，是经济建设和经济工作的重要原则。构建"双循环"新发展格局，必须做好国内实体经济、产业、金融、贸易等重点领域以及相互之间的大循环，努力推进国内经济的可持续发展；同时，坚

---

① 参见何德旭、苗文龙：《财政分权、金融分权与宏观经济治理》，载《中国社会科学》2021年第7期。

② 参见刘鹤：《必须实现高质量发展》，载《人民日报》2021年11月24日，第6版。

持并不断扩大对外开放，促进国内国际双循环。

二是推进公有制经济与非公有制经济协调发展。要加快建立中国特色的现代企业制度，巩固和发展公有制经济，鼓励、支持、引导非公有制经济发展。通过鼓励创新和充分发挥市场机制的作用，激励企业进行技术创新，优胜劣汰；支持有核心技术并不断引领创新的国有企业做强做优做大从而增强国有经济竞争力、创新力、控制力、影响力、抗风险能力；构建亲清政商关系，促进有核心技术并不断结合社会需求进行高质量创新的非公有制经济健康成长。通过促进两类经济的协调发展，加快发展现代产业体系，激励两类企业自主创新，进而加快创新型国家建设，提升供给质量，不断提升人民福祉。

三是促进城乡协调发展。要健全党组织领导的自治、法治、德治相结合的城乡基层治理体系，推动社会治理重心向基层下移，建设共建共治共享的社会治理制度，建设人人有责、人人尽责、人人享有的社会治理共同体；推进义务教育均衡发展和城乡一体化，促进城乡教育公平和提高城乡教育质量；引导医疗卫生工作重心下移、资源下沉，健全遍及城乡的公共卫生服务体系；加快建立多主体供给、多渠道保障、租购并举的住房制度，进一步改善城乡居民住房条件。

四是促进区域平衡协调充分发展。《决议》明确指出，要实施区域协调发展战略，促进京津冀协同发展、长江经济带发展、粤港澳大湾区建设、长三角一体化发展、黄河流域生态保护和高质量发展，高标准高质量建设雄安新区，推动西部大开发形成新格局，推动东北振兴取得新突破，推动中部地区高质量发展，鼓励东部地区加快推进现代化，支持革命老区、民族地区、边疆地区、贫困地区改善生产生活条件。通过区域协调发展和区域内城乡协调发展，实现共同富裕。

五是促进实体经济、实体产业与金融体系平衡协调充分发展。在现代经济金融体系下，必须促进产业资本与金融资本的数量均衡、结构均衡、融合发展；提升金融体系对高质量项目的筛选能力、风险管理能力、抗击风险的韧性，从而更准确、更高效地服务于高质量经济发展[①]；同时，要强化对涉及政策性支持、制度性扶持的实体企业规范经营的监测，控制其利用便利的金融资源"脱实向虚"；在健全金融风险防范法律法规、提高公众投资者风险意识和金融知识水平的基础上，发展多元化多层次的金融市场，为企业生产投资和研发投资方面的资金需求提供更多的融资渠道，发挥商业银行和市场各自的风险管理优势。

三 全面实施供给侧结构性改革，为高质量发展提供制度支撑

实施供给侧结构性改革是经济发展的主线，可以为推进质量变革、效率变革、动力变革提供制度支撑，有助于持续优化经济结构、不断提高供给体系质量、为我国社会生产力跃升到更高水平打下坚实基础。《决议》明确指出："全面实施供给侧结构性改革，推进去产能、去库存、去杠杆、降成本、补短板，落实巩固、增强、提升、畅通要求，推进制造强国建设，加快发展现代产业体系，壮大实体经济，发展数字经济"。

实施供给侧结构性改革，一个十分重要的方面，就是要坚持创新在我国现代化建设全局中的核心地位。科技创新对中国来说不仅是发展问题，更是生存问题。实现科技创新，需要根据我国的基本国情和社会有效需求，不断提高产品、服务、创新质量。一是在企业、科研机构、高等院校层面建立科技创新激励机制、经费管理机制、评价机制，切实落实"揭榜挂帅"、科研经费"包干制"等机制[②]。二是财政要根据企业创新技术水平和研发投资行为，有重点地增加对创新密度较大企业的技术

---

① 参见何德旭、苗文龙：《财政分权、金融分权与宏观经济治理》，载《中国社会科学》2021年第7期。

② 参见刘鹤：《必须实现高质量发展》，载《人民日报》2021年11月24日，第6版。

创新投资支出，提高创新速度和技术水平；同时，根据企业创新行为、技术投资率水平和阶段性创新成果进行阶段性扶助，减少创新前期投入、加大创新项目质量验收力度和研发成功后的激励①。三是深化金融供给侧结构性改革，提高金融体系服务实体经济的能力和水平，促进实体经济与金融协调发展，实现"科技—产业—金融"的高水平循环。四是坚持"建制度、不干预、零容忍"的方针，打造规范、透明、开放、有活力、有韧性的资本市场，使之成为推动科技创新和实体经济转型升级的枢纽。五是适应数字化趋势，发展数字经济，推动传统产业技术改造，发展战略性新兴产业。

从供给侧结构性改革的角度，绿色经济是经济高质量持续发展的必然形式和普遍形态。党的二十大报告明确指出："实现碳达峰碳中和是一场广泛而深刻的经济社会系统性变革。"稳步推进绿色经济转型，一是要完善绿色低碳政策和市场体系，充分发挥市场机制的激励约束作用。二是要有序落实碳达峰碳中和举措，加强全国统筹，完善能耗控制机制，通过市场竞争淘汰落后产能。三是推动绿色低碳技术取得重大突破，在科学考察和严密论证的基础上，加速新能源产业发展，加快形成节约资源和保护环境的产业结构、生产方式、生活方式、空间格局。四是加大对环境与气候治理研发的支持，对存量性环保生产问题进行化解，有序推进绿色发展、循环发展、低碳发展。五是深度参与全球环境与气候治理，引导应对气候变化国际合作。

四　统筹安全和发展，确保守住高质量发展的安全底线

统筹发展和安全是以习近平同志为核心的党中央立足于新发展阶段、

---

① 苗文龙、何德旭、周潮：《企业创新行为差异与政府技术创新支出效应》，载《经济研究》2019 年第 1 期。

国际国内新形势新情况所提出的重大战略思想，是习近平新时代中国特色社会主义思想的重要内容。安全是发展的前提，发展是安全的保障。

党的十九届五中全会首次将统筹发展和安全纳入"十四五"期间我国经济社会发展指导思想，提出"把安全发展贯穿国家发展各领域和全过程，防范和化解影响我国现代化进程的各种风险。"党的十九届六中全会再次强调要统筹发展和安全。

当前和未来一段时间，经济安全发展必然会遇到可预见的和不可预见的风险和挑战。在经济高速增长阶段中累积的矛盾和风险已成为通往高质量发展道路上亟待破解的问题。在新冠疫情蔓延全球、世界经济疫后不稳定恢复、经济全球化遭遇逆流、大国博弈导致地缘政治冲突加剧的现实环境下，我国发展面临传统安全和非传统安全的交织威胁。保证人民能够在稳定的环境下建设社会主义现代化，保障人民能够享受社会主义现代化建设成果，需要在统筹发展和安全关系中把握高质量发展。中国坚持和平发展，在坚定维护世界和平与发展中谋求自身发展，又以自身发展更好维护世界和平与发展，推动构建人类命运共同体，是中国式现代化的"突出特征"。

为加快构建"双循环"的新发展格局，本项研究根据统筹发展和安全的要求，依据高质量发展和安全发展的具体内涵，构建综合评价体系；从我国经济增长的阶段性特征、创新发展、协调发展、绿色发展、开放发展、共享发展、安全发展等各个方面简要评估我国 2010—2020 年发展和安全的强项及短板。我国已经实现第一个百年奋斗目标，为实现第二个百年奋斗目标——建成富强民主文明和谐美丽的社会主义现代化强国，我国应充分发挥自身优势，主动作为，加快构建新发展格局，实现高水平的自立自强，通过贯彻国家总体安全观，构建国家安全体系，为推动发展创造条件，同时，通过践行人类命运共同体理念，维护世界整体的发展与安全。在新发展格局下，通过高质量发展实现中国式现代化，打破了"现代化＝西方化"的迷思，将为全球提供一种全新的现代化模式，为广大发展中国家提供全新选择，为人类的和平与发展贡献中国智慧、中国方案、中国力量①。

本书由中国社会科学院财经战略研究院院长何德旭领衔的创新工程团队完成，研究团队重点攻坚我国经济高质量发展的理论基础和评价指标体系。全书写作分工如下，前言由何德旭完成；第一章由汪红驹完成；第二章由汪川完成；第三章由钟春平完成；第四章由吕风勇完成；第五章由姚博完成；第六章由刘诚完成；第七章由张彬斌完成；第八章由汪红驹完成。何德旭、汪红驹负责全书框架设计和统一协调出版中的具体问题，汪红驹完成统稿。

尽管我们在研究过程中秉承扎实可靠、科学严谨的态度，力求客观、全面地把握我国经济高质量发展的总体状况，在整理编撰书稿的过程中也力求认真仔细，在编辑的帮助下反复修改了多次，但是书中仍不可避免地存在不足之处，恳请读者批评指正！

---

① 参见曲青山：《深刻理解中国式现代化五个方面的中国特色》，载《求是》2023 年第 16 期。

第一章

新发展格局下的高质量发展：中国式现代化的首要任务

高质量发展是全面建设社会主义现代化国家的首要任务。本章根据中国式现代化的五大特征、高质量发展的五大发展理念和安全发展的要求，构建综合评价体系，分析我国 2010—2022 年高质量发展强项和短板。党的十八大以后，我国经济高质量发展取得实质性进展，创新发展、协调发展、绿色发展、共享发展水平提高，开放发展出现波动，安全发展指数波动总体稳健，疫情冲击对安全发展产生了显著的负面影响。继续推动经济高质量发展，深化供给侧结构性改革，加快构建新发展格局，关键在于实现经济循环流转和产业关联畅通。要实现国民经济体系高水平的完整性，必须统筹高质量发展和高水平安全、深化改革、扩大开放、推动科技创新和产业结构升级，贯通生产、分配、流通、消费各环节，实现供求动态均衡。

一 构建新发展格局要求实现国民经济体系高水平的完整性

改革开放以来，工业化、信息化、城镇化、农业现代化的不断融合，为我国经济高速增长提供了强大动力，在充分发挥后发优势和比较优势的作用下，我国经济总量和人均国民收入均取得巨大的提升，1978—2020年国内生产总值年均增速达 9.28%，人均国内生产总量年均增速达

8.28%。2008 年国际金融危机后，全球经济增速放缓，中国经济增速也持续回落。一方面，2012 年开始我国经济增速开始回落，由高速增长向中高速增长换挡的特征十分明显；另一方面，我国经济已由高速增长阶段转向高质量发展阶段，正处在转变发展方式、优化经济结构、转换增长动力的攻关期。党的十九大报告提出"我们既要全面建成小康社会、实现第一个百年奋斗目标，又要乘势而上开启全面建设社会主义现代化国家新征程，向第二个百年奋斗目标进军"，这意味着在 2020 年实现全面建成小康社会奋斗目标后，全面建设社会主义现代化国家将成为新的奋斗目标。

2020 年，党中央更是明确提出"加快形成以国内大循环为主体、国内国际双循环相互促进的新发展格局"，这是我国应对当前全球复杂经济形势的破题之道，是中长期经济发展思路的重大转变，也是百年未有之大变局下的必然选择。究其内涵，"双循环"新发展格局是相互促进、相辅相成的，不是要"自我封闭"而是要扩大开放；"双循环"的重点是要提升国内消费数量和质量，深化供给侧结构性改革，统筹国内国际双循环，更好地提升我国经济发展质量。面对"双循环"的发展格局，如何科学确定新时代我国经济增长潜力和动力，对推动经济发展质量变革、效率变革、动力变革，实现高质量发展，具有十分重要的理论和现实意义[1]。

当今世界正在经历百年未有之大变局。展望未来五年甚至更长的时间，我国发展面临的外部环境和内部条件将发生一系列深刻而复杂的变化。

发达国家加速产业链重构冲击中国经济。新冠疫情的发生和乌克兰危机加剧了"反全球化"逆流，单边主义、贸易保护主义被不断强化，中美关系持续恶化。全球经济、贸易、产业、投资格局加速演化。美国

---

[1]　参见王昌林：《新发展格局》，中信出版社 2021 年版。

等主要发达国家更加注重产业链和供应链安全，开始着手对本国产业链进行审查和评估，通过重新调整产业链布局，保障本土生产体系和供应链完整，这不可避免地将对我国产业链和供应链安全带来冲击。美国联合盟友打压我国高科技企业，实行核心技术、关键零部件出口限制，推进中美科技"精准"脱钩。组织盟友重整国际产业链。通过伙伴制造、近岸制造重新布局产业链，减少对中国制造的依赖。典型的产业是半导体行业，一方面控制对中国的高端半导体设备和芯片出口，另一方面加强与中国台湾、日本和韩国以及美国本土的合作生产。美国加强了对在美上市外国公司的信息披露要求，本质上是禁止我国国有企业在美国上市。我国当前面临的外循环压力，不仅来自出口，还来自关键产品技术的进口、国内企业海外融资，外资企业撤资等各个方面。

大规模经济救助和刺激政策导致全球债务高企，新兴市场金融风险累积。在2008年国际金融危机之后全球进入低利率时代，借贷成本降低，全球债务高企，被国际货币基金组织（IMF）称为"第四次全球债务浪潮"①。为应对新冠疫情，各国开启大规模经济刺激政策，进一步推高了债务水平。一些发展中国家在当前实际利率很低的情况下大肆借债，导致新兴市场金融脆弱性提升尤为明显，金融风险正在加速累积，在美联储货币政策多次调整的背景下，可能面临新的债务危机。

在"十四五"时期中，要使得中国经济产业进一步升级，不落后于他人，不能如过去一样依赖外界，要坚定不移立足于自主创新。从国内来看，中国经济经过十几年的转方式、调结构，经济结构发生了很大变化，目前进入高质量发展阶段。为实现第二个百年奋斗目标，在进一步利用国际国内两个市场、两种资源之外，更多的要立足于国内需求，立足于国内自主创新，立足于国内产业的技术进步，要实现国民经济体系

---

① See IMF, *Fiscal Monitor：Policies for the Recovery*, 2020.

高水平的完整性，来支撑我们更长远的发展①。

党的十九届五中全会通过的《中共中央关于制定国民经济和社会发展第十四个五年规划和二○三五年远景目标的建议》（以下简称《建议》）提出，要加快构建以国内大循环为主体、国内国际双循环相互促进的新发展格局。这是对"十四五"和未来更长时期我国经济发展战略、路径作出的重大调整完善，是着眼于我国长远发展和长治久安作出的重大战略部署，这将促进我国经济实现更高质量、更有效率、更加公平、更可持续、更为安全的发展。党的十九届五中全会提出，要统筹发展和安全，构建新发展格局，需要综合考虑内部与外部、短期与长期、发展与安全等多方面的系统性联系。

二 新格局下高质量发展的衡量指标体系

党的二十大报告明确概括了中国式现代化5个方面的中国特色，深刻揭示了中国式现代化的科学内涵。中国式现代化是人口规模巨大的现代化、是全体人民共同富裕的现代化、是物质文明和精神文明相协调的现代化、是人与自然和谐共生的现代化、是走和平发展道路的现代化。这些论断与高质量发展的五大发展理念、统筹发展与安全的科学论断存在千丝万缕的密切联系。

参考郭克莎等的研究，我们根据经济发展的衡量的不同维度，选取并构建三级（包括一级指标、二级指标和三级指标）衡量指标体系②。本研究经过深刻理解中国式现代化和高质量发展内涵，确立了综合发展、创新发展、协调发展、绿色发展、开放发展、共享发展、安全发展7个模

---

① 参见刘鹤：《加快构建以国内大循环为主体、国内国际双循环相互促进的新发展格局》，载《人民日报》2020年11月25日，第6版。

② 参见郭克莎等：《迈向高质量发展之路》，科学出版社2020年版。

块为主体的高质量发展指标体系，共计二级指标 27 个，三级指标 239 个①。其中综合发展指标，衡量经济增长整体表现、产业升级、消费升级以及经济增长动力四个方面的成就；创新发展指标，考察创新环境、创新投入、创新产出以及创新成效四方面，只有营造了良好的创新环境同时加大创新投入力度，才能不断优化创新产出提高成效；协调发展指标，分别从区域协调、城乡协调以及物质文明和精神文明协调三方面考察；绿色发展指标，对资源利用、生态保护、环境质量以及环境治理四方面进行考察，一方面要合理利用自然资源并且注重生态环境保护，另一方面要强化环境治理不断优化环境质量；开放发展指标，对人员开放、资金开放、贸易开放以及技术开放四方面进行考察；共享发展指标，对发展成果共享、社会保障共享、公共服务共享以及脱贫扶贫成效四方面进行考察；安全发展指标，对国防和公共安全、财政安全、金融安全、外部安全四方面进行考察。

（一）综合发展指标体系

本模块通过经济增长规模、产业结构升级、消费结构升级、效率提升四方面对整体发展情况进行概括。衡量经济增长规模的经济增长二级指标，包括不变价人均 GDP 指数和人均 GDP 指数，虽然现阶段经济发展首要追求的是质量提升，但经济保持合理增量在一定程度上是提升经济发展质量的基础。产业结构升级二级指标，主要通过第一、第二、第三产业及其内部各个产业的比例来衡量；消费结构二级指标，选取了居民消费占 GDP 比重、居住环境、信息社会、现代交通、农村人均食品消费肉蛋奶等指标，以衡量居住、交通、信息、营养等方面的发展。增长动力通过人口结构、固定资产投资比重、劳动生产率、全要素生产率（TFP）等指标来评价（见表 1–1）。

---

① 数据来源：世界银行、联合国贸发会、IMF、CEIC、WIND、《中国统计年鉴》、《中国环境统计年鉴》、《中国科技统计年鉴》。

表 1-1 综合发展统计指标体系

一级指标	二级指标	三级指标	计量单位	指标属性
综合发展	经济增长指数	国内生产总值指数：人均	%	区间
		国内生产总值指数（1978＝100）：人均	%	正向
	产业升级指数	国内生产总值：第一产业	%	逆向
		国内生产总值：第二产业	%	区间
		国内生产总值：第二产业：工业	%	区间
		国内生产总值：第二产业：工业：采矿业	%	区间
		国内生产总值：第二产业：工业：制造业	%	正向
		国内生产总值：第二产业：工业：电力、燃气及水的生产和供应业	%	区间
		国内生产总值：第二产业：建筑业	%	区间
		国内生产总值：第三产业	%	正向
		国内生产总值：第三产业：交通运输、仓储和邮政业	%	正向
		国内生产总值：第三产业：信息传输、软件和信息技术服务业	%	正向
		国内生产总值：第三产业：批发和零售业	%	正向
		国内生产总值：第三产业：住宿和餐饮业	%	正向
		国内生产总值：第三产业：金融业	%	区间
		国内生产总值：第三产业：房地产业	%	区间
		国内生产总值：第三产业：租赁和商务服务业	%	正向
		国内生产总值：第三产业：科学研究和技术服务业	%	正向
		国内生产总值：第三产业：水利、环境和公共设施管理业	%	正向
		国内生产总值：第三产业：居民服务、修理和其他服务业	%	区间
		国内生产总值：第三产业：教育	%	正向

续表

一级指标	二级指标	三级指标	计量单位	指标属性
综合发展	产业升级指数	国内生产总值：第三产业：卫生和社会工作	%	正向
		国内生产总值：第三产业：文化、体育和娱乐业	%	区间
		国内生产总值：第三产业：公共管理、社会保障和社会组织	%	正向
		国内生产总值：其中：农、林、牧、渔业（含服务业）	%	逆向
	消费升级指数	居民消费占GDP比重	%	正向
		人均住宅建筑面积：城镇	平方米	正向
		人均住宅建筑面积：农村	平方米	正向
		耐用消费品拥有量：每百户家庭：城镇：计算机	台	正向
		耐用消费品拥有量：每百户家庭：农村：计算机	台	正向
		耐用消费品拥有量：每百户家庭：城镇：移动电话	台	正向
		耐用消费品拥有量：每百户家庭：农村：移动电话	台	正向
		中国互联网普及率	%	正向
		电子商务：交易额：累计	元	正向
		耐用消费品拥有量：每百户家庭：城镇：家用汽车	台	正向
		耐用消费品拥有量：每百户家庭：农村：家用汽车	台	正向
		人均食品消费量：农村：肉类：猪肉	公斤/人	正向
		人均食品消费量：农村：禽类	公斤/人	正向
		人均食品消费量：农村：水产品	公斤/人	正向

续表

一级指标	二级指标	三级指标	计量单位	指标属性
综合发展	消费升级指数	人均食品消费量：农村：蛋及制品	公斤/人	正向
		人均食品消费量：农村：奶及制品	公斤/人	正向
	增长动力指数	人口出生率	‰	区间
		人口死亡率	‰	逆向
		人口自然增长率	‰	正向
		老龄人口抚养比	%	逆向
		幼龄人口抚养比	%	逆向
		15—64 岁人口比例	%	正向
		固定资本形成占 GDP 比重	%	正向
		国家全员劳动生产率	元/人	正向
		当前购买力平价 TFP（美国 =1）	无	正向
		当地货币固定价格 TFP（2017 =1）	无	正向

（二）创新发展指标体系

创新发展一级指标涵盖了创新环境、创新投入、重新产出、创新成效四个方面。其中创新环境通过平均受教育年限、互联网普及率、科技拨款占财政拨款比重、留学回国与出国留学人数比例、研究生毕业与普通本专科毕业人数比例五个指标来衡量。创新投入二级指标通过科学研究与试验发展（R&D）经费、有研发机构的企业比重、产学研合作的企业比重来衡量。创新产出通过每万人科技论文数量、发明专利比例、每万名 R&D 人员的专利授权数、每百家企业商标拥有量、每万名科技活动人员技术市场成交额等指标衡量。创新成效二级指标通过新产品销售情况、高技术产品出口情况、劳动生产率指数、人均主营业务收入、科技进步贡献率等指标衡量（见表 1 –2）。

表 1-2 创新发展统计指标体系

一级指标	二级指标	三级指标	计量单位	指标属性
创新发展	创新环境指数	15 岁及以上人口：平均受教育年限	年	正向
		中国互联网普及率	%	正向
		科技拨款占财政拨款的比重	%	正向
		教育拨款占财政拨款的比重	%	正向
		留学回国与出国留学人数比例	%	正向
		研究生毕业与普通本专科毕业比例	"%	正向
	创新投入指数	创新投入指数：R&D 经费占 GDP 的比重	%	正向
		创新投入指数：基础研究人员人均经费	元	正向
		创新投入指数：R&D 经费占主营业务收入的比重	%	正向
		创新投入指数：有研发机构的企业所占比重	无	正向
		创新投入指数：开展产学研合作的企业所占比重	无	正向
	创新产出指数	创新产出指数：每万人科技论文数	无	正向
		创新产出指数：发明专利数授权数占专利授权数的比重	无	正向
		创新产出指数：每万名 R&D 人员专利授权数	无	正向
		创新产出指数：每百家企业商标拥有量	无	正向
		创新产出指数：每万名科技活动人员技术市场成交额	无	正向
	创新成效指数	创新成效指数：新产品销售收入占主营业务收入的比重	无	正向
		创新成效指数：高技术产品出口额占货物出口额的比重	无	正向
		创新成效指数：劳动生产率	无	正向
		创新成效指数：人均主营业务收入	无	正向
		创新成效指数：科技进步贡献率	无	正向

（三）协调发展指标体系

协调发展一级指标包括区域协调、城乡协调、物质文化协调三个方面。其中区域协调二级指标涉及各省直辖市的人均 GDP 变异系数、城镇人均可支配收入变异系数、人均一般公共服务支出变异系数，反映经济发展、居民收入、基本公共服务均等化等方面的地区协调情况。城乡协调二级指标反映城镇化进程以及城乡居民在收入、信息化等方面协调发展情况。物质文明和精神文明协调二级指标从文化财政支出、文化设施利用、居民文化消费、博物馆参观人次、全国公共图书馆总流通人次等角度反映民众精神生活的丰富程度（见表1-3）。

表1-3 协调发展统计指标体系

一级指标	二级指标	三级指标	计量单位	指标属性
协调发展	区域协调指数	人均GDP变异系数	无	逆向
		城镇人均可支配收入变异系数	无	逆向
		人均一般公共服务支出变异系数	无	逆向
	城乡协调指数	农村城镇居民人均可支配收入之比	%	正向
		农村城镇居民人均消费支出之比	%	正向
		乡城互联网普及率之比	%	正向
		乡城家庭计算机数量之比	%	正向
		乡城家庭汽车数量之比	%	正向
	文化物质协调指数	文化体育与传媒支出占财政支出比重	%	正向
		居民文化娱乐消费支出占居民消费支出比重	%	正向
		全国文化产业：文物业：博物馆：参观人次	人次	正向
		全国公共图书馆情况：总流通人次	人次	正向

（四）绿色发展指标体系

绿色发展一级指标包括资源利用和环境治理两个二级指标。其中资源利用二级指标从单位GDP排放CO_2、CO_2排放全球占比、单位GDP排放消费CO_2、单位能耗排放CO_2、单位GDP用水量、单位GDP建设用地面积、工业固体废物综合利用率、国内生产总值（2010年价格）能源消费等方面反映我国资源利用情况。环境治理二级指标通过危险废物处置利用率、污水处理率、生活垃圾无害化处理率、环境污染治理投资总额占GDP比重、节能环保支出占财政支出比重、县城污水处理率和燃气普及率、建成区绿地率、城市空气质量、森林覆盖率、地表水达到或好于

Ⅲ类水体比例等指标反映我国空气、地表水质量和治理环境污染的力度（见表1-4）。

表1-4 绿色发展指标体系

一级指标	二级指标	三级指标	计量单位	指标属性
绿色发展	资源利用指数	单位 GDP 排放 CO_2	公斤/美元（2015 年）	逆向
		CO_2 排放全球占比	%	逆向
		单位 GDP 排放消费 CO_2	公斤/美元（2015 年）	逆向
		单位能耗排放 CO_2	公斤/美元（2015 年）	逆向
		单位 GDP 用水量	百万立方米/百万元人民币	逆向
		单位 GDP 建设用地面积	平方公里/百万元人民币	逆向
		工业固体废物综合利用率	%	正向
		国内生产总值（2010 年价格）能源消费	吨标准煤/百万元人民币	逆向
		国内生产总值（2010 年价格）能源消费：煤炭	吨标准煤/百万元人民币	逆向
		国内生产总值（2010 年价格）能源消费：电力	吨标准煤/百万元人民币	逆向
		水核风电占能源消费比重	%	正向
	环境治理指数	危险废物处置利用率	%	正向
		污水处理率	%	正向
		生活垃圾无害化处理率	%	正向
		全国环境污染治理投资总额：占 GDP 比重	%	正向
		节能环保支出占财政支出比重	%	正向
		县城：污水处理率	%	正向
		县城：燃气普及率	%	正向
		县城：建成区绿地率	%	正向
		城市空气质量指数	%	逆向
		森林覆盖率	%	正向
		地表水达到或好于Ⅲ类水体比例	%	正向

（五）开放发展指标体系

开放发展一级指标包括人员开放、资金开放、贸易开放、技术开放四个二级指标。其中人员开放二级指标反映国内外人员出入境和往来情况，并且通过旅游、出境人数、留学生等指标间接反映文化互通情况。资金开放二级指标从利用外资、对外投资、人民币国际化、国际投资等方面反映我国资金开放力度。贸易开放二级指标包括我国国际贸易、商品贸易和服务贸易依存度、中国出口和进口占世界比重、中国服务业出口和进口占世界比重等。技术开放二级指标包括高新技术产品和知识密集型服务进出口总额占进出口总额比重、知识产权使用费用占经常账户比重等方面反映我国技术开放情况（见表 1-5）。

表 1-5　开放发展统计指标体系

一级指标	二级指标	三级指标	计量单位	指标属性
开放发展	人员开放指数	旅游人数：入境	万人	正向
		出境人数	万人	正向
		出国留学生数	万人	正向
		外国留学生数	万人	正向
	资金开放指数	实际使用外资占全球份额	%	正向
		对外直接投资额占全球份额	%	正向
		人民币跨境收付占国际收支经常项目收付比重	%	正向
		国际投资头寸资产负债规模占 GDP 比重	%	正向
		国际投资净头寸占 GDP 比重	%	正向
	贸易开放指数	国际贸易依存度	%	正向
		商品贸易依存度	%	正向
		服务贸易依存度	%	正向
		中国出口占世界比重	%	正向
		中国进口占世界比重	%	正向

续表

一级 指标	二级指标	三级指标	计量单位	指标属性
开放 发展	贸易开 放指数	中国服务业出口占世界比重	%	正向
		中国服务业进口占世界比重	%	正向
	技术开 放指数	高新技术产品和知识密集型服务进出口总额占进出口总额比重	%	正向
		知识产权使用费用占经常账户比重	%	正向

（六）共享发展指标体系

共享发展一级指标包括发展成果共享、社会保障共享、公共服务共享、扶贫脱贫成效四个二级指标。其中，发展成果共享二级指标包括城镇人口比例、城乡户籍比例、全国居民收入基尼系数、城镇调查失业率、城镇登记失业率、全国居民人均可支配收入中位数、全国居民恩格尔系数，借以衡量国民对经济社会发展成果的共享情况。社会保障共享二级指标包括住房保障支出占财政支出比重、城镇低保占城镇居民人均消费支出比重、农村低保占农村居民人均消费支出比重、城乡居民养老参保率、城镇基本医疗参保率、失业保险率等指标，反映社保覆盖、低保救助、住房保障等情况。公共服务共享二级指标包括人均一般公共服务支出，初中学校生师比，每万人口执业（助理）医师，每万人口医院、卫生院床位数，城市每万人拥有公交车辆，城市人均拥有道路面积，城市人均住宅建筑面积，用水普及率、燃气普及率等指标，以此反映教育、医疗等公共服务水平以及交通、燃气等基础设施建设情况。扶贫脱贫成效二级指标包括农村居民家庭恩格尔系数、农村贫困人口占比农村贫困标准等，以此反映脱贫攻坚具体成效（见表1-6）。

表 1−6　共享发展统计指标体系

一级指标	二级指标	三级指标	计量单位	指标属性
共享发展	发展成果共享	总人口：城镇：比重（城镇化率）	%	正向
		城市户籍比例	%	正向
		全国居民收入基尼系数	无	逆向
		城镇调查失业率	%	逆向
		城镇登记失业率	%	逆向
		全国居民人均可支配收入中位数	元	正向
		全国居民恩格尔系数	%	逆向
	社会保障共享	住房保障支出占财政支出比重	%	正向
		城镇低保占城镇居民人均消费支出比重	%	正向
		农村低保占农村居民人均消费支出比重	%	正向
		城乡居民养老参保率	%	正向
		城镇基本医疗参保率	%	正向
		失业保险率	%	正向
	公共服务共享	人均一般公共服务支出	元	正向
		学校生师比：初中	%	逆向
		卫生健康支出占财政支出比重	%	正向
		每万人口执业（助理）医师	人	正向
		每万人口医院、卫生院床位数	架	正向
		城市每万人拥有公交车辆	辆	正向
		城市人均拥有道路面积	平方米	正向
		城市人均住宅建筑面积	平方米	正向
		用水普及率	%	正向
		燃气普及率	%	正向
	扶贫脱贫成效	农村居民家庭恩格尔系数	%	逆向
		农村贫困人口占比	%	逆向
		农村贫困标准	元	正向

（七）安全发展指标体系

双循环格局下的高质量发展，需要统筹发展和安全，坚持总体国家安全观，实施国家安全战略，维护和塑造国家安全，统筹传统安全和非传统安全，把安全发展贯穿国家发展各领域和全过程，防范和化解影响我国现代化进程的各种风险，筑牢国家安全屏障。要加强国家安全体系和能力建设，确保国家经济安全，保障人民生命安全，维护社会稳定和安全（见表1-7）。

表1-7 安全发展统计指标体系

一级指标	二级指标	三级指标	计量单位	指标属性
安全发展	国防和公共安全指数	人均国防支出	元/人	正向
		国防支出占财政支出比重	%	区间
		国防支出占 GDP 比重	%	区间
		人均公共安全支出	元/人	正向
		公共安全支出占财政支出比重	%	区间
		公共安全支出占 GDP 比重	%	区间
	宏观安全指数	国内生产总值指数	%	区间
		GDP 增长缺口	%	区间
		居民消费价格指数缺口	%	区间
		工业品出厂价格指数缺口	%	区间
		失业率：登记：城镇	%	区间
		工业增加值：累计同比（扣除价格因素）	%	正向
		消费品零售：累计同比	%	正向
		固定资产投资：累计同比	%	正向
		出口：USD：累计同比	%	正向
		国际收支平衡表：经常账户	%	正向

续表

一级指标	二级指标	三级指标	计量单位	指标属性
安全发展	财政安全指数	政府消费占 GDP 比重	%	区间
		税收收入弹性	%	正向
		税收收入占 GDP 比重	%	区间
		税收收入占四本账收入比重	%	区间
		一般公共预算财政收入占 GDP 比重	%	区间
		地方本级基金收入占 GDP 比重	%	区间
		国有资本收入占 GDP 比重	%	区间
		社保基金收入占 GDP 比重	%	正向
		一般公共预算收支逆差占 GDP 比重	%	区间
		四本账收支逆差占 GDP 比重	%	区间
		社保基金收支顺差占 GDP 比重	%	正向
		社保基金滚存结余占 GDP 比重	%	正向
		地方政府负债率	%	区间
		中央财政负债率	%	区间
		全国政府负债率	%	区间
		全国政府债务率窄口径	%	区间
		全国政府债务率宽口径	%	区间
		全国政府偿债率窄口径	%	区间
		全国政府偿债率宽口径	%	区间
	资产安全指数	货币供应：（M2）/NGDP	%	区间
		社会融资总量/NGDP	%	区间
		货币供应收入弹性	%	正向
		金融部门金融资产/NGDP	%	正向
		金融业与工业比值对数	%	区间
		金融业与工业对数差分	%	区间
		房地产和建筑业与工业比值对数	%	区间
		房地产和建筑业与工业对数差分	%	区间

续表

一级指标	二级指标	三级指标	计量单位	指标属性
安全发展	资产安全指数	房地产贷款占贷款比重	%	区间
		个人住房贷款占贷款比重	%	区间
		房地产开发贷款占贷款比重	%	区间
		国债收益率：银行间：即期：1年	%	区间
		国债收益率：银行间：即期：10年	%	区间
		债券违约面额/公司信用债券发行量	%	逆向
		债券违约面额/人民币债券市值	%	逆向
		债券违约面额/社融总量企业债券	%	逆向
		汇率：PBC：期末：美元	%	区间
		市盈率：深圳证券交易所：股票	%	逆向
		市盈率：上海证券交易所：股票	%	逆向
		股票流通市值/NGDP	%	区间
		商品房空置面积/商品房在建竣工面积	%	区间
		房价收入比	%	逆向
		地价房价比	%	逆向
		保险业资产负债率	%	逆向
		保险密度	%	正向
		保险密度：财产险	%	正向
		保险密度：人身险	%	正向
		保险深度	%	正向
		保险深度：财产险	%	正向
		保险深度：人身险	%	正向
		保险业赔付与资产比	%	逆向
		保险业赔付与保费收入比	%	逆向
	银行安全指数	不良贷款比率：银行业	%	逆向
		资本充足率：商业银行	%	正向
		商业银行：累计外汇敞口头寸比例	%	逆向

续表

一级指标	二级指标	三级指标	计量单位	指标属性
安全发展	银行安全指数	商业银行：人民币超额备付金率	%	正向
		不良贷款拨备覆盖：商业银行：拨备覆盖率	%	正向
	外部安全指数	粮食进口占比	%	区间
		稻谷大米进口占比	%	区间
		小麦进口占比	%	区间
		玉米进口占比	%	区间
		大豆进口占比	%	区间
		能源进口占比	%	区间
		原油进口占比	%	区间
		天然气进口占比	%	区间
		铁矿砂进口占比	%	区间
		经常项目顺差/GDP	%	区间
		外汇储备/GDP	%	区间
		外汇储备/进口	%	区间
		外汇储备/短期外债	%	区间
		外债：偿债率	%	区间
		外债：负债率	%	区间
		外债：债务率	%	区间

　　安全发展指标体系拓宽了高质量发展的内涵，一级指标包括国防和公共安全、宏观安全、财政安全、金融资产安全、银行安全、外部安全六个二级指标，以综合反映安全发展情况。国防和公共安全主要从我国国防支出和公共安全支出来衡量；宏观安全主要是经济增长率和通货膨胀率两大指标，分别用国内生产总值指数和价格指数表示；财政安全包括全国政府负债率、全国政府债务率、全国政府偿债率窄口径、外债偿债率、外债负债率、外债债务率等指标；金融安全从金融资产安全和银行安全两大方面考察，资产安全指标主要选取货币、股市、房地产、债市、人民币汇率等方面的具体指标，具体包括货币供应（M2）/NGDP、

社会融资总量/NGDP、金融业占 GDP 比重、房地产业占 GDP 比重、股票市盈率、股票流通市值/NGDP、商品房空置面积/商品房在建竣工面积、房价收入比、地价房价比；银行安全指标主要包括银行业不良贷款比率、商业银行资本充足率、商业银行不良贷款拨备覆盖率等。外部安全包括经常项目顺差/GDP、外汇储备/进口、外汇储备/短期外债、粮食进口占比、原油和天然气占比、铁矿砂进口占比、外债等指标。

（八）指标权重确定和指标无量纲化方法

本研究评价体系采取等权的方法。作为一个综合评价体系，本研究建立的高质量发展评价指标体系在进行评价时不偏重经济发展的任何一方面，力求考察范围尽可能地涵盖经济高质量发展的所有方面。一方面，二级指标代表了高质量发展的不同维度，每个维度都具有相同的重要性；另一方面，每个三级指标都代表其所属的一级指标在某一具体方面的表现，即每个三级指标的含义不同、所反映的内容也不同，由于三级指标的重要程度都是同样缺一不可的，所以对三级指标也同样采取等权的赋权方式。本节建立的指标体系中，三级指标共计 239 个，每个指标权重约为 0.42%。采用去中心化、标准化方法对指标数据进行无量纲化处理。

合成指标显示经济高质量发展的相对变化情况，指标走高表示经济发展质量提高。根据原始指标对经济发展质量高低的作用方向区分正向指标和逆向指标，逆向指标取倒数后加入合成指标。有些指标为区间指标，对于区间指标按照以下方法统一转换为正向指标后加入合成指标。

假设区间型指标 x_j 取值属于 $\left[b_j^{(1)}, b_j^{(2)} \right]$ 时为最好，指标值离该区间越远就越差。令 $M_j = \max\limits_{1 \leqslant i \leqslant n} \{ a_{ij} \}$，$m_j = \min\limits_{1 \leqslant i \leqslant n} \{ a_{ij} \}$，$c_j = \max\{ b_j^{(1)} - m_j, M_j - b_j^{(2)} \}$，取

$$x'_j = \begin{cases} 1 - \dfrac{b_j^{(1)} - x_j}{c_j}, x_j < b_j^{(1)}, \\ 1, b_j^1 \leqslant x_j \leqslant b_j^{(2)}, \\ 1 - \dfrac{x_j - b_j^{(2)}}{c_j}, x_j > b_j^{(2)}, \end{cases}$$

把区间指标 x_j 按照转换为正向指标 x'_j。

三 中国经济高质量发展综合评价

（一）经济高质量发展整体向好

党的十八大以来我国经济发展质量整体向好。2010—2022 年我国综合发展整体向好，呈现波动式上升态势（见图 1-1）。

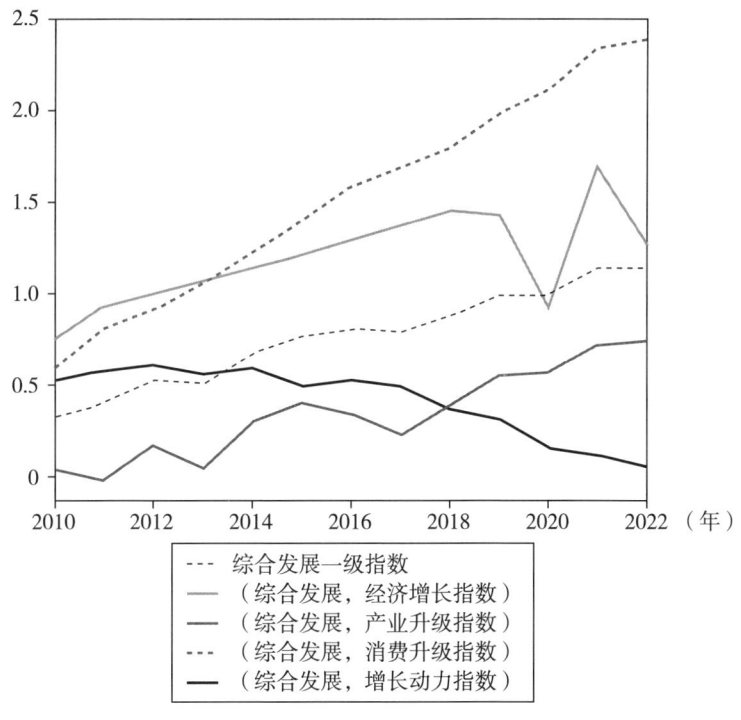

图 1-1　2010 年以来综合发展指标

　　具体来说，代表产业升级的二级指数在 2013 年、2017 年明显下降，2018—2022 年持续上升，其中高技术产业持续扩张；代表经济规模增长的二级指数在 2020 年和 2022 年出现明显下降，主要原因是这两年经济增长受疫情影响而大幅放缓，但是人均 GDP 规模指数、居住环境指数、现代交通、劳动生产率等综合发展质量指标持续稳定增长。每百户家庭拥有的计算机数量虽然在 2018 年以后有所下降，但是每百户家庭拥有的移动电话数量一直稳定上升。农村家庭拥有的汽车数量也呈现更大的涨幅。这些指标突出体现了我国产业结构和消费结构升级、劳动生产率提升的趋势。值得注意的是，经济增长动力指数在 2013—2022 年出现趋势性下降，主要原因是我国人口出生率和人口自然增长率趋势性下降，老龄人口抚养比上升，全要素生产率增速降低。

（二）创新发展有效推进

　　2010—2021 年我国创新发展指数持续上升，2022 年略有回落。创新投入、创新产出指数稳步上升；创新成效指数在 2019 年有所下跌，主要原因是受中美贸易摩擦影响，高技术产品出口占比下降；创新环境指数在 2015 年和 2020 年出现明显回落，主要原因是科技拨款占财政拨款比例下降。2021 年随着财政收入好转，我国创新环境指数回升。但 2022 年创新环境指数又有所回落。只有良好的创新环境才能够推动企业创新生产，才能使我国的高技术产品"走出去"（见图 1 - 2）。

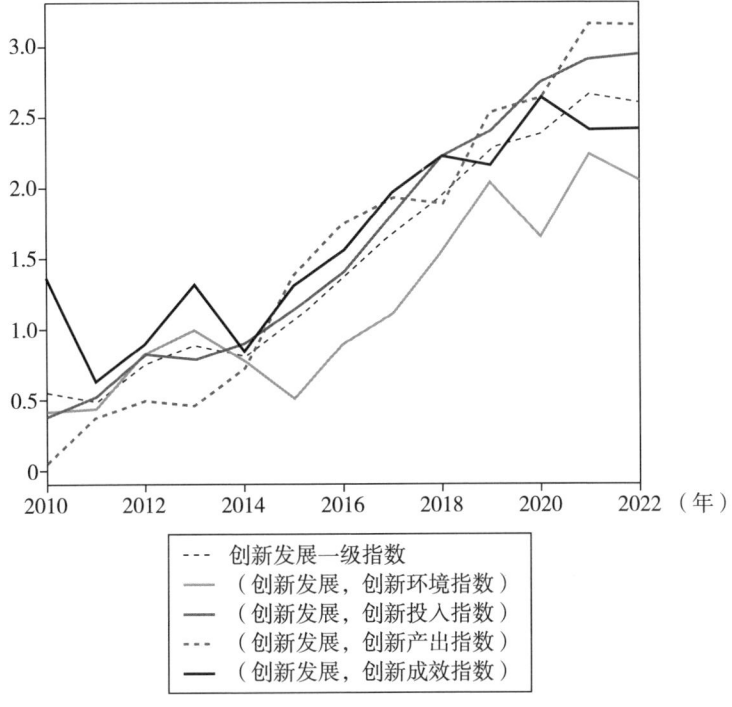

图 1-2 2010 年以来创新发展指标

图例：
- 创新发展一级指数
- （创新发展，创新环境指数）
- （创新发展，创新投入指数）
- （创新发展，创新产出指数）
- （创新发展，创新成效指数）

(三) 协调发展平稳上升

区域、城乡协调发展是我国经济实现均衡发展的长期目标，2010—2021 年协调发展指数总体平稳上升，2022 年略有回落。(1) 城乡协调指数大幅上升，其中农村城镇居民人均可支配收入之比、农村城镇居民人均消费支出之比、农村城镇互联网普及率之比、农村城镇家庭汽车数量之比持续上升，2020—2022 年受疫情冲击影响，城乡协调指数小幅回落。(2) 文化物质协调指数回落，主要原因是居民文化娱乐消费占居民消费支出比重长期下降；2010—2019 年全国公共图书馆流通人次和博物馆参观人次显著增加，2020—2022 年疫情影响使得两者显著减少；2010—2022 年总文化体育与传媒支出占总财政支出比重相比 2000—2009 年降低 0.1 个百分点左右。(3) 区域协调指数回落。全国各省直辖市人均 GDP 变异系数有所降低，但是城镇人均可支配收入变异系数基本平稳，地区人均一般公共服务支出差异系数呈现波动性"下降—上升—下降"态势，2015—2021 年显著上升，2022 年略有下降（见图 1 - 3）。

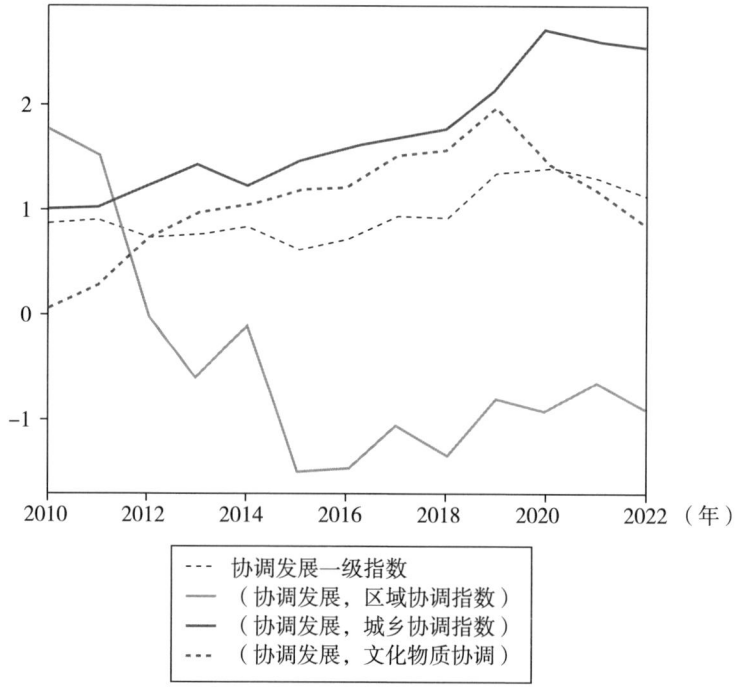

图 1 - 3   2010 年以来协调发展指标

总体而言，过去十年内我国协调发展平稳推进，其中城乡协调程度持续改善，区域协调性较 2010 年之前有所减弱，文化物质协调能力有待加强。

（四）绿色发展稳步推进

2015—2021 年绿色发展指数稳步提升，2022 年略有回落。2015 年以后我国政府加大生态文明建设投入力度，成效显著。具体而言，环境治理指数在 2016—2021 年显著上涨，其中空气质量达标城市比例（达到国家二级标准及以上）上升，地表水达到或好于Ⅲ类水体比例显著提高，2021 年已经达到 90.8%，比 2015 年提高 20 个百分点。生态保护情况整体保持稳定，其中森林覆盖率和湿地面积在过去五年表现基本平稳。全国环境污染治理投资总额占 GDP 比重降低，节能环保支出占财政支出比重基本稳定。资源利用指数稳步增长，单位 GDP 用水量和 CO_2 排放量、单位 GDP 建设用地面积等均呈现下降趋势，与此同时，能源消费结构也有所升级；但是我国 CO_2 排放占全球比例仍在上升（见图 1 – 4）。

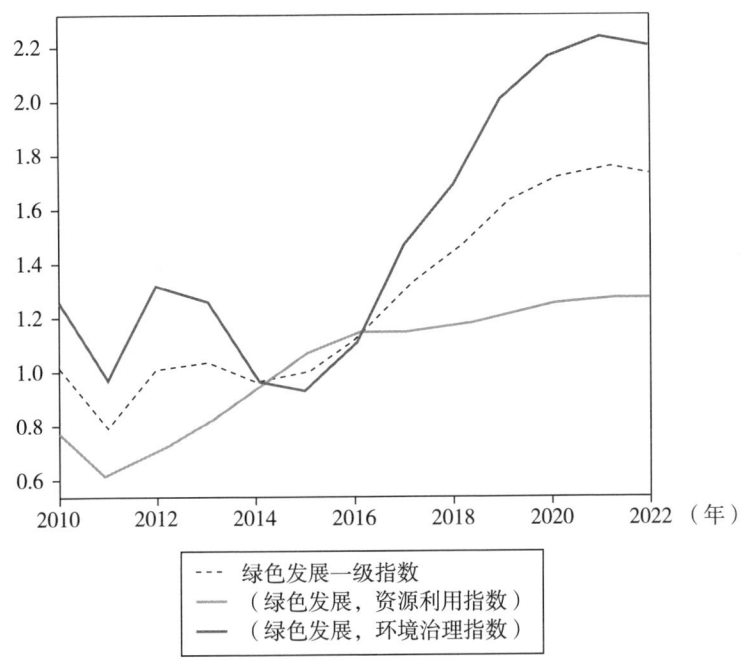

图 1 – 4　2010 年以来绿色发展指标

总的来说，在过去五年我国绿色发展指数快速增长，环境质量显著改善，资源利用效率明显提高，环境治理资金投入力度保持稳定。

（五）开放发展波动较大

开放发展指数波动式上升，疫情冲击对开放指数有显著负面影响。（1）人员开放指数持续提高，但受疫情影响，出入境人数严重下滑，2020 年出入境旅游人数锐减至 1990 年的水平，比 2019 年减少 80% 以上；2021 年略有恢复。（2）技术开放指数快速提高，高新技术产品和知识密集型服务进出口总额占进出口总额比重在 2015—2021 年基本稳定在 30% 左右，知识产权使用费用占经常账户比重从 2010 年的 0.4% 上升至 2020

年的0.8%。（3）贸易开放指数韧性上升。2010—2015年贸易开放指数持续上升；2016—2019年受贸易保护主义和中美贸易摩擦影响，贸易开放指数出现波动；2020年疫情冲击下，中国率先复工复产，对稳定全球供应链作出巨大贡献，中国商品出口占世界贸易比重上升至14.7%，打破2015—2019年贸易开放指数停滞不前的态势，2022年有所回落。（4）资金开放指数大幅波动，2021—2022年受疫情冲击的负面影响尤其明显。实际使用外资占全球份额在2015—2017年保持低位，2018—2020年回升至17.3%；对外直接投资额占全球份额2018年达到21.1%的高点，2020年回落至10.9%；人民币跨境收付占国际收支经常项目收付比重2015年达到26.2%的高点，2017年降至15.2%，2020年回升至22.2%；国际投资头寸资产负债规模占GDP比重在2018年出现低点（91.8%），2020年回升至103.6%；国际投资净头寸占GDP比重出现阶段性下降，从2010年的20%降至2020年的14.6%（见图1-5）。

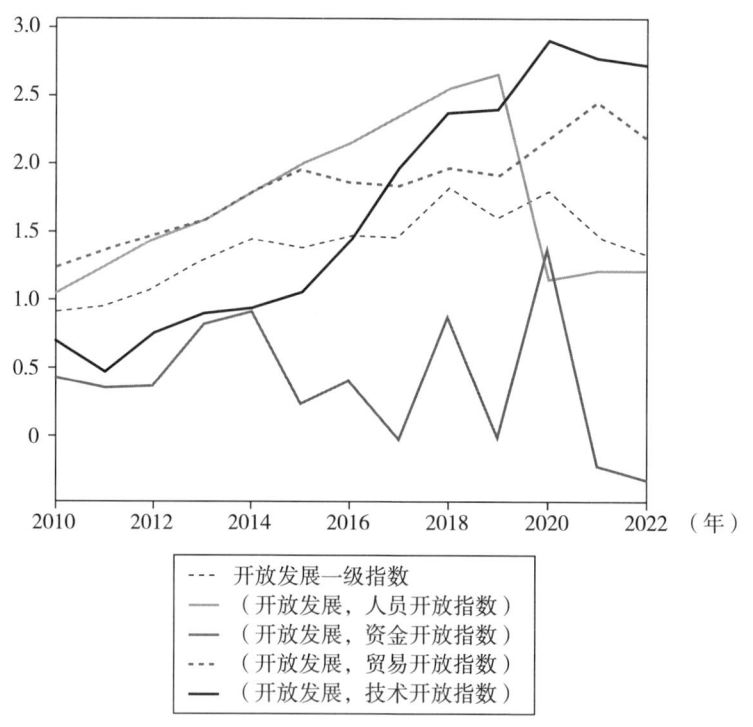

图1-5　2010年以来开放发展指标

总体来看，过去十年时间里我国开放发展程度波动上升，人员开放指数受疫情冲击影响显著，技术开放程度持续上升，贸易开放程度在疫情冲击下表现依然亮眼，资金开放指数呈现波动态势，国际投资净头寸占GDP比重出现阶段性下降需要引起注意。

（六）共享发展深入推进

共享发展进程相对较快，主要原因有两点：一方面，我国共享发展的基础较为薄弱；另一方面，自党的十八大以来党中央高度重视改善民生，在公共服务、社会保障等多方面有力施策。（1）公共服务共享指数稳定上升，人均一般公共服务支出2022年达到1479元，比2010年提高1倍；卫生健康支出占财政支出比重2022年达到8.6%，比2010年提高3.3个百分点；每万人口医院、卫生院床位数2021年为67架，比2010年增加1倍。用水普及率2020年已经达到99%，同期燃气普及率达到98%。（2）发展成果共享程度仍需要提升。全国居民人均可支配收入中位数大幅提高，2022年31370元，比2014年提高78.5%；城镇化率平稳上升，2022年达到65.2%，比2010年提高15.3个百分点；全国居民收入基尼系数缓慢降低，2022年为0.467，比2010年降低0.014；全国居民恩格尔系数降低，2022年为30.5%，比2013年降低0.7个百分点，2020—2022年，疫情导致居民恩格尔系数有所反弹，但仍低于2013年的水平；城市户籍比例虽提高，但落后于城镇化比率，2022年我国城市户籍比例只有56.3%，比同期城镇化比率低8.4个百分点。（3）扶贫脱贫成效显著。具体表现在：农村贫困人口占比降低，农村贫困标准提高，农村居民家庭恩格尔系数降低。（4）社会保障共享程度显著改善。社会保障和就业支出占财政支出比重持续提高，2022年为14%，比2010年提高3.9个百分点；住房保障支出占财政支出比重稳中有降，2016年达到高点3.6%，2022年降至2.9%。城乡居民养老参保率和城镇基本医疗参保率持续提高，2022年分别为38.9%和95.3%（见图1-6）。

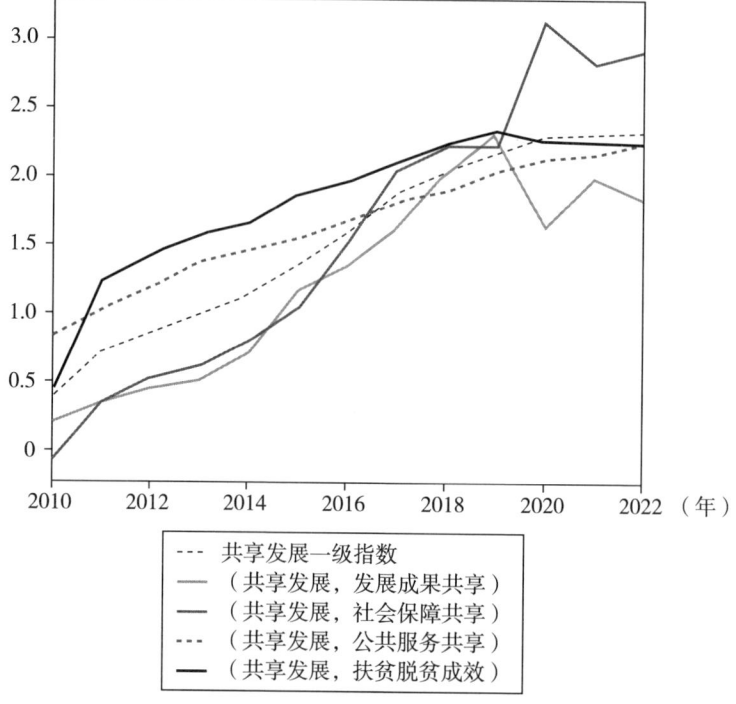

图 1-6 2010 年以来共享发展指标

总体而言，我国共享发展进程稳步推进，虽然城市户籍比例、住房保障支出占财政支出比重等部分指标发展速度较慢，但共享发展整体进程稳中向好，社会保障共享和脱贫扶贫成效尤其显著。

（七）安全发展波动较大

安全发展指数出现大幅波动，2010—2019 年在 0.32 至 0.61 之间波动，2020 年受疫情冲击安全发展指数出现明显波动，2021 年有所改善，但 2022 年再度下降。（1）国防和公共安全指数波动上升，人均国防支出和人均公共安全支出稳步提高，2022 年分别为 1045 元和 1021 元，两者基本持平；2010—2022 年国防支出占 GDP 比重基本稳定在 1.2% 和 1.3% 之间，公共安全支出占 GDP 比重基本在 1.2% 和 1.5% 之间；（2）宏观安全指数持续恶化。主要原因是 2010—2020 年经济增长速度持续下滑，城镇登记失业率扩大。2021 年经济增长反弹，宏观安全指数有所回升，

2022 年又掉头向下。（3）财政安全指数受疫情冲击明显恶化。2010—2019 年财政安全指数基本稳定，2020 年因税收收入占 GDP 比重大幅降低，政府负债率、债务率和偿债率均上升，财政安全遭受巨大挑战，2021 年在经济增长带动下，财政收入上升，政府负债率有所回落，使财政安全指数有所改善，但是 2022 年在疫情冲击下，经济增长回落，减税降费力度加大，债务规模扩大，财政安全指数再度恶化。（4）资产安全指数波动显著，货币供应和社会融资总量占 NGDP 比重持续上升，金融部门金融资产占 NGDP 比重在 2016 年达到高点，房地产贷款占贷款比重在 2019 年达到高点 29%，2021—2022 年房价收入比回落，10 年期国债收益率 2014 年出现高点 4.15%，深圳证券交易所和上海证券交易所股票平均市盈率在 2015 年出现高点，保险业保险密度和保险深度持续提升。（5）银行安全指数稳健回升。2017 年银行安全指数降至低点，金融业去杠杆政策保证银行资产安全程度提高，疫情发生后，银行安全指数稳健回升。商业银行资本充足率不断提高，2021—2022 年分别达到 14.7% 和 15.0%，商业银行不良贷款拨备覆盖率在 2016 年触底后稳步回升，2021—2022 年分别回升至 196.9% 和 205.8%。但是 2017—2021 年商业银行人民币超额备付金比率保持低位，2022 年仅为 1.79%，比 2010 年降低 1.4 个百分点。（6）外部安全指数基本稳定，受疫情冲击外部安全指数下降。2010—2022 年，外部安全指数波动式上升，2020—2021 年疫情的冲击对外部安全产生负面影响。一方面，粮食进口占比在 2020—2021 年明显上升，原油和铁矿砂进口占比、外债负债率和偿债率在 2020 年上升，降低了外部经济安全性；另一方面，经常项目顺差占 GDP 比重、外汇储备占 GDP 比重、外汇储备与进口比率在 2020 年有所上升，增强了外部经济安全性；2022 年外债负债率和外债债务率有所回落（见图 1-7）。

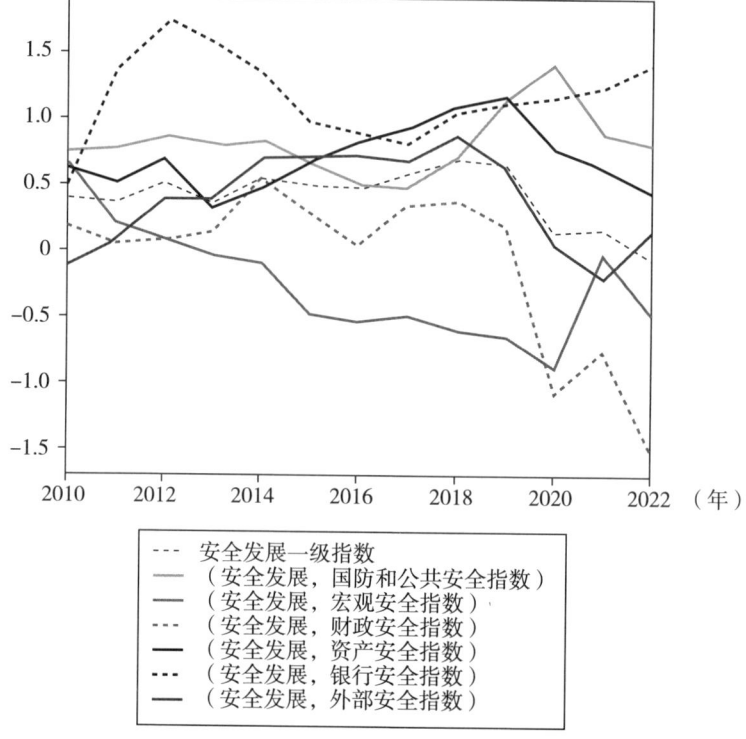

图 1-7 2010 年以来安全发展指标

总体而言，安全发展指数处于合理范围，受疫情影响安全发展指数有所回落，国防和公共安全程度提高，商业银行安全保持稳健，财政安全和外部经济安全、资产安全受到不同程度的负面冲击；经济增长缓慢导致宏观经济安全指数长期回落的态势需要重点关注。

（八）五大发展指标总体向好，疫情冲击对安全发展存在负面影响

采用功效系数法①对七大一级指标的基期统一设定为 2013 年，比较

---

① 采用功效系数法。设定 2010 年为基期对指标数据进行无量纲化处理，即设定基期各项指标值为 60，对于正指标低于基期值设的为不允许值，对于逆指标高于基期值的设为不允许值，两类指标均不存在目标值所以不设满意值。将基期设为 60 分，由于不存在满意值所以分值无上限。正指标若高于基期则大于 60 分，低于基期则小于 60 分；逆指标若低于基期则大于 60 分，高于基期则小于 60 分。

不同维度发展指标的改善情况。结果显示，2013—2021 年，将五大发展理念对应的一级指标按照改善程度从高到低排序，依次是协调发展、创新发展、共享发展、绿色发展、开放发展，这一排序清楚表明"十三五"期间我国经济发展在五大发展理念指导下，经济转向高质量发展所取得的成果。即使在疫情冲击下，协调、创新、共享和绿色发展指数也没有出现大的回落。开放发展指数较为平稳，在 2008 年全球金融危机后经济全球化退潮的背景下，我国仍然推动高水平对外开放，能保持开放发展总体水平基本平稳实属不易，2018 年中美贸易摩擦开始后，紧接着 2020—2022 年又遭遇百年不遇的疫情冲击，中国区域协调发展和开放发展指数有所回落。考虑经济增长、产业升级、消费升级、经济增长动力等多因素的综合发展指数在 2013—2020 年保持趋势性增长，2021—2022 年受疫情冲击综合发展指数有所停滞。

安全发展指数从 2019 年开始大幅回落，中美贸易摩擦、美国技术封锁、疫情冲击是导致安全发展指数回落的重要原因。2022 年高质量发展的最大短板是安全发展指数回落导致的结果（见图 1－8，图 1－9）。2020 年 10 月底召开党的十九届五中全会提出，要统筹发展和安全，建设更高水平的平安中国。我们的数据分析完全验证了党中央的论断具有科学性和预见性。

让人欣慰的是，综合统筹发展和安全因素的高质量发展总指数在 2010—2019 年稳步上升，2020—2022 年保持小幅波动、基本平稳的态势。

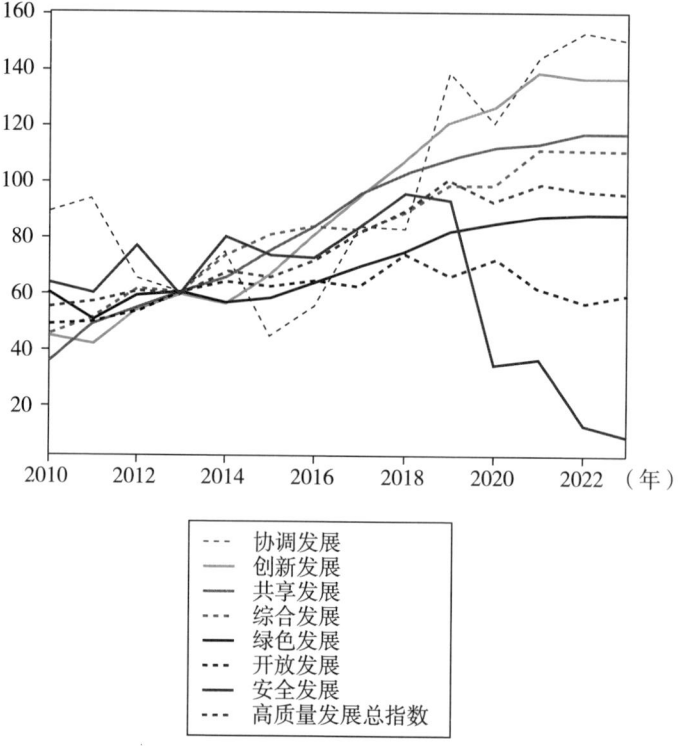

图 1-8 2010 年以来不同维度发展指标变动

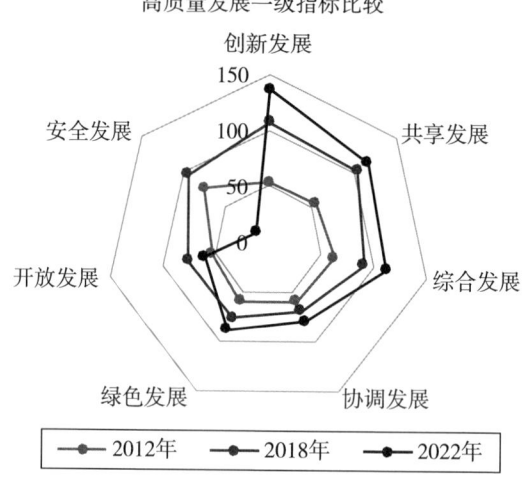

图 1-9 2012 年、2018 年、2022 年不同维度发展指标比较

四 加快建成顺畅运行的国民经济新发展格局

（一）中国人均收入接近高收入经济体最低标准线

党的十九届五中全会提出，"到'十四五'末达到现行的高收入国家标准"，根据世界银行高收入经济体的划分标准，除了核心指标人均 GNI 以外，还需重点分析其他关系经济高质量发展的重点指标。

世界银行每年根据上一年人均国民收入（GNI per capita）确定各类经济体划分标准，将不同国家和地区划分为低收入、中低收入、中上收入、高收入四类（见表 1 - 8）。根据世界银行统计和划分标准，2022 年高收入经济体最低标准为 13845 美元，全球高收入国家和地区共 82 个①。

表 1 - 8　世界银行各等级收入划分标准

单位：美元

	1987	2000	2005	2010	2015	2022
低收入	≤480	≤755	≤875	≤1005	≤1025	≤1135
中低收入	481—1940	756—2995	876—3465	1006—3975	1026—4035	1136—4465
中上收入	1941—6000	2996—9265	3466—10725	3976—12275	4036—12475	4466—13845
高收入	＞6000	＞9265	＞10725	＞12275	＞12475	＞13845

从人均国民收入（GNI）来看，2022 年中国人均 GNI 为 12850 美元

---

① 美属萨摩亚、安道尔、安提瓜和巴布达、阿鲁巴岛、澳大利亚、奥地利、巴哈马、巴林、巴巴多斯、比利时、百慕大、英属维尔京群岛、文莱、加拿大、开曼群岛、海峡群岛、智利、克罗地亚、库拉索、塞浦路斯、捷克、丹麦、爱沙尼亚、法罗群岛、芬兰、法国、法属波利尼西亚、德国、直布罗陀、希腊、格陵兰、关岛、圭亚那、中国香港特别行政区、匈牙利、冰岛、爱尔兰、马恩岛、以色列、意大利、日本、韩国、科威特、拉脱维亚、列支敦士登、立陶宛、卢森堡、中国澳门特区、马耳他、摩纳哥、瑙鲁、荷兰、新喀里多尼亚、新西兰、北马里亚纳群岛、挪威、阿曼、巴拿马、波兰、葡萄牙、波多黎各、卡塔尔、罗马尼亚、圣马力诺、沙特阿拉伯、塞舌尔、新加坡、圣马丁（荷兰语部分）、斯洛伐克、斯洛文尼亚、西班牙、圣基茨和尼维斯、圣马丁（法语部分）、瑞典、瑞士、特立尼达和多巴哥、特克斯和凯科斯群岛、阿联酋、英国、美国、乌拉圭、维尔京群岛（美国）。

（不包括香港特区、澳门特区、中国台湾省）。2022 年中上收入国家的区间是 4466 美元至 13845 美元，总共 54 个国家和地区。2022 年中国人均 GNI 接近高收入经济体最低标准线，部分省市超过高收入经济体最低标准线，这些省市已经成为高收入地区。

从人均 GDP 来看，2022 年中国人均 GDP 达到 12732 美元（不包括香港特区、澳门特区、中国台湾省），比 2020 年增加 2322.5 美元；北京、上海、江苏、福建、天津、浙江、广东、重庆、湖北、内蒙古、山东等地区人均 GDP 超过全国平均水平（见图 1 - 10）。世界银行公布的 2022 年高收入国家人均 GNI 最低标准线为 13845 美元，可以预见的是，中国与高收入国家最低标准线之间的距离将进一步缩小。同时，我们也应该看到，中国还有一半以上省份低于高收入国家标准，共享发展和区域协调发展的空间仍然很大。

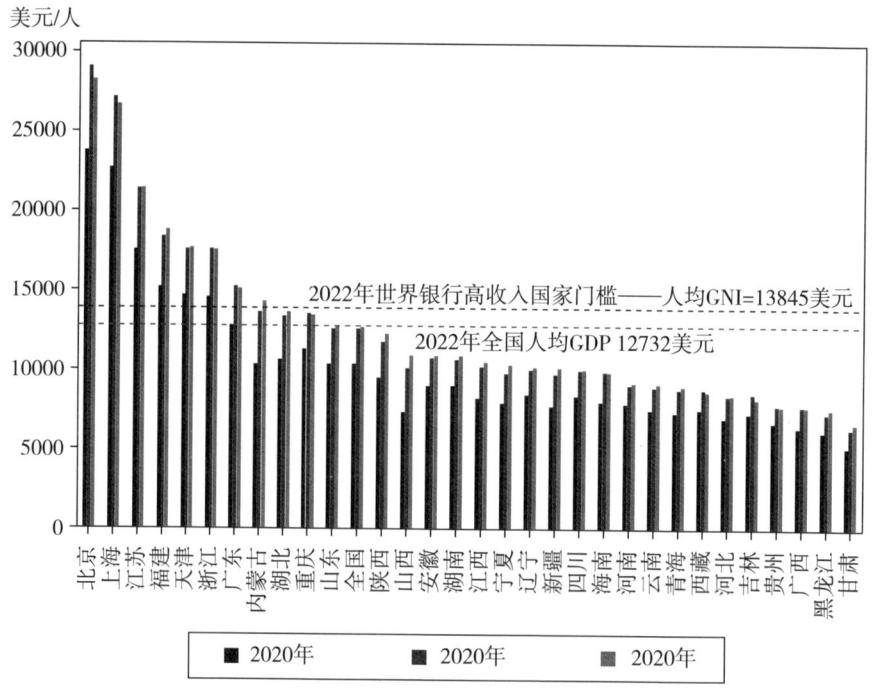

资料来源：注 1：CEIC
注 2：本次统计未包括香港特区、澳门特区、中国台湾省。

图 1 - 10　2020—2022 年全国及各省市人均 GDP

（二）中国具备高质量发展的有利条件和潜力

中国向高收入经济体迈进是一项系统工程，除了核心指标人均 GNI 以外，还需重点分析其他关系经济高质量发展的重点指标。本章选择人均 GDP、通货膨胀率、货币供应、上市公司市值、实际利率、劳动人口、老龄人口、城市化比率、储蓄率、服务业比重、贸易、资本形成、外汇储备、经常账户、外债、FDI、能源进口、人均耗电、单位能耗产出等变量做对比分析（见表 1 - 9），可以发现当前中国的大多数宏观指标优于国际上高收入国家样本点的宏观指标，中国具备高质量发展的有利条件和潜力。

表 1 - 9　中国与高收入国家部分经济发展数据比较

变量	高收入国家（1987—2020 年）	高收入国家（2019—2020 年）	美国（2019—2020 年）	日本（2019—2020 年）	中国（2011—2015 年）	中国（2016—2018 年）	中国（2019—2020 年）
人均 GDP（现价美元）	37800.9	44732.9	64436.5	40485.4	6917.6	8938.9	10289.3
人均 GNI（现价美元）	37952.3	45366.5	65250.0	41345.0	6610.0	8806.7	10430.0
GDP 增长率（%）	1.7	-1.4	-0.6	-2.2	7.9	6.8	4.1
通货膨胀率（CPI,%）	2.0	1.0	1.5	0.2	2.8	1.9	2.7
通货膨胀率（GDP 平减指数,%）	2.1	1.6	1.5	0.7	2.7	3.0	1.0
广义货币增长率（M2,%）			12.8	4.7	13.9	8.8	9.4
上市公司交易占 GDP 比重（%）	127.7	89.8	108.2	112.2	139.5	132.3	171.1

续表

变量	高收入国家（1987—2020 年）	高收入国家（2019—2020 年）	美国（2019—2020 年）	日本（2019—2020 年）	中国（2011—2015 年）	中国（2016—2018 年）	中国（2019—2020 年）
实际利率（%）			2.9		3.0	1.3	3.4
劳动人口（15—64 岁）比重（%）	66.7	65.2	65.1	59.3	73.0	71.7	70.5
65 岁以上人口比重（%）	15.7	18.5	16.4	28.2	8.7	10.4	11.7
农村人口比率（%）	20.4	18.3	17.4	8.3	47.0	42.1	39.1
国内政府健康支出占比（%）	61.3	61.7	50.8	83.9	57.0	57.1	56.0
研发支出占 GDP 比重	2.4				2.0	2.1	2.3
服务业占 GDP 比重（%）	68.7	70.3	77.3	69.3	47.1	52.8	54.4
商品和服务出口占 GDP 比重（%）	28.5	30.0	10.9	16.4	24.3	19.5	18.5
储蓄率（%）	22.5	23.1	19.4	28.1	47.7	44.6	44.2
资本形成占 GDP 比重（%）	22.0	22.2	21.2	25.3	43.7	42.1	42.9
外汇储备可支付进口额月数	9.4	11.3	1.8	17.0	18.9	15.1	14.3
经常账户余额占 GDP 比重			-2.6	3.2	2.2	1.1	1.3
外债占 GDP 比重（%）					14.4	13.6	15.5
FDI 净流入占 GDP 比重（%）	3.0	1.5	1.2	1.0	2.9	1.5	1.4

续表

变量	高收入国家（1987—2020年）	高收入国家（2019—2020年）	美国（2019—2020年）	日本（2019—2020年）	中国（2011—2015年）	中国（2016—2018年）	中国（2019—2020年）
能源进口占能源消耗比重（%）	14.7				17.5	22.1	
食品进口占商品进口比重（%）	7.5	8.5	6.5	10.2	5.6	6.4	7.2
人均电力消耗（千瓦时）	9107.4				3611.6	4730.6	5314.2
基尼系数（世行估计）			41.5		40.4	38.7	38.2
国防支出占GDP比重	2.5	2.5	3.6	1.0	1.7	1.8	1.7

资料来源：世界银行 WDI。

2019—2020 年中国人均 GDP 与周期高收入国家相比还有明显差距。从通货膨胀率来看，高收入国家的中位数与中国通货膨胀率接近，同时中国经济增长率高于高收入国家增长率，可以说中国具有管理通货膨胀的宏观治理能力。

从劳动人口占比来看，中国 15 岁至 64 岁人口占比略高于高收入国家；2019—2020 年中国老年人口占比低于高收入国家，但未来中国面临人口老龄化挑战。

中国"储蓄资源"丰厚，储蓄率远远高于高收入国家，在较高的经济增长率和低通胀环境下，中国的实际利率较低，资本形成比重高于高收入国家，有利于资本积累和经济长期增长。经历改革开放之后的货币化和土地资本化，中国货币供应已从高速增长阶段逐步回归至正常状态。上市公司市值比重上升，有助于发挥资本市场的资源配置和价值发现功能，促进创新驱动的经济发展。

中国商品和服务贸易占 GDP 的比重略低于高收入国家，2008 年金融危机后贸易保护主义抬头，我国商品和服务出口占 GDP 比重、经常账户余额占 GDP 比重有所回落，但 2019—2020 年这些指标都高于美国。同期，中国 FDI 净流入占 GDP 比重与高收入国家接近，且高于美国和日本。经过长期的双顺差积累，中国外汇储备规模庞大，2019—2020 年我国外汇储备可支付进口月数高于发达国家平均水平，为中国人民币汇率和经济发展提供稳定预期。

中国服务业占比低于高收入国家，农村人口比率高于国际样本点。随着城市化的继续推进，未来中国的服务业还有很大的发展空间。

能源和粮食安全在一定程度上制约中国经济发展。我国人均电力消耗指标低于高收入国家 1987—2020 年的长期平均水平，但中国的能源进口依赖度和食品进口依赖度已经与高收入国家接近，未来中国在提高能源效率、发展绿色经济方面大有作为。

这些有利的宏观指标为宏观调控政策提供了宽泛的操作空间。尽管当前财政金融风险增大，但国家资产负债总体安全，财政赤字和政府债务余额均处于安全线内，调节流动性的手段和工具更加多元化。除了上述有利的宏观指标外，中国还具有实现经济高质量发展的潜力。

一是我国经济发展仍有巨大潜力。经过 30 年多年的发展，我国物质技术基础日益增强，产业体系完整，人力资本和科技创新对经济增长的贡献逐步提高，具有资金、劳动、科技等生产要素组合的综合优势。党的十八届三中全会以来，我国行政管理体制、财政、金融、价格、城镇化等领域的改革步伐加快，不断释放制度红利，激发经济发展的动力和活力。

二是区域差距使我国经济的回旋余地较大。我国是一个城乡之间和区域之间经济发展差距都比较大的发展中大国，在推进城乡发展一体化和东中西部区域经济协同发展的过程中，通过引导生产要素合理流动，使城市和沿海地区失去比较优势的产业在农村和内陆地区获得新的优势，进而使一些产业、产品的生命周期得以延长，这种跨区域的产业梯度转移和推进效应会产生新的生产力。

三是经济增长质量和效率提升。中国正从工业大国向服务业强国转型，伴随着收入和资本存量的增长，中国正在从投资和出口主导型向消费主导型经济过渡。从历史经验来看，这必将明显提升对服务业的需求，尤其是商贸物流、互联网金融等生产性服务业。经济发展方式，由过去过度依赖资源消耗粗放式的发展方式，向集约型的发展方式转变的态势也比较明显。国内消费贡献度上升，服务业发展加快，发展质量和效率不断提高。

四是促进公平正义，为社会发展提供了极大的空间。促进公平正义，在经济层面，需要在发展中实现公平与效率的有机统一，规范市场与政府的关系，建立公正的市场分配结构和公正的社会保障机制，通过初次分配和再分配实现收入分配、公民发展权利和发展机会的公平正义。在以下几个方面可以大有作为：（1）缩小收入差距；（2）缩小明显的财产分布差距；（3）消除就业与劳动报酬中的歧视因素；（4）公平分配教育资源，创造公平的教育机会；（5）公平分配公共卫生资源；（6）完善社会保障制度；（7）促进财政体制改革，完善财政再分配功能，缩小城乡之间、地区之间的公共物品的差异性。

（三）统筹发展与安全、推动中国经济高质量发展重点工作

1. 强化安全发展，确保中国经济行稳致远

确保国家经济安全。加强经济安全风险预警、防控机制和能力建设，实现重要产业、基础设施、战略资源、重大科技等关键领域安全可控。实施产业竞争力调查和评价工程，增强产业体系抗冲击能力。确保粮食安全，保障能源和战略性矿产资源安全。维护水利、电力、供水、油气、交通、通信、网络、金融等重要基础设施安全，提高水资源集约安全利用水平。维护金融安全，化解房地产、地方政府债务、金融等领域风险，守住不发生系统性风险底线。确保生态安全，加强核安全监管，维护新型领域安全。构建海外利益保护和风险预警防范体系。

2. 践行创新驱动，共同营造积极的创新环境

新发展格局下，创新能力将始终是我国经济高质量发展的第一驱动力。要顺应科技发展趋势，积极推动科技交流合作，形成开放、公平、公正、非歧视的科技发展环境。支持大数据、云计算、人工智能、量子计算等新技术应用，加速数字化转型，缩小数字鸿沟，协同推进数字产业化、产业数字化。创新能力提升的必要条件之一是积极的创新环境，因此在接下来的发展进程中要以提高质量和核心竞争力为中心，增强政府财政对科技领域的投入力度，同时也可以通过建立激励机制和导向机制间接地刺激和鼓励企业加大研发投入。

3. 推进城乡全方位协调，改善区域发展不平衡

目前，我国城乡协调发展已取得一定成效，但从全维度协调发展来看城乡协调发展程度仍有上升空间。因此，除了较为综合的城乡可支配收入之比，在接下来的城乡建设中还应注重教育、医疗等具体领域的城乡协调发展建设。我国区域发展不平衡现象依旧严峻，要继续大力推进区域协调发展战略，大力改善内陆地区经济建设环境的同时也要因地制宜地发展区域特色产业，通过"用长板补短板"的方式缩小地区差异。

4. 加强生态保护意识，使绿色成为发展普遍形态

从各项指标数据来看，2013—2022 年我国环境质量较之前有了很大程度的提高，如空气质量、水质量。相比之下，生态保护建设的步伐则较为缓慢。森林覆盖率指标近几年几乎保持"零增长"，自然保护区面积变化不大且较 2013 年之前有明显的减少，人均耕地面积轻微下降。高质量发展是资源节约、环境友好的发展，因此在接下来的绿色发展建设进程中应重点加强生态保护建设。

5. 稳定开放发展进程，注重高技术领域对外开放

2013—2022 年我国开放发展取得了丰硕成果的同时也凸显了一些问题。在五大发展模块中开放发展的增长相对不稳定，特别是在当前复杂的国际环境下，应更加注意开放环境建设，通过政策扶持、财政资金支

持等方式为全面开放发展创造稳定的开放环境，形成稳外贸、稳外资的合力。高技术领域的对外开放仍有较大潜力，鼓励企业创新的同时也要推动我国的高技术产品出口。

6. 切实改善民生，优化共享发展质量

民生领域是共享发展的重点建设领域，教育、医疗、养老、住房以及公共服务等基本民生领域目前仍存在城乡、区域不协调的问题。因此，一方面，要因地制宜地补齐民生短板；另一方面，要继续大力推进乡村全面振兴工作，并且通过因地制宜、因人施策的精准帮扶机制确保不发生规模性返贫。通过以上措施使全国人民更加充分地享受经济发展成果，将共享发展质量推向新台阶。

7. 同步提升经济活力和人民生活需要

提升内部经济活力、调整产业结构作为提高经济活力的两种方式。提高内部经济活力的核心就是扩大内需，因此首要的目标就是增加居民收入，解决问题的根本就落到了增加就业上。在我国未来经济高质量发展过程中，可以考虑把重点放在能增加就业、拉动内需、优化结构的现代服务业和高技术产业上。

8. 提高能耗生产率，经济与环境协同发展

数据显示 2013—2022 年我国综合能耗生产率存在较严重的区域不平衡性。未来要持续通过技术进步等方式调节能源使用结构，提高清洁高效能源的使用比例并以此提高综合能耗生产率；同时加大中西部地区的开放程度，充分发挥区位资源优势以促进发展。

五　深化外部循环网络合作

（一）应对产业链重组挑战，提高全球供应链安全性

美日英印加澳意图重组产业链，乌克兰危机恶化全球经济发展环境，

中国应发挥业已形成的国际分工优势,协同"一带一路"沿线国家,抓住新的投资机会,巩固传统产业链,拓展产业链升级。半导体、机器人和人工智能、自动驾驶、新能源等新一代技术进一步深化了全球产业链网络化布局,全球产业链、价值链、供应链布局由成本至上转向成本、市场、安全等多因素并重。在电动汽车、医疗行业、保障性住房、数字化、环境保护、碳减排等方面的新投资,将为建立更具韧性、更加包容的经济奠定基础。要关注发展中国家特殊需求,通过缓债、发展援助等方式支持发展中国家尤其是困难特别大的脆弱国家,着力解决国家间和各国内部发展不平衡、不充分问题。要加大发展资源投入,重点推进减贫、粮食安全、能源安全、发展筹资、气候变化和绿色发展、工业化、数字经济、互联互通等领域合作,维护供应链安全,加快落实联合国《2030 年可持续发展议程》,构建全球发展命运共同体。要维护自由开放的贸易投资,支持并加强以世界贸易组织为核心的多边贸易体制,维护全球产业链供应链稳定畅通,反对将经贸问题政治化、武器化、泛安全化。要坚定不移推进区域经济一体化,加快推进亚太自由贸易区进程。

(二) 适应高标准的经贸规则,深化区域性经贸合作

区域性经贸合作加强,要平衡发达国家与发展中国家的利益,在国际经贸规则中提升广大发展中国家在国际事务中的代表性和发言权。《美墨加协定》(USMCA)、《全面与进步跨太平洋伙伴关系协定》(CPTPP)、《区域全面经济伙伴关系协定》(RCEP) 等区域性经贸合作协议先后签订;欧盟和美国同意重塑跨大西洋伙伴关系,商讨《跨大西洋贸易与投资伙伴协议》(TTIP),中国与欧盟谈判《中欧全面投资协定》(CAI)。这些区域性经贸合作设定了更高标准的国际经贸规则,我国与发达国家争议的核心是市场开放、国有企业补贴、知识产权保护。高标准开放经济应该包括但不限于如下内容:(1) 国际税收协调,包括关税减让(有些自贸区可实施"零关税"),全球企业所得税减让;(2) 货物贸易的区域内原产地累积原则;(3) 不可逆的高水平投资和服务贸易自由化;(4) 加

强知识产权保护；（5）提高补贴透明度；（6）规范国有企业行为和实现竞争中性；（7）提高汇率政策透明度；（8）逐步引入环保、数字和劳工等利益相关者治理标准。

　　未来随着中国完成工业化后，中国需要发展和完善利益相关者治理，激励多样性创新，实现可持续发展，中国与发达国家在利益相关者治理规则上的合作空间会越来越广阔。虽然《中华人民共和国政府和美利坚合众国政府经济贸易协议》尚未得到落实，《中欧全面投资协定》（CAI）暂时搁浅，可以通过中国加入 CPTPP 再掀新篇章，但是有限多边谈判仍大有可为，可以在部分领域率先取得高标准自贸区建设突破，为推动全面的多边谈判创造良好条件。

（三）完善国际货币体系，加强国际金融合作

　　现有以美元为中心的国际货币体系受制于中美国际收支大规模失衡。中美国际收支失衡的根源是国际分工体系，美国掌握高科技和资源配置主导权，中国是制造业中心，不少"一带一路"沿线国家是资源矿产出口国。目前，我国对"一带一路"国家商品贸易收支基本平衡，对美、日、英、印、加、澳六国有较大顺差。美国对中国实施高科技禁运，债务高悬，倡议制造业回归美国不现实；印度也难以替代中国制造向美国出口消费品。所有这些因素导致未来中美国际收支顺差难以从根本上改变。中美国际收支大规模长期失衡的格局势必削弱美元的国际货币地位，提高人民币的国际货币地位。"一带一路"沿线国家缺乏稳定的核心货币，这是未来推进人民币国际化的动力和机遇。因此，中国应致力于增强自身政治、经济金融体制的稳定性，对内完善政治经济制度安排，对外协调同美元、日元、卢布等主要货币的关系，增强和沿线国家的政治互信，才能更好地提高人民币的吸引力，增强人民币的持有意愿。针对"一带一路"沿线国家的不同情况，以贸易和投资为先导，在"一带一路"沿线国家增设中国金融服务机构，提高资金往来便利性；适应数字贸易发展，完善数字贸易结算方式；中央银行之间有序扩大货币互换规

模；发挥人民币币值稳定的优点，有序扩大人民币在不同国家贸易结算的适用范围；逐步提高人民币在"一带一路"沿线国家储备货币的规模和份额。

（四）积极应对气候变化，参与全球环境治理

根据世界银行统计，2018 年，中国二氧化碳（CO_2）排放总量为 1031.3 万吨，136 个"一带一路"沿线为 1023.8 万吨，美、日、英、印、澳、加六国为 984.2 万吨（美国为 498.1 万吨），欧盟国家为 287.1 万吨。中国、136 个"一带一路"沿线以及美、日、英、印、澳、加六国这三个区域的碳排放量基本相当，碳减排需要世界各国加强合作，构建人与自然生命共同体。2020 年 9 月习近平主席在第七十五届联合国大会一般性辩论上发表重要讲话，并提出中国二氧化碳排放力争于 2030 年前达到峰值，努力争取 2060 年前实现"碳中和"。作为全球最主要的温室气体排放国之一，中国由此明确了"碳中和"的目标和时间表。"十四五"时期，我国要做好"碳中和"的前期准备工作，积极应对欧美国家可能推出的碳关税措施，为积极应对全球气候变化发挥更大的作用。2021 年 9 月，习近平主席在第七十六届联合国大会一般性辩论上再次重申中国的"碳达峰"和"碳中和"目标，并承诺中国将大力支持发展中国家能源绿色低碳发展，不再新建境外煤电项目。

（五）通过高质量共建"一带一路"强化新的外循环体系

中国与"一带一路"沿线国家具有广泛的经济合作空间。中国经济体量巨大，2020 年中国 GDP 为 14.7 万亿美元，136 个"一带一路"沿线国家 GDP 总和为 17.4 万亿美元（见图 1-11），中国 GDP 大约占 136 个"一带一路"沿线国家 GDP 总和的 84%。但是中国人均 GDP 仍较低，初步估算，2020 年中国人均 GDP 为 10500 美元，在 136 个"一带一路"沿线国家中从高到低排名第 31 位左右。

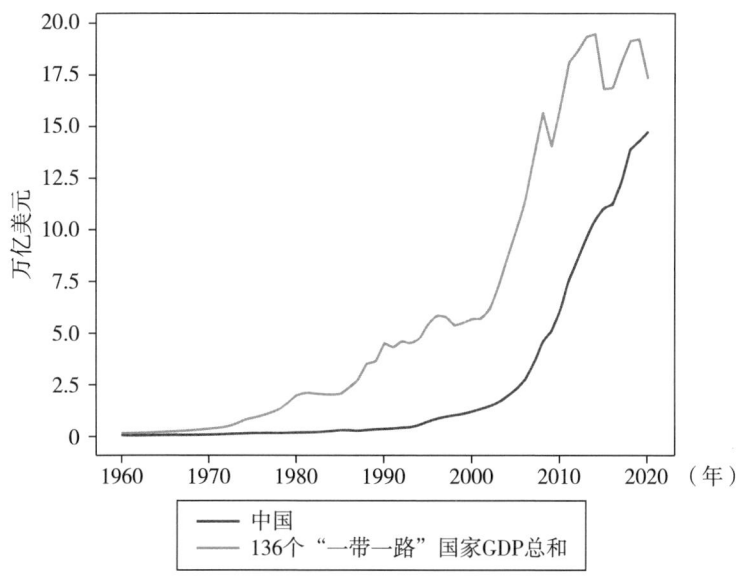

图 1 - 11　中国与 136 个 "一带一路" 国家 GDP 总和比较

　　中国一体谋划推进构建人类命运共同体和高质量共建 "一带一路"，需要坚持系统性思维，加强顶层设计，健全部门间协调机制，同时在多方面进行创新，深化配套性改革，推动经贸规则谈判，积极参与国际经贸规则修订博弈和全球治理改革。依托高质量共建 "一带一路"，引领全球发展，促进民心相通，增强政治互信，加强文明融合繁荣。依托高质量共建 "一带一路"，推进人类命运共同体建设，形成东西互鉴，融合发展的世界经济发展体系，提高全球经济发展的空间和韧性，为促进我国经济形成 "双循环" 新发展格局贡献力量，也为促进全球互联互通、构建开放型世界经济注入新动力。

第二章

经济增长与经济结构转型：
中国式现代化的基本要求

经济增长和经济结构转型是推动中国式现代化的基本要求。面对"双循环"的发展格局，没有相对较高的经济增长速度，就无法解决我国经济发展过程中的一系列矛盾，也无法实现中华民族伟大复兴。如何科学确定新时代我国经济增长潜力和动力，对推动经济发展质量变革、效率变革、动力变革，实现高质量发展，具有十分重要的理论和现实意义。本章首先从要素投入角度对经济发展的机理进行了深入分析，并从全要素生产率、六大要素投入、商品价格指数等方面分析我国潜在增长率下降的原因，其中，六大要素投入只考虑投入量的变化，将所有要素的投入产出率全部归于全要素生产率，同时将要素投入（量的变化）与要素升级（质的提升）区别开来。其次，本章运用柯布—道格拉斯生产函数和状态空间模型测度了改革开放以来生产要素投入和全要素生产率对我国经济增长的贡献，在此基础上总结我国经济增长的阶段性特征。

一 我国宏观经济的典型性事实

（一）特征事实一：潜在经济增速下降

图 2-1 给出了 1978—2022 年我国 GDP 及其增速的变化情况①。该图显示，自 1978 年以来，我国名义 GDP 和实际 GDP 均保持了长期快速增长，但高速的增长趋势在 2012 年开始出现了下滑趋势。从目前来看，我国经济已经告别了高速增长期，进入到相对平稳的中高速增长和高质量发展阶段。若分阶段来看，1978 年以来我国经济增长大致可以分为三个阶段，分别是 1978—2000 年阶段、2001—2008 年阶段和 2009 年至今三个阶段。第一阶段（1978—2000 年），国内市场化快速推进导致了经济的高速增长，与高速增长相伴的是周期性的通货膨胀和宏观经济失衡特征，而政策收紧导致了较为明显的增长波动。第二阶段 2001—2008 年，对外开放的加快和由此带来的国内投资和技术进步共同推动了经济的快速增长，宏观经济的稳定性也明显提高，但经济增长中仍面临外需的依赖性较大和国际收支不平衡等问题，而国际金融危机的爆发也导致了明显的经济增速下滑。2008 年金融危机后，我国经济增长进入第三个阶段，在这一阶段中国逐步调整外向型的经济增长模式，转而更加依赖内需，经济增速虽然有所下滑，但经济发展的质量明显提升。

---

①　在数据的处理中，本章把 1978—2020 年的 GDP 换算成以 1990 年价格水平计价的实际 GDP，1978—2020 年名义 GDP 数据及 1990 年价格水平；实际资本存量和劳动力存量数据的计算详见后文。本章所有原始数据均来源于国家统计局。

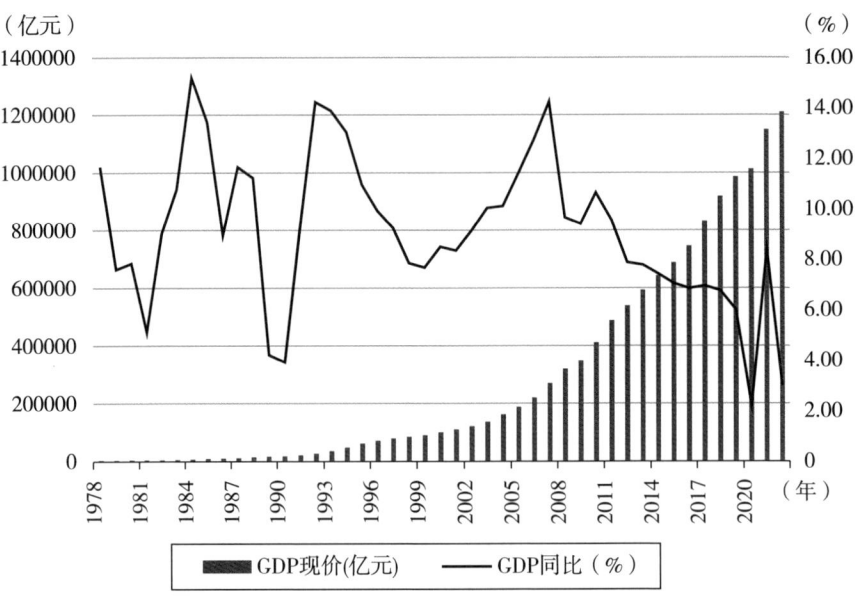

图 2 - 1　1978—2022 年我国 GDP 及其增速

资料来源：国家统计局。

图 2 - 2 给出了资本存量、劳动力存量和全要素生产率对我国经济增长的贡献。该图中，劳动存量的贡献度一直处于下降趋势，而资本存量的贡献度出现周期性波动；而从全要素生产率（TFP）的情况来看，TFP 水平在 2008 年之前呈现波动性上升趋势，但 2008 年之后下降趋势更为明显。从这个意义上来看，劳动要素和全要素生产率的下降是我国潜在经济增速下降的主要原因，而资本积累则对潜在经济增速下降起到一定的抵消作用。

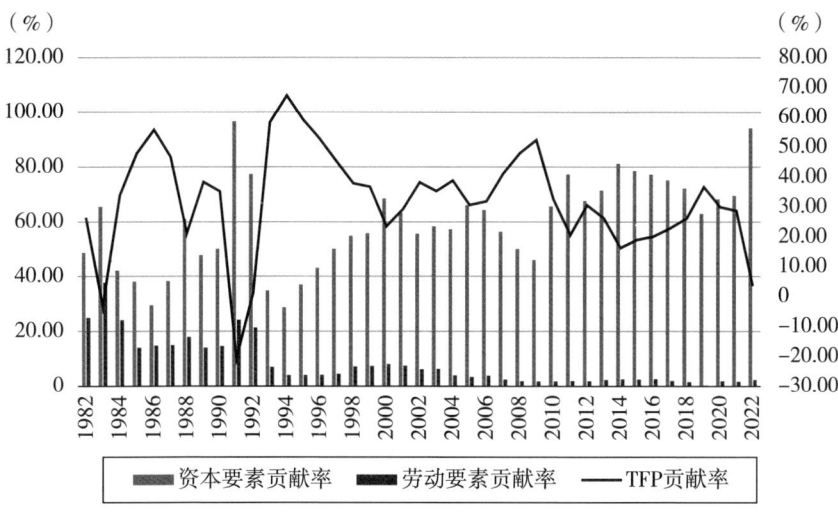

图 2-2　劳动资本要素对我国经济增速的贡献及 TFP 变动

资料来源：国家统计局。

就分阶段来看，表2-1显示了要素贡献率的阶段性特征。该表显示，改革开放以来，资本积累对经济增长的贡献率为54.96%，劳动力总量增长的贡献率为7.77%，全要素生产率贡献率为37.27%，分别推动经济增长5.01、0.71和3.4个百分点。分阶段来看，1978年至2000年为资本、劳动力和全要素生产率同步推动经济增长阶段，2001年至2008年为资本和全要素生产率为主推动经济增长阶段，2009年至2022年为资本推动和全要素生产率下滑阶段，三个阶段资本对经济增长的贡献率分别为47.89%、57.14%和73.12%，劳动力对经济增长的贡献率分别为11.90%、2.62%和2.01%，全要素生产率对经济增长的贡献率分别为40.22%、40.24%和24.87%。

表 2-1　分阶段生产要素投入与全要素生产率对经济增长的贡献度和贡献率（%）

年份	GDP	资本存量		劳动力		全要素生产率	
	增速	贡献度	贡献率	贡献度	贡献率	贡献度	贡献率
1978—2000 年	9.65	4.62	47.89	1.15	11.90	3.88	40.22
2001—2008 年	11.02	6.29	57.14	0.29	2.62	4.43	40.24
2009—2022 年	7.13	5.21	73.12	0.14	2.01	1.77	24.87
1978—2022 年	9.12	5.01	54.96	0.71	7.77	3.40	37.27

资料来源：国家统计局，作者计算。

（二）特征事实二：结构改善和经济波动平缓

本章认为，产业结构优化和经济绩效改善是高质量发展的主要特征。产业结构优化主要表现为服务业的快速增长，绩效改善表现为经济波动性的下降。

为了描述我国宏观经济以及工业和服务业两部门波动的平稳化特征，本章对 GDP 进行 HP 滤波处理，以此计算 GDP 和工业、服务业增加值的周期分量。需要注意的是，因为计算工业和服务业两部门资本存量和 TFP 时需要用到两部门新增固定资产数据，而国家统计局只提供 1995 年以来的分部门的新增固定资产数据。因此，为了具有可比性，本章中所有时间序列数据皆以 1995 年为起点。

分阶段来看，本章通过对工业和服务业增速的 HP 滤波计算得出两个部门周期性波动的特征。由于整体上工业波动性明显高于服务业，尤其是 2008 年以来，服务业波动性明显趋缓，而工业的波动性仍维持较高水平。鉴于此，本章选取 2008 年为分界点来分阶段研究中国经济周期的阶段性特征。之所以选取 2008 年为界，不仅是因为 2008 年国际金融危机对中国经济运行的影响，还考虑到 2008 年之后服务业的快速增长产生的结构效应。

表 2-2 比较了 2008 年前后 GDP、工业和服务业等变量的周期分量标准差。该表显示，GDP 的波动性在 2008 年以后显著减小，GDP 周期的标准差由 2008 年之前的 14.73% 下降到 6.53%，两阶段标准差之比为 2.26，即 1995—2008 年的波动性要高出后一阶段 1 倍以上。

表 2-2 GDP、工业和服务业等变量的周期分量标准差

时间	GDP	工业	服务业
1995—2022 年	3.21%	4.33%	2.37%
阶段 1：1995—2008 年	3.52%	4.12%	2.87%
阶段 2：2009—2022 年	3.05%	4.48%	1.79%
增长幅度	-13.26%	8.72%	-41%

从工业和服务业的波动性来看，服务业部门在 2008 年以后呈现出明显波动性下降趋势，波动性由 1995—2008 年的 2.87% 下降到 2008—2022 年的 1.7%，降幅达 41%；但工业部门的波动性在 2008 年之后反而出现上升态势，波动性由 1995—2008 年的 4.12% 上升到 2008—2018 年的 4.75%，增幅达 15%。

值得注意的是，在所有样本区间，工业的波动性都大于服务业，1995—2022 年工业波动性是服务业部门波动性的 1.83 倍，在 1995—2008 年和 2009—2022 年的两个子区间，工业波动性分别是服务业波动性的 1.4 倍和 2.5 倍。

为了深入分析工业和服务业两部门的波动性，我们对工业和服务业两部门的资本存量进行估算，并使用索洛剩余法求得两部门的 TFP。在计算两部门资本存量的过程中，首先对采矿业、制造业、电力和建筑业的新增固定资产进行加总，得到工业部门新增固定资产，并用新增固定资产总额减去工业部门加总数得到服务业部门新增固定资产。其次，通过固定资产投资价格计算以 1995 年为基期的固定资产平减指数，然后以固定资产平减指数求得新增固定资产的实际值。最后，假定年资本折旧率为 9.6%，使用永续盘存法计算各年度的工业和服务业部门资本存量，并利用两部门就业人数和索洛剩余法求得工业和服务业两部门的 TFP。

表 2 - 3 进一步给出了 HP 滤波后的两部门 TFP 的波动性。该表显示，在 1995—2022 年，工业部门的 TFP 的波动性方面均明显高于服务业部门。分阶段来看，工业部门 TFP 在 1995—2008 年的第一阶段与服务业部门 TFP 波动性相同；但在 2009—2022 年阶段，工业部门 TFP 波动性明显提高 75%，而服务业部门 TFP 较前一阶段下降了 19%，由此造成 2008 年之后第二阶段的工业部门的 TFP 波动性较服务业部门高出 2 倍以上。

表 2-3　工业和服务业部门的 TFP 标准差

时间	工业部门	服务业部门
1995—2022 年	0.35	0.15
阶段 1：1995—2008 年	0.16	0.16
阶段 2：2009—2022 年	0.28	0.13
增长幅度	75%	-19%

注：两部门 TFP 使用索洛剩余法计算，经 HP 滤波后对其对数值取标准差得到。

二 我国经济潜在增速的测算和中长期预判

（一）要素投入对经济增长的影响机理

最初的经济增长理论认为，从中长期来看，一个经济体的增长水平，主要是由资本积累、劳动力数量以及资本和劳动力等生产要素配置和使用效率决定的。其后，不断改进的经济增长理论，也得到了社会上的基本共识，即除资本（资源）积累总量和劳动数量投入是引起经济增长的主要因素以外，其他因素如技术进步、劳动力转移、人力资本提高、管理水平改善（体制机制因素）等，也同样可以推动经济增长，一般而言，扣除有形要素投入后引起经济增长超出部分的因素称为全要素生产率。因此，核算资本、就业以及影响全要素生产率的因素，一般被认为是分析一个国家或经济体经济增长潜力和动力的关键性因素。因此，从生产法角度，GDP 可以表示如下：

长期总供给（GDP）= 全要素生产率 × f（劳动，资本，土地等资源，环境，企业家管理，政府管理）× 商品价格指数

运用柯布—道格拉斯生产函数模型，可以得到：

$$GDP_t = TFP_t \times f(K,L,R,E,M,G) \times P_t = TFP_t \times K_t^{\alpha} L_t^{\beta} R_t^{\gamma} E_t^{\delta} M_t^{\eta} G_t^{\varphi} \times P_t$$

其中 GDP_t 为经济产出，TFP_t 为全要素生产率，K_t 为资本存量，L_t 为劳

动力投入，R_t 为资源投入，E_t 为环境要素投入，M_t 为企业家管理投入，G_t 为政府公共服务投入，α、β、γ、δ、η、φ 分别为资本、劳动力、资源、环境、企业家管理和政府管理的产出弹性，P_t 为商品价格指数。

令 $GDP_t^* = GDP_t / P_t$

则 $GDP_t^* = TFP_t \times f(K,L,R,E,M,G) = TFP_t \times K_t^\alpha L_t^\beta R_t^\gamma E_t^\delta M_t^\eta G_t^\varphi$

通常我们假设 $\alpha + \beta + \gamma + \delta + \eta + \varphi = 1$ 即规模收益不变，则

$$
TFP_t = \frac{GDP_t^*}{f(K,L,R,E,M,G)} = \frac{GDP_t^*}{K_t^\alpha L_t^\beta R_t^\gamma E_t^\delta M_t^\eta G_t^\varphi}
$$

$$
= \left(\frac{GDP_t^*}{K_t}\right)^\alpha \times \left(\frac{GDP_t^*}{L_t}\right)^\beta \times \left(\frac{GDP_t^*}{R_t}\right)^\gamma \times \left(\frac{GDP_t^*}{E_t}\right)^\delta \times \left(\frac{GDP_t^*}{M_t}\right)^\eta \times
$$

$$
\left(\frac{GDP_t^*}{G_t}\right)^\varphi
$$

其中，$\dfrac{GDP_t^*}{K_t}$、$\dfrac{GDP_t^*}{L_t}$、$\dfrac{GDP_t^*}{R_t}$、$\dfrac{GDP_t^*}{E_t}$、$\dfrac{GDP_t^*}{M_t}$、$\dfrac{GDP_t^*}{G_t}$ 分别为资本回报率、劳动生产率、资源生产率、环境效率、企业经营效率、政府管理效率。

对 $GDP_t = TFP_t \times f(K,L,R,E,M,G) \times P_t = TFP_t \times K_t^\alpha L_t^\beta R_t^\gamma E_t^\delta M_t^\eta G_t^\varphi \times P_t$ 两边同时取自然对数，得到：

$$
\ln(GDP_t) = \ln(TFP_t) + \alpha\ln(K_t) + \beta\ln(L_t) + \gamma\ln(R_t) + \delta\ln(E_t) +
$$
$$
\eta\ln(M_t) + \varphi\ln(G_t) + \ln(P_t)
$$

对时间 t 求导，得到：

$$
\frac{\partial\ln GDP_t}{\partial t} = \frac{\partial\ln TFP_t}{\partial t} + \alpha \times \frac{\partial\ln K_t}{\partial t} + \beta \times \frac{\partial\ln L_t}{\partial t} + \gamma \times
$$

$$
\frac{\partial\ln R_t}{\partial t} + \delta \times \frac{\partial\ln E_t}{\partial t} + \eta \times \frac{\partial\ln M_t}{\partial t} + \varphi \times
$$

$$
\frac{\partial\ln G_t}{t\partial} + \frac{\partial\ln P_t}{\partial t}
$$

其中，$\dfrac{\partial\ln GDP_t}{\partial t}$、$\dfrac{\partial\ln TFP_t}{\partial t}$、$\dfrac{\partial\ln K_t}{\partial t}$、$\dfrac{\partial\ln L_t}{\partial t}$、$\dfrac{\partial\ln R_t}{\partial t}$、$\dfrac{\partial\ln E_t}{\partial t}$、$\dfrac{\partial\ln M_t}{\partial t}$、$\dfrac{\partial\ln G_t}{\partial t}$、$\dfrac{\partial\ln P_t}{\partial t}$

分别为经济产出、全要素生产率、资本投入、劳动力投入、资源投入、

环境投入、企业家管理投入、政府管理投入、商品价格指数的增长速度，全要素生产率的增长速度计算公式如下：

$$\frac{\partial \ln TFP_t}{\partial t} = \frac{\partial \ln GDP_t}{\partial t} - \alpha \times \frac{\partial \ln K_t}{\partial t} - \beta \times \frac{\partial \ln L_t}{\partial t} -$$

$$\gamma \times \frac{\partial \ln R_t}{\partial t} - \delta \times \frac{\partial \ln E_t}{\partial t} - \eta \times \frac{\partial \ln M_t}{\partial t} -$$

$$\varphi \times \frac{\partial \ln G_t}{\partial t} - \frac{\partial \ln P_t}{\partial t}$$

在估计出参数 α、β、γ、δ、η、φ 之后，结合资本存量、劳动力投入、资源投入、环境投入、管理投入和政府公共服务投入就可以得到资本、劳动力、资源、环境、企业家管理和政府管理等要素对经济增长的贡献。使用产出增长率（即 GDP 增速）扣除投入要素增长贡献后的残值，得到的索洛余值即为全要素生产率对经济增长的贡献值。

（二）要素投入对经济增长的贡献测度实证分析

1. 实证模型

因统计数据限制，本报告以柯布—道格拉斯生产函数为基础，从供给侧出发，把资本和劳动力作为生产要素纳入经济增长核算体系，构建供给侧视角下的中国经济增长模型，模型结构如下：

$$Y_t = A_t K_t^{\alpha} L_t^{\beta} = A_0 e^{\gamma t} K_t^{\alpha} L_t^{\beta}$$

其中 Y_t 为经济产出，K_t 为资本存量，L_t 为劳动投入，A_t 为全要素生产率，α、β 分别为资本的产出弹性与劳动力的产出弹性。上面的公式两边同时取自然对数：

$$\ln(Y_t) = \ln(A_t) + \alpha \ln(K_t) + \beta \ln(L_t) = \ln(A_0) + \gamma t + \alpha \ln(K_t) + \beta \ln(L_t)$$

对时间 t 求导，得到：

$$\frac{\partial \ln Y_t}{\partial t} = \frac{\partial \ln A_t}{\partial t} + \alpha \times \frac{\partial \ln K_t}{\partial t} + \beta \times \frac{\partial \ln L_t}{\partial t} = \gamma + \alpha \times \frac{\partial \ln K_t}{\partial t} + \beta \times \frac{\partial \ln L_t}{\partial t}$$

其中，$\dfrac{\partial \ln Y_t}{\partial t}$、$\dfrac{\partial \ln K_t}{\partial t}$、$\dfrac{\partial \ln L_t}{\partial t}$、$\dfrac{\partial \ln A_t}{\partial t}$ 分别为经济产出、资本投入、劳动力投入、全要素生产率的增长速度，全要素生产率的增长速度计算公式如下：

$$\frac{\partial \ln A_t}{\partial t} = \frac{\partial \ln Y_t}{\partial t} - \alpha \times \frac{\partial \ln K_t}{\partial t} - \beta \times \frac{\partial \ln L_t}{\partial t}$$

通常我们假设 $\alpha + \beta = 1$，即规模收益不变，则有回归方程：

$$\ln(Y_t) = \ln(A_t) + \alpha \ln(K_t) + (1 - \alpha)\ln(L_t) = \ln(A_0) + \gamma t + \alpha \ln(K_t) + (1 - \alpha)\ln(L_t)$$

或者

$$\ln(Y_t/L_t) = \ln(A_t) + \alpha \ln(K_t/L_t) = \ln(A_0) + \gamma t + \alpha \ln(K_t/L_t)$$

在估计出参数 α、β 之后，结合资本存量和劳动力数据就可以得到资本和劳动力两大投入要素对经济增长的贡献。使用产出增长率（即 GDP 增速）扣除投入要素增长贡献后的残值，得到的索洛余值即为全要素生产率对经济增长的贡献值。

为了捕捉资本和劳动力对经济增长影响的时变性，采用状态空间模型，构建时变参数来考察经济增长与资本和劳动力的关系，模型形式如下：

量测方程：$\log(\text{GDP}) = C(1) + sv_1 \times t + sv_2 \times \log(K) + (1 - sv_2) \times \log(L) + \{var = \exp[C(2)]\}$

状态方程：$sv_1 = sv_1(-1)$，$sv_2 = sv_2(-1)$

式中，sv_1 为时间 t 前面的系数，sv_2、$1 - sv_2$ 分别代表资本和劳动力对经济增长的时变影响系数。

2. 资本和劳动力存量的计算

在资本存量的估算方面，学者之间的观点存在的一定的分歧，但是大部分学者的估算方法基本相同，一般采用永续盘存法。参考郭庆旺、贾俊雪所用的计算公式：$K_t = I_t/P_t + (1 - \delta_t)K_{t-1}$ [1]，公式中：K_t 为 t 年实际资本存量，K_{t-1} 为 $t-1$ 年实际资本存量，P_t 为 t 年固定资本价格指数，I_t 为 t 年的固定资本形成总额，δ_t 为 t 年的固定资产形成总额折旧率，折旧率参照王小鲁等的做法，选取 5% 为固定资产形成总额的折旧率[2]。

在劳动力存量的衡量上，不同的学者之间仍然存在一定的差异，李涛等选取人口增长率替代劳动力增长率，实际上认为了所有人口都是劳动力存量[3]；李小平等选取了从业人员数代替劳动力存量[4]。本章认为能够给一个经济体的经济增长做出直接贡献的是劳动者，所以本章的劳动力存量的选取与李小平等的方法基本相同。

3. 资本和劳动力的产出弹性估计

为充分体现资本和劳动对经济增长影响的时变性，本章采用状态空间模型，构建时变参数，对资本和劳动力的产出弹性进行测算，具体结果如表 2 - 4 所示。具体而言，为防止参数估计波动较大给测算结果带来较大影响，本章给出的参数为前 5 年的均值，即 1982 年参数为 1978—1982 年的均值，1983 年为 1979—1983 年的均值，以此类推。从状态空间模型时变参数统计检验结果来看（见表 2 - 5），常数项 C（1）的估计值为 -1.4304，标准误差为 0.0931，Z 统计量为 -15.3637，相应的 P 值接近于 0，统计检验结果非常显著；可变参数时间 t 前的系数（α_{1t}）和资本产出弹性（α_{2t}）的均方误差很小，统计检验结果亦非常显著，这表明运用状态空间模型捕捉资本和劳动力对经济增长影响的时变性效果显著。

---

① 参见郭庆旺、贾俊雪：《中国潜在产出与产出缺口的估算》，载《经济研究》2004 年第 5 期。

② 参见王小鲁、樊纲、刘鹏：《中国经济增长方式转换和增长可持续性》，载《经济研究》2009 年第 1 期。

③ 参见李涛、周业安：《中国地方政府间支出竞争研究——基于中国省级面板数据的经验证据》，载《管理世界》2009 年第 2 期。

④ 参见李小平、朱钟棣：《国际贸易的技术溢出门槛效应——基于中国各地区面板数据的分析》，载《统计研究》2004 年第 10 期。

表 2-4　状态空间模型时变参数估计结果

年份	时间 t 前的系数（α_{1t}）	资本产出弹性（α_{2t}）	劳动力产出弹性（α_{3t}）
1982	0.0222	0.4032	0.5968
1983	0.0217	0.4029	0.5971
1984	0.0156	0.3957	0.6043
1985	0.0170	0.3982	0.6018
1986	0.0217	0.4071	0.5929
1987	0.0287	0.4224	0.5776
1988	0.0338	0.4352	0.5648
1989	0.0354	0.4394	0.5606
1990	0.0365	0.4427	0.5573
1991	0.0372	0.4450	0.5550
1992	0.0363	0.4409	0.5591
1993	0.0349	0.4346	0.5654
1994	0.0344	0.4321	0.5679
1995	0.0351	0.4355	0.5645
1996	0.0363	0.4420	0.5580
1997	0.0374	0.4494	0.5506
1998	0.0384	0.4559	0.5441
1999	0.0390	0.4607	0.5393
2000	0.0394	0.4640	0.5360
2001	0.0396	0.4652	0.5348
2002	0.0395	0.4650	0.5350
2003	0.0395	0.4643	0.5357
2004	0.0394	0.4633	0.5367
2005	0.0393	0.4622	0.5378
2006	0.0392	0.4609	0.5391
2007	0.0391	0.4590	0.5410
2008	0.0391	0.4581	0.5419
2009	0.0391	0.4583	0.5417

续表

年份	时间 t 前的系数（α_{1t}）	资本产出弹性（α_{2t}）	劳动力产出弹性（α_{3t}）
2010	0.0392	0.4603	0.5397
2011	0.0392	0.4616	0.5384
2012	0.0392	0.4618	0.5382
2013	0.0392	0.4617	0.5383
2014	0.0392	0.4610	0.5390
2015	0.0392	0.4593	0.5407
2016	0.0392	0.4611	0.5389
2017	0.0392	0.4610	0.5390
2018	0.0392	0.4608	0.5392
2019	0.0392	0.4606	0.5394
2020	0.0392	0.4609	0.5301
2021	0.0392	0.4701	0.5209
2022	0.0392	0.4702	0.5208

表 2-5　状态空间模型时变参数统计检验结果

变量	估计系数	标准误差	Z 统计量	概率 P 值
C（1）	-1.4304	0.0931	-15.3637	0.0000
C（2）	-6.7662	0.2796	-24.2019	0.0000
变量	最终状态	均方误差	Z 统计量	概率 P 值
时间 t 前的系数（α_{1t}）	0.0374	0.0003	111.5345	0.0000
资本产出弹性（α_{2t}）	0.4568	0.0070	65.4349	0.0000

（三）测算结果分析

根据资本和劳动力的产出弹性计算出资本、劳动力和全要素生产率对经济增长的贡献，1982—2022 年生产要素投入和全要素生产率分别对经济增长的贡献度和贡献率如表 2-6 所示，分阶段生产要素投入和全要素生产率对经济增长的贡献度和贡献率如表 2-7 所示。

表 2-6　生产要素投入与全要素生产率分别对经济增长的贡献度和贡献率（%）

年份	GDP增速	资本存量		劳动力		全要素生产率	
		贡献度	贡献率	贡献度	贡献率	贡献度	贡献率
1982	9.02	4.38	48.62	2.25	24.94	2.38	26.44
1983	10.77	7.06	65.59	4.06	37.70	-0.35	-3.29
1984	15.19	6.39	42.08	3.66	24.10	5.14	33.82
1985	13.43	5.12	38.11	1.89	14.04	6.43	47.85
1986	8.95	2.64	29.49	1.32	14.79	4.99	55.72
1987	11.66	4.47	38.31	1.75	14.99	5.44	46.70
1988	11.22	6.85	61.05	2.01	17.93	2.36	21.01
1989	4.21	2.01	47.70	0.59	14.03	1.61	38.27
1990	3.92	1.97	50.19	0.57	14.62	1.38	35.19
1991	9.26	8.95	96.60	2.24	24.19	-1.93	-20.79
1992	14.22	11.01	77.42	3.04	21.35	0.18	1.24
1993	13.88	4.83	34.80	0.97	6.97	8.09	58.24
1994	13.04	3.74	28.72	0.53	4.04	8.77	67.24
1995	10.95	4.05	37.00	0.44	4.03	6.46	58.97
1996	9.92	4.28	43.11	0.41	4.16	5.23	52.74
1997	9.24	4.64	50.23	0.42	4.53	4.18	45.24
1998	7.85	4.31	54.97	0.56	7.15	2.97	37.88
1999	7.66	4.28	55.92	0.57	7.40	2.81	36.68
2000	8.49	5.82	68.50	0.68	8.04	1.99	23.46
2001	8.34	5.28	63.37	0.62	7.44	2.43	29.19
2002	9.13	5.09	55.68	0.56	6.09	3.49	38.23
2003	10.04	5.86	58.37	0.64	6.37	3.54	35.26
2004	10.11	5.80	57.32	0.40	3.91	3.92	38.77
2005	11.39	7.52	66.03	0.38	3.35	3.49	30.62
2006	12.72	8.18	64.33	0.49	3.82	4.05	31.84
2007	14.23	8.04	56.47	0.35	2.45	5.85	41.09
2008	9.65	4.84	50.17	0.18	1.89	4.63	47.94

续表

年份	GDP 增速	资本存量		劳动力		全要素生产率	
		贡献度	贡献率	贡献度	贡献率	贡献度	贡献率
2009	9.40	4.32	45.97	0.16	1.75	4.91	52.29
2010	10.64	6.98	65.65	0.19	1.80	3.46	32.55
2011	9.55	7.39	77.37	0.19	2.00	1.97	20.63
2012	7.86	5.32	67.63	0.15	1.85	2.40	30.52
2013	7.77	5.55	71.44	0.18	2.35	2.04	26.21
2014	7.43	6.03	81.21	0.19	2.54	1.21	16.26
2015	7.04	5.53	78.55	0.17	2.47	1.34	18.99
2016	6.85	5.29	77.28	0.18	2.65	1.37	20.07
2017	6.95	5.22	75.20	0.14	2.00	1.58	22.80
2018	6.75	4.88	72.26	0.11	1.58	1.77	26.16
2019	6.00	3.78	63.04	0.02	0.37	2.20	36.59
2020	2.20	1.50	68.30	0.04	1.85	0.66	29.90
2021	8.40	5.85	69.60	0.14	1.64	2.41	28.67
2022	3.00	2.82	94.10	0.07	2.35	0.10	3.47

数据来源：注1：根据历年《中国统计年鉴》相关数据计算得出。

注2：贡献率指某一因素的贡献量（增量或增长程度）与总贡献量（总增量或增长程度）之比乘100%，指该因素的增长量（程度）占总增长量（程度）的比重。

注3：贡献度是指某一因素的贡献率作为权数乘报告期总量的增速，通常表述拉动总量增长多少个百分点。

表2-7 分阶段生产要素投入与全要素生产率分别对经济增长的贡献度和贡献率（%）

年份	GDP 增速	资本存量		劳动力		全要素生产率	
		贡献度	贡献率	贡献度	贡献率	贡献度	贡献率
1978—2000	9.65	4.62	47.89	1.15	11.9	3.88	40.22
2001—2008	11.02	6.29	57.14	0.29	2.62	4.43	40.24
2009—2022	7.38	5.39	73.12	0.15	2.01	1.84	24.87
1978—2022	9.28	5.10	54.96	0.72	7.77	3.46	37.27

　　具体而言，我国经历了持续40年的经济高速增长期，1982—2022年，国内生产总值年均增长9.23%。表2-6的测算结果显示，1978—2022年资本积累贡献率为54.96%，劳动力总量增长的贡献率为7.77%，

全要素生产率贡献率为 37.27%，即资本积累、劳动力总量扩张和全要素生产率分别推动经济增长 5.1 个百分点、0.72 个百分点和 3.46 个百分点。这表明我国经济的快速增长主要源于资本的快速积累，我国经济带有较为明显的投资拉动特征。

除此之外，该表还显示全要素生产率贡献了经济增长的 37%，虽然比起发达国家经济增长的 70% 以上依赖于全要素生产率仍有较大差距，但依然对经济增长起到了重要作用；在劳动力方面，该表也显示劳动力对经济增长的作用不容忽视，但劳动力数量增长对经济增长起到的作用较小，且呈现递减趋势。

分阶段来看，我国经济较快增长的时期长达 40 余年，其间出现较为明显的动力转换，经济增长动力具有较为明显的阶段性特征。从资本、劳动力和全要素生产率三个方面对经济增长的影响程度来看，可以划分为三个主要阶段。

第一阶段，1978 年至 2000 年，为资本、劳动力和全要素生产率同步推动经济增长阶段。这一时期，我国经济增速年均 9.65%，其中资本存量增长贡献了 4.62 个百分点，劳动力数量增长贡献了 1.15 个百分点，全要素生产率贡献了 3.88 个百分点。

第二阶段，2001 年至 2008 年，为资本和全要素生产率为主推动经济增长阶段。以 2001 年底我国加入 WTO 为契机，我国对外贸易飞速发展，国际市场明显扩大。外需扩大和消费结构升级带动了国内投资快速增长，使得我国于 2001 年至 2008 年全国 GDP 年均增速达到 11.02%，投资增长成为经济增长最大动力。大体上，资本积累推动经济增长 6.29 个百分点，比前一个阶段提高 1.67 个百分点。随着人口老龄化进程加快，劳动力数量增长仅贡献了 0.29 个百分点，劳动力数量增长对经济增长的贡献度大大低于上一个时期。随着科技进步和人力资本提升等因素影响，这一时期我国全要素生产率提升拉动 GDP 增长 4.43 个百分点，比前一个阶段提高 0.55 个百分点。

第三阶段，2009 年至 2022 年，为劳动力数量和全要素生产率双双下滑阶段。2008 年国际金融危机爆发后，我国实施了一揽子经济刺激计划，通过扩大投资拉动经济增长，使得资本积累对经济增长的贡献度大幅度上升。2009—2022 年的年均经济增长为 7.38%，资本积累对经济增长贡献了 5.39 个百分点，劳动力对经济增长的贡献进一步下滑到 0.15 个百分点，受外商直接投资增速和部分行业产能过剩严重等多重因素影响，全要素生产率拉动经济增长仅 1.84 百分点，较 2009 年之前大幅放缓。

（四）中长期我国经济潜在增长率预测

1. 我国经济增长的外部环境分析

受国际货币与财政政策调整、全球金融市场持续波动、各国创新与增长动力的长期疲弱等因素影响，从全球范围来看，世界经济仍缺乏强有力的新增长点。从中长期来看，预计世界经济在 2021—2035 年仍保持增长态势，同时也存在一些不利因素。一是人口红利逐步消退。由于资源、环境、生态等方面地球承载能力的限制，未来全球人口增长将呈现逐步下降趋势。据联合国推算，世界整体的生产年龄人口比率已在 2013 年达到顶峰，长期人口增长率将急剧下降，而且劳动成本上升压力增强，影响全球企业的生产率，从供给方面给经济增长造成压力。二是发展中国家面临转型。全球经济增长的主要动力——发展中国家结构转型步伐将加快。长期以来，发展中国家经济得以快速增长主要得益于较高的国民储蓄率，但是 2020—2035 年，这一特征将发生转变，尤其是储蓄率下降将迫使部分发展中国家由投资主导向消费主导转变，同时以服务业为代表的第三产业比重提高。三是欧美日等 G7 国家以供应链安全化为借口加快重组发达国家供应链，强化发达国家朋友圈，共同遏制对我国高科技产品和技术出口，迫使我国实施自力更生、自强自立的科技发展战略。

2. 要素变化趋势判断

（1）资本存量变化趋势

国际比较显示，不同历史时期工业化国家的实际投资率峰值呈现上升趋势。英国最先工业化时期实际投资率峰值为 12%—20%，美国工业革命时期升到 28%。战后追赶国实际投资率峰值进一步提升：日本在 1973 年达到峰值 31.6% 左右，韩国在 1996 年达到峰值 40.6%。越是晚近时代，全球化拓展深化使得信息、技术转移越发便利，后进国家在追赶期的投资率峰值呈现不断提升的规律。中国的高投资现象是这个规律的表现。当然不是说投资率越高越好。第二次世界大战后最初几十年很多发展中国家选用计划体制和政府主导模式实施赶超策略，虽然在一段时期内依靠政府强制动员社会储蓄实现高投资，但最终遭遇微观经济绩效低下与宏观失衡而无法持续，不得不通过改革开放另谋出路。

长期以来，中国经济一直具有高储蓄特征，而高储蓄率必然导致高投资率。从各国历史经验上来看，如果一个经济体储蓄率能占到 GDP 的 30% 或者更多，那么它必然会保持较快经济增速。预计 2021—2050 年，中国的高储蓄特征不会改变，但储蓄率呈逐步降低趋势。

综合判断，2021—2050 年中国投资增速将逐步回落，但由于投资增速快、惯性大，2021—2050 年前期投资平均增速较高，中后期将呈递减趋势，预计 2021—2025 年、2021—2035 年、2036—2050 年三个时段资本存量年均增速分别在 6.4%、6.0% 和 3.1% 左右。

（2）劳动力变化趋势

人口总量和结构的变化构成了改革开放以后中国劳动力供给总量和结构变化的基础，而通过改革开放，充分释放中国的人口潜力，这又成为改革开放以后中国经济快速增长的重要动力来源。改革开放以来的 30 多年时间里，中国 15—64 岁劳动年龄人口从 1978 年初的 5.5 亿人增加到 2012 年的 9.9 亿人，平均每年增长 1.74%，较同期总人口增速高 0.72 个百分点。总体来看，正是由于劳动年龄人口在不断增加，中国经济发展才能获得充足的劳动力供应。但近年来，受总人口增速下降以及人口老龄化趋势不断深化的影响，中国劳动年龄人口增速已经趋缓，尤其是 16—59 岁的劳动年龄人口减少更为明显。

综合判断，2015—2050 年中国劳动力数量将呈下降态势，预计

2021—2025 年、2021—2035 年、2036—2050 年三个时段劳动力数量年均增速分别在 −0.010%、−0.008% 和 −0.012% 左右。

（3）全要素生产率（TFP）变化趋势判断

从长期来看，全要素生产率的各影响因素的影响程度都是相对有限的，故 2021—2035 年中国全要素生产率的变化趋势主要取决于所处的技术进步或创新周期阶段。预计受经济增速换挡影响，短期内中国全要素生产率增速亦将呈下降趋势，但 2021—2050 年 TFP 增速仍将处于 2% 以上。

3. 我国经济潜在增长率预测

从短期来看，中国工业化趋于稳定，城镇化继续较快推进，经济处于中速增长阶段，但资本积累仍保持较高增速，劳动力数量呈现负增长。

综合考虑影响中国潜在经济增长的要素投入及其变化规律，预计 2021—2025 年 GDP 年均增速为 5.5%，资本积累依然是拉动经济增长的主要动力，随着 R&D 投入的增加、人力资本的增长以及通过改革市场活力的增强，全要素生产率对经济的贡献有望提高，而劳动力对经济的贡献依然为负；2026—2035 年中国 GDP 年均增长 5.0%，全要素生产率对经济增长的贡献率提高到 54.5%；2036—2050 年中国 GDP 年均增长 3.5%，全要素生产率对经济增长的贡献率将达到 71%。

表 2-8　各要素对经济增长的贡献度和贡献率（%）

阶段经济增长	GDP 年均增速	资本存量		劳动力		全要素生产率	
		贡献度	贡献率	贡献度	贡献率	贡献度	贡献率
2021—2025	5.5	2.86	52.08	−0.01	−0.15	2.64	48.06
2026—2035	5	2.28	45.6	0	−0.1	2.72	54.5
2036—2050	3.5	1.02	29.23	−0.01	−0.23	2.49	71

三 产业结构转型和经济波动性测算和中长期预判

经济增速的平稳化是我国经济增长的另一个特征。自 2008 年以来，受国际金融危机影响，我国经济进入中高速增长期，伴随着经济增速的下降，我国宏观经济波动呈现出更强的稳定性，2012 年以来的经济增速始终保持在 7% 左右，经济增长呈现明显的平稳化特征。同时，与经济增长平稳化相伴随的是产业结构的进一步优化，即服务业增加值占 GDP 比重不断提高，2012 年第三产业占比首次超过第二产业，至 2022 年占 GDP 的比重达到 52.78%，高于第二产业 12 个百分点。

（一） 产业结构与经济波动性的模型分析

根据上述逻辑，本章以 2008 年为界，分别对我国 1995—2008 年以及 2009—2022 年的宏观经济数据构建结构转型的 DSGE 模型，并使用贝叶斯方法分别对模型的参数进行估计和校准。为了突出结构转型的特征，在建模技术上，本章建立一个以居民消费和效用为基础，包含了三个生产部门和其中投入产出关系的中国实际经济周期模型。

1. 家庭

家庭面临中央计划者的跨期决策如下：

$$\max \sum_{t=0}^{\infty} \beta^t U(C_t)$$

其中，$U(C_t) = \ln C_t = a_1 \ln C_t + a_2 \ln C_{2t} + a_3 \ln C_{3t}$，$C_t = c_{1t}^{a_1} c_{2t}^{a_2} c_{3t}^{a_3}$，且 a_1、a_2 与 a_3 之和为 1。C_t 表示 t 期居民的有效消费，c_{1t}、c_{2t} 和 c_{3t} 分别表示 t 期居民对第一、二和第三产业产品的消费。此处将三种产品合成有效消费的形式设为恒定替代弹性的形式（CES，Constant Elasticity of Substitution），为简化模型作者设三者之间的替代弹性为 1，由此可得居民有效消费为三种产品消费指数相乘的结果。

2. 生产

在生产领域，本章假定存在农业、工业和服务业三个部门。三个部门的生产函数都为柯布—道格拉斯生产函数形式。A_{it}、K_{it} 和 L_{it} 分别代表 t 期 i 部门的技术水平、资本存量和劳动力投入。X_{jkt} 代表 t 期由 k 部门生产并投入 j 部门作为生产中间品的产品量。I_t 代表 t 期新增投资量，为简便起见，本章设定只有第二产业生产的产品才可用于投资。

农业、工业和服务业三个部门的产出分别用于部门的消费、中间品生产和投入以及投资，具体如下：

$$A_{1t} [K_{1t}^{\alpha_1} (D_t L_{1t})^{1-\alpha_1}]^A (X_{11t}^{\beta_{11}} X_{12t}^{\beta_{12}} X_{13t}^{\beta_{13}})^{1-\rho_1} = c_{1t} + X_{11t} + X_{21t} + X_{31t}$$

$$A_{2t} [K_{2t}^{\alpha_2} (D_t L_{2t})^{1-\alpha_2}]^{P_2} (X_{21t}^{\beta_{11}} X_{22t}^{\beta_{2}} X_{22t}^{\beta_{3}})^{1-\rho_2} = c_{2t} + X_{12t} + X_{22t} + X_{32t} + I_t$$

$$A_{3t} [K_{3t}^{\alpha_3} (D_t L_{3t})^{1-\alpha_3}]^{\rho_3} (X_{31t}^{\beta_{31}} X_{32t}^{\beta_{32}} X_{33t}^{\beta_{33}})^{1-\rho_3} = c_{3t} + X_{13t} + X_{23t} + X_{33t}$$

资本品生产全部来源于工业，因此有

$$K_{1t+1} + K_{2t+1} + K_{3t+1} = (1-\delta)(K_{1t} + K_2 + K_3) + I_t$$

本章进一步将三个部门的劳动力加总为1，并有：

$$L_{1t} + L_{2t} + L_{3t} = 1$$

（二）冲击

本章假定冲击全部来自技术冲击。具体而言，假定 A_1、A_2 和 A_3 分别代表三个部门技术水平的稳态值，它们不同时为1。本章设技术水平的演进形式为简单的一阶自回归的形式，φ_i 为 i 部门技术水平演进的自回归系数。

本章进一步假定 ε_{it} 为 t 期 i 部门的外生技术冲击，其服从均值为0、标准差为 σ_i 的正态分布，且独立同分布。

（三）参数校准和估计

本章模型中如下参数可直接从现有的数据中或者相关研究中获得，它们是 $a_i, \alpha_i, \rho_i, \beta_{ij}, d, \delta, \beta$。在待估参数方面，前后两个阶段的模型各需要估计三个关于冲击的结构性参数，它们分别是冲击的自回归系数 φ_{11}、φ_{22}、φ_{33} 和 σ_1、σ_1 和 σ_3。

本章设定的观测变量代表每个部门产出增加值偏离相应稳态的程度，具体的公式为 $Obs_i = \ln V_{it} - \ln V_i$。由于原始模型中存在确定性增长率而且在转换模型中进行了线性去趋势处理，我们为观测变量选择实际的观测值时应对实际值进行相应的线性去趋势处理。具体的处理方法为对去除价格因素后的各产业年度增加值取对数，并使用线性滤波对它们进行处理，所得到的波动项的时间序列即为观测变量的实际时间序列。

（四）脉冲响应分析

为了分析服务业比重提升带来的波动减缓效应，本章将1995—2008年以及2009—2022年两阶段的服务业增加值占GDP的比重的平均值（分别为39%和48%）作为参数代入模型中；同时，注意到模型中农业部门占比较低（两阶段平均占比分别为15%和9%），且冲击的持续性和方差较低，本章主要讨论工业和服务业冲击对宏观经济的影响。

如图2-3所示，两阶段工业和服务业脉冲响应水平表现出以下特征：

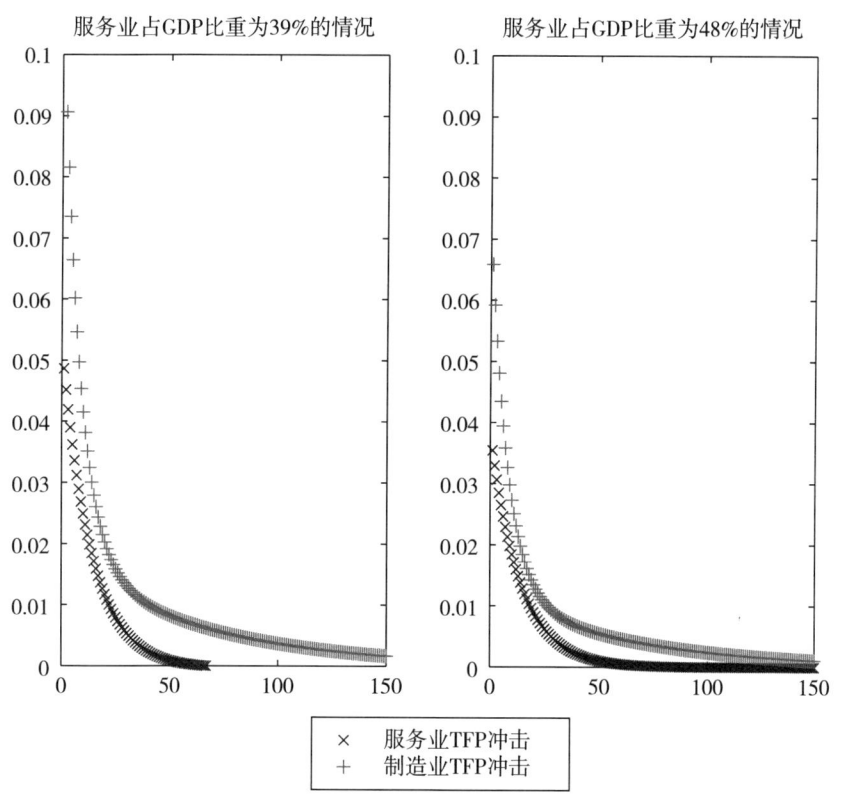

图 2-3 工业和服务业冲击对 GDP 的脉冲响应分析

第一，2009—2022年工业和服务业冲击的脉冲响应水平均比1995—2008年低。具体而言，从工业脉冲响应水平来看，1995—2008年工业冲击的脉冲响应水平峰值为 0.1，而 2009—2022 年工业冲击的脉冲响应峰值水平下降为 0.066，降幅达 1/3。从服务业脉冲响应水平来看，1995—2008 年服务业冲击的脉冲响应水平峰值为 0.049，而 2009—2022 年服务业冲击的脉冲响应峰值水平下降为 0.035，降幅近 30%。

第二，从工业和服务业比较来看，两个阶段的工业脉冲响应水平都较服务业更高。1995—2008 年工业冲击的脉冲响应水平峰值为 0.1，而同期服务业冲击的脉冲响应峰值为 0.049，不足工业脉冲响应的一半。在 2009—2022 年，工业冲击的脉冲响应峰值水平下降为 0.066，服务业冲击的脉冲响应峰值水平为 0.035，也几乎是工业冲击的一半。

（五）中长期预测

经济增长的主力工业增速出现趋势性下降，而服务业无论从增速、比重还是贡献来看，正在为经济增长提供重要支撑。从中长期来看，服务业正在成为我国结构转换和经济增长的新动力。根据本章中的两部门 DSGE 模型可以对我国产业结构引发的经济增长波动性进行预测。从我国经济增长趋势来看，从 1995 年至今，服务业增加值占 GDP 比重平均年增速达 1.9%，若以此速度持续增长，服务业增加值占 GDP 比重将在 2025 年达到 60%，到 2030 年达到 65%。同时，考虑到服务业波动持续下降的趋势，将 2025 年和 2030 年服务业冲击标准差进一步缩小 20%，工业冲击方差保持不变，并将其代入模型中，可以得到 2025 年和 2030 年我国 GDP 和其他宏观变量的波动性如表 2 -9 所示。

表 2 -9　两阶段波动性预测

	波动性					
	第一阶段	第二阶段	2025 年	2030 年	2025 年增幅	2030 年增幅
GDP	0.1425	0.1362	0.1051	0.0934	- 22.83%	- 31.42%
工业	0.0939	0.1048	0.1024	0.1026	- 2.29%	- 2.10%
服务业	0.2340	0.1230	0.0710	0.0491	- 42.28%	- 60.08%
投资	0.5331	0.5914	0.5796	0.5650	- 2.00%	- 4.46%

续表

	波动性					
	第一阶段	第二阶段	2025 年	2030 年	2025 年增幅	2030 年增幅
TFP	0.1143	0.1113	0.0799	0.0710	− 28.21%	− 36.21%
就业	0.0605	0.0447	0.0393	0.0344	− 12.08%	− 23.04%

注：此处 TFP 为总体 TFP，第一阶段为 1995—2007 年，第二阶段为 2008—2018 年，2025 年与 2030 年增幅均为与第二阶段相比的结果。

表 2 - 9 给出了 2025 年和 2030 年我国宏观经济的波动性的预测。从 GDP 波动性来看，随着服务业比重持续提高，与第二阶段（2008—2018 年）相比，预计到 2025 年 GDP 波动性将下降 22.83%，到 2030 年将下降 31.42%。

在其他变量方面，由于服务业冲击的波动性下降，且本身波动性下降最快，与第二阶段（2008—2018 年）相比，预计到 2025 年和 2030 年将分别下降 42.28% 和 60.08%；受此影响，2025 年和 2030 年 TFP 和就业的波动性也将出现明显的下降；对于工业部门和投资来说，虽然工业部门冲击的波动性并未下降，但受服务业比重提升影响，2025 年和 2030 年工业部门以及投资的波动性也将出现小幅下降，降幅均在 5% 以内。

总结以上结论，随着服务业比重的提高，2025 年和 2030 年，我国 GDP、服务业和工业部门、投资、就业和整体 TFP 波动性都将不同幅度下降，这意味着服务业占比提高带来了经济波动趋缓效应。

四 深化供给侧改革，提高经济高质量发展的要素贡献

（一）深化制度变革，打造经济高质量发展体系架构

增加有效制度供给，是在新发展格局下提高生产要素效率和资源配置效率的根本保障。一是紧紧抓住"一带一路"建设这一重大历史机遇，加快推进国际产能和装备制造合作，形成新一轮高水平对外开放，充分

发挥对外开放的溢出效应。结合"一带一路"沿线国家的有效需求，深化市场体制机制改革，拓展对外开放发展新空间，打造开放发展新动力，实现国家战略实施与全要素生产率提升共赢。二是有效推进国企改革，大力调整国有经济布局和结构，国有资本要把投资重点放在不断加强和巩固关系国民经济命脉的重要行业和关键领域，坚决打破行政性垄断。强化企业破产重组制度，实现正常的优胜劣汰过程，确保社会资源持续地进入更有生产效率的企业组织，提高投资效率和效益。三是切实转变政府管理职能。全面推行投资事项的"负面清单制"，严格限定实行政府核准制的范围，并根据情况的变化适时调整；贯彻落实"法无禁止即可为"的市场运营理念，赋予企业投资自主权；彻底改革政府主导型的资本配置制度，避免行政力量对资源配置的干预。四是适时有序改革要素价格形成机制，纠正要素市场价格扭曲，充分发挥市场配置资源的决定性作用。"十四五"期间全面完成资本、劳动、土地、环境、汇率等广义要素市场价格改革。通过市场机制完成"创造性破坏"过程，倒逼企业由低层次、低水平的重复生产转向创新开发和技术含量较高的生产活动。五是力促金融体制创新和改革，提高资金配置效率。建立健全金融系统的现代企业制度，以市场为主体决定资金的流向；加快建设多层次金融市场体系，积极发展股票和债券市场，优化融资结构，拓宽融资渠道；健康发展多层次资本市场，大幅提高直接融资比重。六是建立新时代下全面提升全要素生产率的目标导向机制，大力提高全要素生产率。将提高全要素生产率作为新时代地方政府、行业、企业高质量发展的预期目标，纳入政绩考核指标体系。

（二）推进结构优化，持续提升经济高质量发展效率

目前，我国工业化、城镇化、区域一体化等都还处于快速发展阶段，还有巨大的"结构优化生产力"可以释放。一是大力调整产业结构，形成以服务业为主导的新格局。加快发展研发设计、技术转移、创业孵化、知识产权、科技咨询等科技服务业，发展壮大第三方物流、节能环保、检验检测认证、电子商务、服务外包、融资租赁、人力资源服务、售后服务、品牌建设等生产性服务业，重点发展健康养老、旅游、体育、文化、法律、批发零售、住宿餐饮、教育培训等贴近服务人民群众生活、需求潜力大、带动作用强的生活性服务。二是加大对中西部地区城镇化的支持，引导约1亿人在中西部地区就近城镇化，继续增加可挖掘的人口红利。加快推进中西部地区交通、水利、能源、市政等基础设施建设，充分发挥不同区域的比较优势，提高中西部地区的产业发展和人口聚集能力。加大对革命老区、民族地区、边疆地区和贫困地区的转移支付力度，特别是加大对义务教育和人力资源开发的支持力度，在经济社会发展相对落后地区更加重视培植人才红利。三是有序推进农业转移人口市民化。要使更多进城务工人员随迁子女纳入城镇教育、实现异地升学，实施农民工职业技能提升计划。实现城镇基本公共服务常住人口全覆盖，稳定提高这些进城劳动力的就业参与率和就业质量。四是加快区域一体化步伐。以"一带一路""长江经济带""京津冀协同发展"为支撑，加强京津冀、长三角、珠三角、长江中游、东三省等区域资本、劳动力的跨区域要素流动，形成多中心、网络化的区域协同发展格局。

（三）强化要素升级，激活高质量发展动力源泉

只有科技创新和人力资本提升双轮驱动，才能从根本上实现经济增长与创新驱动协同发展。一是深入实施创新驱动发展战略，发挥科技创新在全面创新中的引领作用。加快科技创新体系建设，推进科技成果转化，建立企业、高校、研究机构为一体的产学研联盟，针对经济社会发展密切相关的颠覆性技术开展深入研究，打造科技创新新高地。二是积极主动应对"互联网＋"发展新态势，推动移动互联网、云计算、大数据、物联网等新一代信息技术与现代农业、现代制造业、生产性服务业等产业融合，打造新的智慧产业增长点，增强新的经济增长动力。三是提升劳动者素质。继续加大教育支出力度，努力改善各级学校特别是农村贫困、落后地区学校的教学条件，加快学校课程和专业设置改革的步

伐，积极推行素质教育，全面提升教育质量水平；进一步完善相关法律法规，鼓励企业积极开展职工在职培训，将企业用于职工培训的相关费用列入成本并给予相应税收优惠。四是积极参与国际人才争夺战，大力引进国外优秀人才。借鉴美国、欧洲等发达国家经验，加快推动《外国人在中国永久居留审批管理办法》的修订工作，放宽永久居留权的工作年限等限制性条件；鼓励有实力的高校积极参与国际生源竞争，进一步扩大国内高校的国际生源比例。鼓励国内企业积极接纳优秀国际毕业生，为优秀国际生源本土就业创造更加便捷的条件。五是深入挖掘人口潜力，确保劳动力供给总体稳定。加快推进农业生产现代化，提高农业生产效率，进一步释放农村劳动力转移潜力，加快农业人口向非农产业转移；推动退休制度改革，逐步延长法定退休年龄，并根据行业特殊性对部分行业实行男女同龄退休，扩大高素质高技能劳动力供给规模。

第三章

创新发展：
中国式现代化的核心动力

高质量发展的理论基础比较薄弱，要更多地根植于有质量提升的熊彼特增长模型，因而质量的更替是长期增长与发展的关键。本章阐述了高质量问题的来源和意义，并对如何实现高质量发展做了说明，特别强调了技术更替的创造性破坏思路。实现以质量提升为主要推动的技术创新及经济增长需要更好地进行政策设计，包括：更少的准入障碍，更有效的补贴政策，更高的企业家激励安排，更高效的破产清算制度。同时，需要更妥当地处理好短期和长期的关系、内部市场和外部市场的关联、更妥当的制度创新。

一 引言——高质量发展及持续经济增长的重要性

何为增长质量引起了更多的关注。从理论角度来看，经济增长理论更多的是涉及增长的可持续性或者增长的根源，如果增长更多地源自要素的更多的投入，比如土地生态资源的更多利用、更大的劳动力投入、或者更高的资本投入，那么由于资源本身的限制，如土地不可能无限扩张，生态资源存在极限；或者受制要素的边际收益递减规律，资本和劳动的边际收益会随着投入的不断增加而相应地下降，这种投入也不会无限制地增加，这就意味着如果增长源自这些因素或者驱动力，那么增长将是不可持续的，这种通过要素扩张获得的经济增长最终会停滞。即使在一定时间内，这种要素扩张带来的经济增长的速度可能较快，但这种长期不可持续在一定程度上就变为增长的质量较低。而要获取长期持续快速的增长，更多地要摆脱投入的限制或者边际收益递减规律的约束。

从现实角度来看，对于中国来说，追求持续的经济增长速度一直是个经久不断的梦想。唯有保持长期经济增长，才能实现经济发展的各项目标。同时，经济增长才能保证居民的福利提升和整体经济实力的提升。一旦经济增长无法维系，各种问题也可能随之涌现，矛盾激化。从更长远的时间区间来看，如果能够维持一定水平的持续增长，随着时间的推移，经济发展水平会有着指数效应。但一国虽然在一定的时间内保持了较高的经济增长速度，但可能的是，这种增长源泉和动力更多的是来自要素的扩张，更多地源自"趋同"力量，那么这就意味着增长无法持续。如何形成持续的经济增长动力就是主要的目标了。当然，长期增长动力与要素扩张之间并不是矛盾的，相反，可能在增长的初期，更多地依赖要素扩张更为现实和可行。相比较而言，要素扩张更容易实现，加大资本投入和劳动力的供给可以在短期内形成较高的产出，从而形成一定时期的经济增长。随着边际产出的不断降低和要素投入到一定水平，对长期增长的动力才会显得更为紧迫。但同时，并不意味着内生的长期增长动力会自然而然地产生和形成，相反，需要更多的投入，方才有可能形成内生增长动力。并且事实上，并不是所有的经济体都能自然而然地从要素扩张型增长过渡到内生持续型增长。因而探讨如何从有极限的增长到内生持续增长具有重要的意义。

从现实和政策层面来看，一度将房地产等行业作为支柱产业，并且时常将此作为政策着力点，主要的理由是，某些行业能够拉动更多的行业发展由此带来产出的增加，在方法上，可以通过投入产出表印证该行业的牵动效果。

另外一个经常被认为重要作用的是银行等金融行业，认为可以通过资本的扩张带来较长时期的经济增长，确实少数地方主要依赖外贸、金融等高利润的行业，能够取得一定时期的快速增长。但是，不可忽略的是，从长远来看，任何一个经济体不可能通过某一个技术含量并不是很高的行业来拉动。依靠金融、贸易，或者房地产行业，通常无法获得真正持续的增长。英国经济历史上曾经通过工业化一度成为世界经济的"领头羊"，主要是依靠工业革命，而失去增长的动力主要也是由于技术创新能力下降，而更多地依靠贸易和金融来维持其地位。美国在相当长时间内，不断进行技术创新，由此巩固了其创新优势和增长动力。因而从史实角度来看，要维持长时间的增长，创新是决定性的因素。

需要探讨的是，一个经济体，比如中国经济具有多少内生的动力，现状如何？缺乏的主要因素有哪些？如何有效促进高质量的增长模式和动力？因而需要在理论上加以分析，高质量发展的内在决定因素，再结合实践，分析主要的问题所在，在此基础上分析可能的最优政策改进措施。

进而需要先在理论上厘清高质量增长和发展的实质性含义，回顾要素扩张带来的非高质量增长的模式，再分析高质量增长模型的实现过程。需要回答中国的经济增长是否已经是高质量发展的阶段或者层次了？从政策层面来看，则需要考虑内在的高质量是如何实现的？需要哪些政策支撑？

二 理论回顾与中国的经济增长事实：经济增长理论与增长动力

（一）增长理论：要素扩张的外延式增长到创新驱动的质量提升增长

增长理论经历了从要素扩张型外生增长到创新驱动的内生增长转变。

总体上，20 世纪 50 年代中后期到 60 年代，经济增长理论一度辉煌，主要结论包括如何扩大储蓄率和资本积累，以此带动经济发展，但此时的经济增长理论并没能解释长期增长的根源，因而逐渐淡出。在 20 世纪 80 年代末期增长理论再度引起经济学的研究兴趣，而当前，以创造性破坏为基础的增长理论是重要领域和方向。

经济增长理论的变化与理论分析的工具及结论紧密关联：以 Solow 模型为代表的外生增长理论（Exogenous Growth）没能够真正解释增长过程，经济增长速度主要是由外生的设定决定。增长理论的复苏是在 20 世纪 80 年代由 Paul Romer（1986）、Robert Lucas E.，Jr（1990）、Gene M. Grossman 和 Elhanan Helpman（1991）、Philippe Aghion 和 Peter Howitt（1992）等推动下实现的，一般称这些新增长理论为内生增长理论（Endogenous Growth）。增长理论从外生增长发展成为内生增长，在分析方法上并没有太多的差别，还是用的 Ramsey 在 1928 年初步形成、并由 Cass 和 Koopmans 在 1965 年以后加以完善所形成的分析框架，即 Ramsey-Cass-Koopmans 模型，这种无限期限（Infinite-Horizon）的最优选择模型构成经济动态分析的基本框架；同时也吸收了 Robert Solow（1965）对各要素的贡献所进行衡量的方法和手段，对增长过程进行要素分解，主要是分析技术要素的贡献，也就是通常所称的 Solow 剩余。其目标仍然是解释纵向意义上的增长的根源和横向比较所呈现的增长的差异，主要的变化是，内生增长理论对增长的机制和动力做了更为细致的分析。

内生增长理论具有对应的增长驱动机制。在分析经济增长的根源上，内生增长理论总结了三种途径和机制：人力资本、边干边学和有意识的研究和开发（R&D），特别是第三种思路引起了更多的研究兴趣。在有研发投入的内生增长模型中，经济增长速度由模型内部决定，有目的的创新活动是增长的内在动力，而这些创新活动源于自利的个体（企业家）对垄断利润地追求，企业家的最优研发投入决定着经济增长速度。这也恰好就是熊彼特的企业家创新理论（Joseph Schumpeter，1934）在增长理论中的体现和应用。从事创新活动的企业家追求的是垄断利润，这些创造性的活动一旦获得成功则可以形成局部或全局的垄断势力。在熊彼特看来，这个过程就是增长的过程，具体为产品种类的扩大或产品质量的提高（当然，在熊彼特看来不仅仅是这些，他定义了 5 种创新方式）。基于熊彼特创新理论的内生增长模型具有很强的吸引力：具备微观基础，主要从代表性的个体出发分析问题，而不是直接从总量设定出发；处理上具备了一些基本的工具，主要是 Dixit 和 Stigler（1977）关于产品多样性和垄断竞争分析框架。Aghion 和 Howitt（1992，1998）对熊彼特的思路做了很好地分析，他们实际上在尝试着将熊彼特的思路做一般性地推广，用这种分析框架来分析宏观经济学范畴的长期经济增长、失业以及可持续发展等。在经济增长和周期理论中，更具广泛和直接影响的是熊彼特的"创造性破坏"（creative destruction，Schumpeter，1942）思想和命题。这种思想体现在经济增长理论当中，特别是熊彼特内生增长理论，这种模型对以创新活动为基础、有 R&D 投入的内生增长理论做了进一步地拓展和深化。

早先内生经济增长理论模型中，Romer（1986）考虑到知识作为一种投入，而这种投入具有递增收益特征，从而经济系统会有着导致长期和持久的增长。这不同于古典的增长模型和 Solow 模型中所做的边际收益递减假设，而在古典和新古典模型中正由于收益递减规律，资本存量会达到定点状态（steady state）。Romer（1990）再次尝试将技术内生化，进一步地，将人力资本引入增长模型，认为增长在很大程度上归结于人力资本的投资，正是对人力资本的投资，经济会有着持久的增长。Lucas（1988）分析发展（增长）的机制。Grossman 和 Helpman（1989）主要考虑的是产品质量提高为形式的增长模型，特别将产品周期理论运用到增长理论及贸易理论。Aghion 和 Howitt（1992）考虑的则是产品种类增加为形式的增长过程。在这些新增长模型中，经济增长由追求利润最大化的厂商有意识的研究和开发（R&D）推动的。正是这些开创性的工作使得增长理论得以进一步发展，初步形成了知识外溢（或边干边学，Learning by Doing）、人力资本和有意识的 R&D 这三种机制和思路，这三种思路构成新增长理论的主要分析基础。

引起更多研究人员兴趣的则是以 R&D 为基础的技术进步的内生增长模型，在这些模型中增长的内在机制是受利润驱动的个体为了追求垄断利润而进行的创新活动，这些活动需要一定的有目的而有风险的投资来支撑，这不同于"边干边学"模型中所假设的技术或知识是自然而然的外溢或增加的。这种思路和设定更容易得到直观上的印证，而且具有更强的微观基础，因而引起了更多的研究兴趣。Aghion 和 Howitt（1992）所建立的模型也可以归为这类模型。Charles I. Jones（1995）对此类内生增长理论模型中做了进一步的修正，主要是分析规模收益，认为内生增长模型往往假定存在规模效应，而这与实际时间系列数据所得出的结论有所不符合，因而需要对规模效应假设做一定的修正，并尝试着建立半内生增长理论模型。Peter Thompson（2001）更多地从微观上考虑研发的市场结构，对内生增长理论做更深入的研究。

其中的一个趋势是更深入地分析经济增长过程中技术进步的动态特征和具体决定要素，在这个过程中特别受到关注的是创新和创造性破坏过程。用创造性破坏思路来分析技术进步更有说服力。如果说对增长理论的要素拓展是宽化的过程，那么创造性破坏思路则是对技术进步做深化研究。创造性破坏增长理论一般也称为熊彼特增长理论，可以认为是在创新理论上的进一步扩展和在增长领域的应用，更恰当的是创造性破坏思路在增长理论的应用。

熊彼特早先所提出的创新理论（Schumpeter，1990 年中文版，1934 年英文版，1912 年德文版），认为"循环流转"并不会带来真正的增长（他主要用的是发展，实际指经济增长），只有创新，对生产进行新的组合才有增长，他具体地定义了 5 种创新方式，因为有别于其他研究，首次明确地提出创新理论，所以在经济学领域具有显著地位，同样在管理学中也得到了广泛关注①。他在分析中特别强调了企业家的重要性，认为企业家的创新活动实际上就是为了追求垄断利润，而引入新的组合方式，这是增长的内在机制。在他看来增长和周期是内在一致的，所以他将他的创新理论拓展分析商业周期（Schumpeter，1939），认为创新的结束往往意味着周期的开始，特别地，他定义了长波、中波和短波。在创新的基础上，他对资本主义的发展过程进行定义："不断地从内部使这个经济结构革命化、它不断地破坏旧结构、不断地创造新结构。这个创造性破坏的过程，就是资本主义的本质事实。"这种独特而对经济事实准确的概括在新增长理论中得到了广泛的认同和应用。结合熊彼特早先对经济增长的理解，增长过程中主要使通过引入新的产品，也就是通过扩大产品的种类和创造出更高质量的产品来实现的，在新的种类和更高质量引入过程中存在着创造性破坏——新的产品会使得原来的产品的需求减少，更高质量的产品会使得当前产品质量层次下降和对原有产品的需求减少，也就是退化和破坏的过程，这对企业家的创新活动有着直接的影响。创新活动一般定义为有目的的研究和开发（R&D），执行的主体是企业家，企业家追求的是垄断利润，但他们这种垄断势力和市场影响力会受到其他企业家或竞争对手行为的影响，并不是孤立存在的。一个企业家获得了当前的垄断地位和垄断利润是建立在对先前垄断企业的破坏和替代基础上的，同时他们也会受到潜在的、后来的企业家的 R&D "威胁"，一旦别的企业家创造出更高质量或更好的产品，在位的垄断者的垄断利润就毫无疑问地会被破坏和剥夺。所以 R&D 活动不会仅仅考虑自身的行为，同样会考虑潜在对手所可能行为，对手一旦创新成功，显然会影响原本具有的垄断地位和利润。

　　Dixit 和 Stigler（1977）在技术上为熊彼特增长模型提供了分析基础。在这篇经典的文献中他们分析了垄断竞争条件下的经济行为，消费者具

---

　　①　参见［美］约瑟夫·熊彼特：《经济发展理论》，何畏、易家详译，商务印书馆1990版。

有消费更多类型产品的偏好，追求产品的多样性；而产品是有差别的，每个产品的生产者都具有一定市场影响力和局部的垄断者，他们在垄断竞争的市场结构中分析厂商的最优选择。主要是分析产品种类的扩大，也就是水平意义上的产品创新。Grossman 和 Helpman（1991）则在此基础上分析垂直意义上产品质量提升为主要形式的创新活动（R&D），考察厂商的最优研发决定和这些研发活动如何决定经济增长的速度。同样具有广泛影响的是 Aghion 和 Howitt（1992）所建立的以创造性破坏为特征的增长模型，他们直接描述了技术和产品之间存在着创造性破坏效应的增长过程。增长速度主要取决于相互竞争的企业最优研发水平，一旦某个企业获得研发成功则获得一定的垄断地位，可以独立地定价从而获得垄断利润。关键的，这种垄断利润是建立在对上一期的垄断利润的"破坏"基础之上的，这样，厂商的最优研发行为和决策就可以用一个前向的差分方程（forward-looking difference）描述，厂商在进行研发的时候会考虑潜在的竞争对手参与研发并获得成功后所可能产生的影响。在整个过程中垄断利润是暂时的，并且在位的垄断厂商不会参与研发。在这种垄断竞争框架内他们分析了最优创新活动的努力程度和研发投入水平，并考虑了研发投入对增长的影响及经济增长速度的决定因素。这样，以创造性破坏为特征的熊彼特式的内生增长模型就进一步沟通了微观和宏观之间的关系，充实了增长理论的市场结构，对于增长的动力——R&D努力也更加近似现实经济。Aghion 和 Howitt 显然具有更宏远的目标，他们试图像熊彼特一样，用这种思路来沟通更多的经济学研究领域和内容（Aghion and Howitt, 1998）[1]，他们尝试用这种被称为对增长很有影响的熊彼特增长理论分析增长、周期、失业，并包含更多的要素，比如物资资本、人力资本，甚至是自然资源由此引申出可持续发展。在他们 1992年的文献中他们认识到和熊彼特本人思路有所不符的是熊彼特对金融

---

① See Philippe Aghion & Peter Howitt, *Endogenous Growth Theory*, MIT Press, 1998.

（信贷、利率）的强调，所以也尝试着将金融要素引入增长理论中；同样也将产业组织的一些结论用来分析对 R&D 的最优组织问题。他们的目标显然像熊彼特一样庞大，但也认识到很多问题也只能是一些初步的探讨，还存在很多问题没有得到很好地解决。Aghion（2002）面对批评者认为熊彼特增长模型很难说明增长过程中的收入差距，他尝试用熊彼特增长模型分析美国近几十年来劳动力市场上的收入差距，包括组间和组内的差距。组间的差距表明不同教育水平的个体的收入差距在扩大，而组内则表明对于相同教育年限的个体的收入的差异也在扩大，他试图用熊彼特增长模型来分析和解释这种现实。在模型中主要分析了工作的创造性破坏和个体的适应能力所可能的影响。当然，对收入差距的探讨并不是直接源于 Aghion 的思路，事实上 Barro 等用收敛也是为了解释收入差距，但熊彼特增长模型更多的是关注劳动力市场的变化：美国在近几十年来劳动力市场发生了明显的变化，劳动力的收入差距呈现扩大趋势，而且具体分析表明：拥有不同教育水平的劳动力收入之间差距的扩大，同时，相同教育年限的劳动力收入的差距同样也被拉大，前者称为组间差距（between group），后者称为组内差距（within group）。当然早期的熊彼特模型研究也关注到了收入的差距问题。

Paul Segerstorm 和 Elias Dinopoulos（1990）就尝试着用南北贸易模型并结合 R&D 的内生最优决策来分析内生的创新和技能的决定，他们用动态均衡分析方法分析两国（南北）在研发上的竞争和通过贸易途径如何使得低技能劳动力的工资收入会相对降低，相反，这种技能为基础的技术进步和研发努力会提高熟练劳动力的工资，而贸易自由化一方面会提高对研发的投资和技术进步的速度；另一方面也会加剧收入差距。可以看到，在分析内生技术进步的同时也沟通了贸易和劳动力市场之间的关联。这对于此后的内生增长理论特别是熊彼特增长模型具有很大的影响，不过他们的分析主要还是界定在 R&D 的投入上，而没有注意到创新的动态特征，强调的是在垄断竞争市场结构中一国的研发投入。Elias

Dinopoulos 和 Paul Segerstorm（1999）在他们原来的分析基础上，再次尝试将南北贸易的熊彼特增长模型解释工资收入的差距。所不同的是在模型中考虑了个体的人力资本的差别，具有不同人力资本的个体会选择是否花费一定的成本来变成熟练劳动力。同样的，他们认为贸易机制会降低非熟练劳动力的工资水平，提高熟练劳动力的工资。所以也将促使个体变成熟练劳动力比例提高，增长速度也相应地会加快。David. H Autor、Lawrence F. Katz 和 Ailan B. Krueger（1998）对这个问题做了具体分析，主要分析技能为基础的技术进步对工资结构的影响，特别分析计算机技术对美国劳动力市场的影响。他们的经验分析表明：从 1940 年到 1996 年，计算机技术对各产业部门的技能提升具有重要的影响，这也改变了劳动力市场。相对应的，Huw Lloyd-Ellis（1999）用吸收能力来解释在技术进步过程中产生工资收入差距的原因，但如同他自己所述模型和信息技术不吻合。应该说近些年来经济领域发生最大的变化在于信息技术的快速发展和广泛应用，尽管对于这次技术进步的程度同样没有取得一致的看法，但一般认为这是一次很大的技术进步，因而有研究尝试将这种技术进步界定为具有一般性的技术（general purpose，GPT），类似于早先工业革命中的蒸汽机等重大的创新活动。这种具有特别影响的创新对经济增长具有更广泛的影响，所以这种思路也出现在熊彼特增长理论中，目标是分析工资收入差距。Aghion、Howitt 和 Giovanni L. Violante（2002）就采用 2 期的 OLG 模型考虑个体对技术进步的适应和转换能力来分析工资差距的扩大的原因。包括适应能力外生和内生的状况。他们认为技术的一般性（generality）的提高会扩大工资的差距。他们同时考察了物质资本和人力资本两种技术的一般性对工资差距的影响。认为这可以在一定程度上解释美国在这几十年来随着信息技术革命劳动力市场的变化。这种研究思路在解析近些年来的工资差距上得到广泛应用，他们这篇文献也和 Aghion 在 2002 年文献有很大的相同之处。但可以看到在GPT 的增长文献中这种一般性的技术的出现一般设定为外来给定的，这或多或少是 GPT 模型的缺陷。

熊彼特增长模型和创造性破坏思想在一开始就认为增长是有差异的。从微观角度来看，对先前在位的垄断者的破坏就意味着有新的垄断者出现，显然不一定会有收敛和收入均等化出现；对于个体而言，由于技术是需要一定的技能或人力资本的，特别地，技术的强度要求越来越高，这样不可避免地是部分群体不再适应技术的要求而被退化。相反，部分群体能够适应需要而获得了新的工作，这样，收入分配就发生了变化，如果这种技术具有很强的影响（general），那么他们所获得的收入就可能会高于原来的劳动力所获。这样，劳动力的收入差距扩大是显然而直接的。这实际上也是熊彼特增长理论和创造性破坏思路所包含的进化论思想。进化论认为存在着"适者生存"，这在经济领域内同样存在，而这也可以部分归结到熊彼特增长理论和创造性破坏思想中，所以在进化经济学中熊彼特同样地占有不可替代的地位。

可以说，熊彼特的创造性破坏思想更加符合经济增长过程的实际，所以获得了更广泛的关注。同时它具有更恰当的微观基础，强调了垄断竞争的市场结构中创新过程事实上是一种动态竞争过程。

在创造性破坏思想及增长模型中，其中一个重要的创新形式就是质量提升的创造性破坏。熊彼特增长模型通过刻画质量的提升，描述厂商的研发决策，由此得到技术进步的内生决定及创新的速度，由此得到内在的经济增长速度。在产品质量提升过程中，会破坏既有的产品市场和空间，存在着直接的竞争替代效应。

近年来，更多的研究跟踪创造性破坏的微观过程，Daniel Garcia-Macia、Chang-Tai Hsieh、Peter J. Klenow（2019）用微观数据，证实大多数创新源自在位的垄断厂商的自我破坏，也就是质量提升的创新，少部分来自新进入厂商。由此，他们认为，主要的经济增长源自在位厂商的质量提升创新，而不是新创立的产品种类创新。

Mitsuru Igami（2017）则用存储硬盘的变化，从单独一项技术角度，分析在位厂商还是外部进入者在更大程度上促进了创新，其中的创造性破坏效应程度。他的研究发现，在位的厂商事实上是有很大的积极性参与创新的，所以很多创新是自我创新和破坏的。

Philippe Aghion 等（2019）认为，由于存在着创造性破坏效应，创新提高了产品的质量，而产品更替过程中，有着价格变更，因而当前的增长核算中，很难完全衡量产品新增与产品质量提升的创新，这样，就存在着经济增长被低估的状况，他们认为，每年至少有 0.5 个百分点被漏掉了。

Acemoglu 和 Cao（2016）在理论层面分析了在位垄断产商和新进厂商的决策，将创新形成的经济增长分解为三块：在位厂商的改进、新进厂商的重大创新、新进厂商的模仿创新。

创造性破坏更多地强调了质量提升的内生创新过程，由此得出的内生增长理论具有重要的意义。从理论上说，技术质量的不断提升就意味着创造性破坏过程，而更多的增长源自质量的不断提升，意味着增长的内生动力越强，技术进步的强度和贡献越大。

（二）技术与创新的程度对中国经济发展的贡献

从增长的结果来看，从中国改革开放之后，全世界目睹了中国经济的惊人增长。中国经济总量上快速扩张，从总量上超越早先的英国、德国、原苏联、日本，跃居全球第二大经济体。这为中国居民生活水平奠定了坚实的基础，人均收入得到了普遍性的提高，贫困人口的数量和比例都大幅度下降。这一增长过程存在以下三个基本事实：

事实 1：中国经济在总量和人均层面都取得了快速增长，特别是 2000 年之后，经济总量得到大幅度提升。

事实 2：资本在中国经济增长起着重要作用，资本积累呈现快速增长特征，但资本的价格依然较高，大体上意味着资本的边际回报率可能较高，人均资本存量尚未达到定点状态（steady-state）的水平，仍然有着资本扩张的空间。

事实 3：劳动力投入在中国经济增长中也有着重要作用，但当前，劳动力的投入和参与度保持着比较稳定的水平，意味着劳动力的投入难以再大幅度提高。劳动力的生产效率在提高，工资在上涨，但可能也未达到稳定状态水平值，劳动力成本可能还有一定的优势。

除了上述三个事实外，我们看到技术创新和技术进步在长期增长中也极为关键，而中国经济增长过程中伴随着技术创新的过程，这种创新包括更多地引入新的技术和新的产品，也包括开拓更多的市场。从企业层面，可以看到的是，新产品的收入在不断增加，意味着不断有着新的产品创新。

但整体上，企业的研发投入还是有限的，用于技术改进的经费有限。从总经费支出来看，部分年份有增加，但 2008 年之后，大中型制造业层面的技术改造经费支出开始出现下降。在其他指标上，有一些波动，但从整体上看，制造业在技术研发支出上并没有出现不断增加的趋势。

当然，从技术交易市场规模上，2007 年之后，市场规模开始壮大，并且在 2011 年之后，增加的速度呈现加速态势，近些年表现出市场不断活跃的势头。随着总产出的增加，技术市场以更大规模幅度增加，不过值得注意的是，占比并不是很高，一直未能超过 2% 的比重。

从高新技术企业的收入构成来看。是以技术改进为主，还是以产品为主，结果大多以产品为主。

从技术层面的投入与产出：竞争力比较（横向比较）来看。高科技进出口显现高新技术层面的竞争能力，大体可以看到，进出口都在较大幅度增加。在高新技术层面的出口较少，而进口较多，特别地，不少真正的高技术含量的产品还在限制。这意味着，目前，中国的技术层面的竞争能力，从横向比较上，还存在着一定的差距。

也可以直接和直观地衡量创新的程度。从专利发明、成交金额等可以看到，从数量层面，中国的创新能力得到了不断提升，特别在 2005 年之后，各项指标都在快速攀升。

自我创造性破坏，更替既有的技术层级。两重考量：内部收益最大化；减少外部竞争被替代的可能性，维持在位的领先优势，不断增加其他厂商创新难度。

创新能力是长期的关键，因而评估中国的创新能力就成为中国经济能否维持长期增长动力的关键。全社会层面的创新投入产出及效率。从时间趋势来看，中国的创新能力随着投入的不断增加，在相应的提高（见图3-1）。

关于技术投入。可以看到绝大多数层面衡量的投入都在增加。人力、物力、机构层面很难的科研强度都在增加。而全社会的研发经费也在增加，特别考虑到中国经济总量在大幅度增加的情况下，科研经费的比重在增加，意味着绝对数量上在更快的增加（见图3-1）。

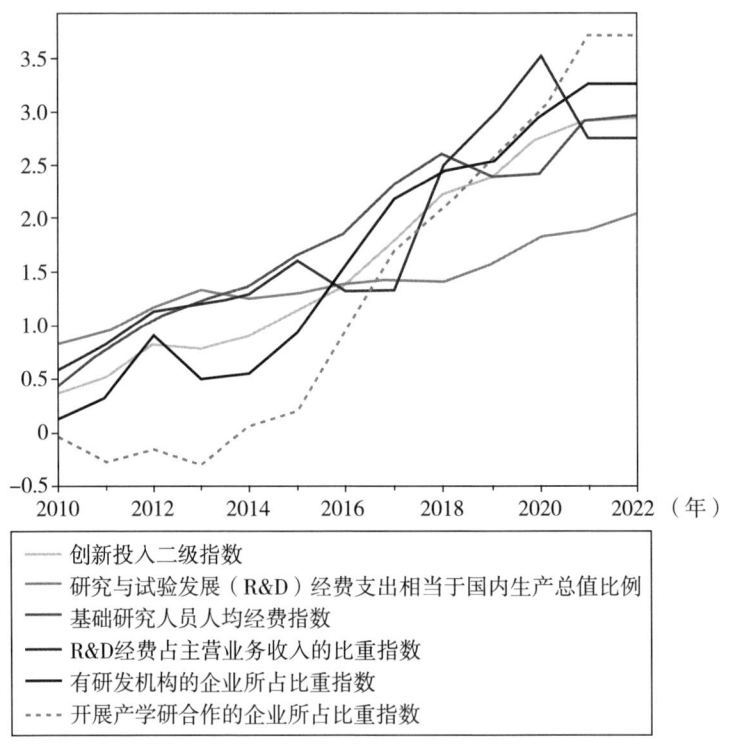

图3-1 创新投入指数

关于科技创新的产出状况。国家统计局同样从不同侧面衡量了科技创新的产出，具体包括：技术论文、专利、发明专利比重、商标拥有量、技术成交指数。可以看到，在专利指数和市场成交指数都有着快速的增加（见图 3 – 2）。

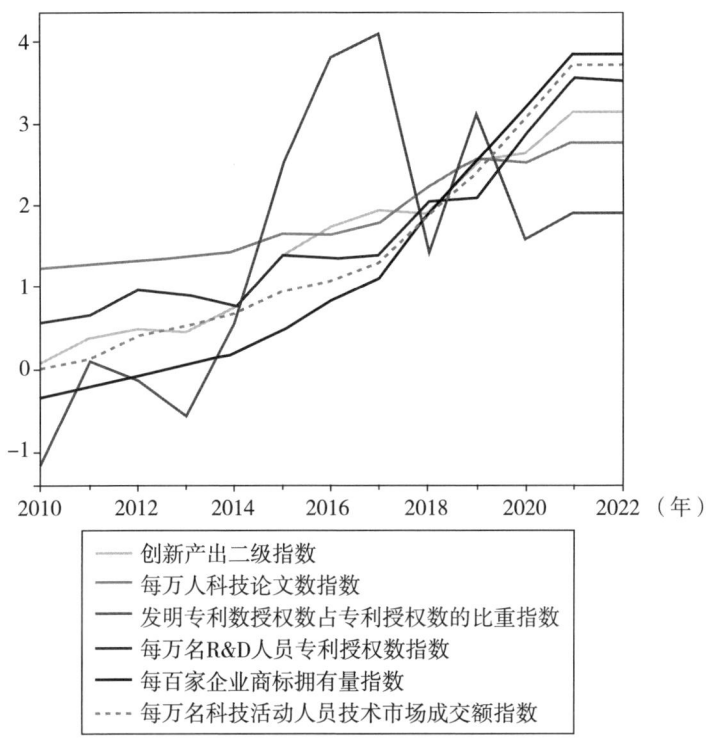

图 3 – 2　创新产出指数

关于创新环境和创新成率。随着教育投入的增加和科研经费的上升，国内科研创新环境大幅改善，创新成效不断提升。创新指数及体现在产品进出口层面的竞争力都有相应的提升。比如进出口层面，出口中高新技术产品比重增加意味着竞争能力有所提高（见图 3 – 3，图 3 – 4）。

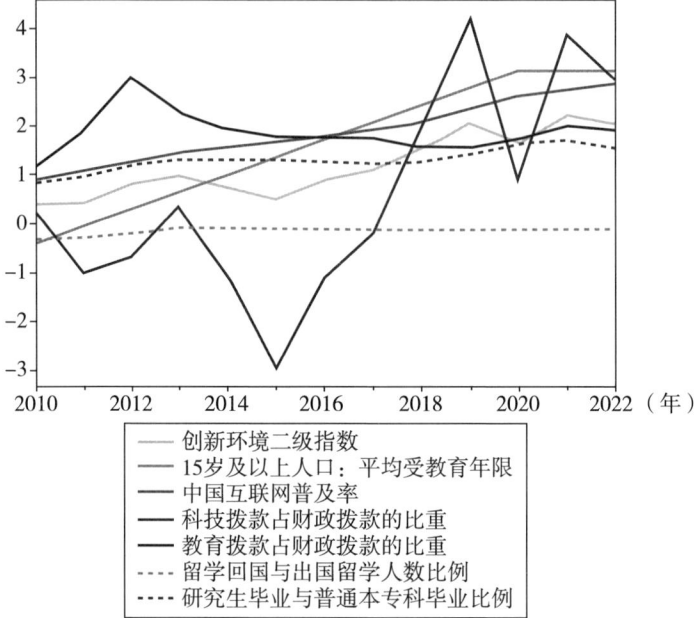

图 3-3 创新环境指数

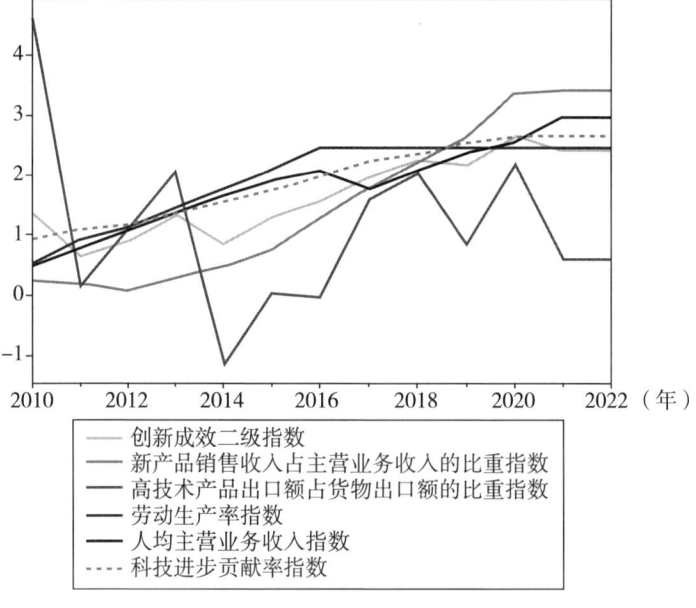

图 3-4 创新成效指数

因而从事实描述上看，中国经济得到快速扩张，整体实力得到了提升，而其中，（1）劳动力的参与度已经到达较为稳定的水平，劳动力的工资水平在提高，大体上意味着劳动力的边际价格已经在提高，很难期望再大幅度扩张；（2）资本层面，资本在不断加大投入，相对而言，资本的价格仍然保持着较高的水平，大体上意味着资本的边际产出仍然在较高的水平，仍然有着一定的继续深化的空间；（3）技术得到了很大程度上的提升。

事实4：中国的创新能力得到了快速提升。技术进步在推进，无论是投入还是产出，还是投入效率，都得到了较大程度的提高，但从整体上，还没有到技术创新驱动的阶段和层次。

㊂ 质量提升、创造性破坏与经济增长：高质量发展的理论模型

质量提升的创造性破坏模型直接揭示了高质量发展的理论模型及其过程。其中，厂商如何进行质量提升的研发决策是高质量经济增长的关键。考虑中间产品的研发过程，主要切入点和关键是中间产品研发的最优决策，重点考虑厂商的最优研发努力，而相对忽略研发成功后的推广过程。与最终产品创新不同的是，厂商研发决策被设定为对中间产品进行研发。中间产品质量的提升通常能够直接提高产出，从而具有直接的增长效应，同时，质量的更替所具有的替代效应更为显著。

由于新产品（品种）或更高质量的产品具有独特的品质而具有垄断优势和地位，所以能够获得垄断利润。获得垄断利润的创造性破坏过程具有一些特征：第一，研发具有不确定特征。对于是否成功却不确定，研发是有目的的活动，但这个活动的结果是无法完全预知的。第二，研发的成功与投入正向相关：投入越多，获得成功的概率就越大，一般设

定研发的成功服从 Possion 过程。第三，特别重要的是，厂商的研究与开发不仅需要考虑自己的行为，同样要考虑其他厂商的研发行为。一个厂商的成功是建立在破坏既有（在位）的垄断厂商基础上。同样它最终会被其他厂商的后续成功所毁灭，至少是部分毁灭，创造性破坏蕴含着动态竞争过程，是对系统动态变迁和增长过程的一个微观阐释。

为获得创新产品的直接增长效应，考虑中间产品创新的模型和结构：将产品分为最终消费品和中间产品，最终消费来源于最终产品；特别设定存在众多的中间产品，它们用来生产最终产品。在市场结构上，最终产品是完全竞争的，但对于中间产品的市场结构往往设定为垄断竞争。而中间产品就是研发所得的创新产品，中间产品是垄断产品，但它由研发而得，一旦研发成功，就变成完全竞争的产品，既可以申请专利，也可以直接用于生产。

关键的，这种处理方法和结构是可以用来刻画新创造的产品具有直接的增长效应。中间产品创新直接有着更强的生产能力和更高的生产效率，所以创新产品能有更高的最终产出。将中间产品直接纳入生产函数使得创新蕴含的增长效应能够得到直接的体现。这种设定在能够体现直接经济增长效应的同时，也仅描述创造性破坏的一个层面，而部分忽略了创造性破坏的根源——消费需求和最终产品的多样性。这种形式可以部分地认为是对工艺和技术的创新过程，主要在生产领域中应用新的工艺和流程等。

（一）质量提高模型的说明

考虑中间产品创新是以产品质量提升为主要形式，这种设定为经济的持续增长提供了一种途径。产品质量提升创新模型常用于内生增长，特别是熊彼特增长模型之中，以消费品为主要载体的质量提升模型可见于 Grossman 和 Helpman（1991），他们的模型主要考虑消费产品的质量提升对增长的作用，特别考虑有着国际贸易时，质量提升为导向的技术进步对增长的影响。

首先对模型做一说明：为了更好和更简单地分析消费者行为，考虑消费者只消费一种产品，也就只有一种最终产品生产。这种消费者行为的简单设定可忽略考虑静态最优决策问题，只考虑动态最优选择，从而将问题简化。主要的变化是对最终产品生产形式的不同界定，在有中间产品质量提升的增长模型中，产品质量随着研发的成功和技术的进步而提高，可直接提高最终产品的产出效率，这将技术进步用一种简单和直观的形式表示出来，因而技术研发可以视为增长的动力和关键。研发所得的中间产品一般设定为可买卖或自行生产，在市场结构上设定为完全竞争，即自由进出条件，从而保证了在长期中不会存在超额的净垄断利润。

由于存在创造性破坏效应：新的中间产品由于有更高的产品质量，会使原有的中间产品被完全或部分地退化，而新的中间产品同样将被下一层次质量的中间产品所替代和退化。厂商的研发决策就会考虑到这种"创造性破坏"效应。研发投入会考虑研发成功后所可能获得的利润大小，该利润主要与该创新产品持续保持最高产品质量的时间长度有关，从而需考虑被下一质量产品替代的可能性。从事中间产品创新的厂商存在着最优的研发决策，至少保证能获得足够长时间的垄断利润以弥补研发投入。研发决策直接影响到最终产品的产出和整体经济增长。而最终产品的增长速度的决定正是模型所要考虑的。

（二）消费者最优选择

消费者在预算集内选择最大化消费者效用。考虑无限期限的增长模型，时间是无限的。效用函数的形式设定为一生效用最大化。

消费者的预算约束为：

$$\text{s. t.} \int_0^\infty c_t e^{-(\rho-n)t} \mathrm{d}t \leqslant \int_0^\infty I_t e^{-(\rho-n)t} \mathrm{d}t + a_0 \tag{1}$$

其中 ρ 和 n 分别表示为时间偏好和人口增长率，a_0 表示初始资产，而 I（实际为 I_t，在不影响情况下，忽略 t）表示实时收入，包括工资、资产等收入。由于资本是由消费者提供的，所以他们可以获得资本收入，特别地，由于企业最终归属于他们，所以能够获得部分的利润（假如存在超额利润），这就是在均衡分析中设定没有长期超额利润的重要性。

可以得到消费的最优决策的动态方程（Euler 方程）：

$$(c - 1)/c = (r - \rho)/\theta \tag{2}$$

（三）最终产品生产

分析生产最终产品厂商的生产函数的形式，即提供给消费品的最终产品的生产方式。一般设定生产函数的形式为：

$$Y = AL^{1-\alpha} \sum_{i=1}^{N} (d_i X_i)^{\alpha} \tag{3}$$

d_i 表示中间产品 X_i 的质量层次，每一种产品的层次 d_i 可以表示为：$d_i = \lambda^i$，其中 λ 大于1。随着产品层次的提高，最终产品 Y 的生产效率降提高。N 表示产品的最高层次，它随时间逐渐提高。

主要分析最高质量层次产品的需求和价格决定。从最终产品可得到最高层次产品 N 的边际收入（MR）：

$$MR = \partial Y/\partial X_N = AL^{1-\alpha} d_N{}^{\alpha} \alpha X_N{}^{\alpha-1} = P_N \tag{4}$$

其中 P_N 为质量层次 N 的价格。可得到产品的需求函数：

$$X_N = \left(\frac{P_N}{AL^{1-\alpha} d_N{}^{\alpha} \alpha} \right)^{1/(\alpha-1)} \tag{5}$$

而最高层次产品 N 具有垄断地位，所以厂商能够选择价格而最大化其利润：

$$\max_{P_N} \pi_N = (P_N - C_N) X_N = (P_N - C_N) \left(\frac{P_N}{AL^{1-\alpha} d_N{}^{\alpha} \alpha} \right)^{1/(\alpha-1)} \tag{6}$$

其中 C_N 表示层次为 N 的中间产品的单位成本。由 $\partial \pi_N/\partial P_N = 0$ 的一阶条件直接可得：

$$P_N = C_N/\alpha \tag{7}$$

成本是既定的，一般不能为厂商直接改变，所以将成本认为是不变的（这有别于上一节假定，但在单位时间内不能马上改变）。可以得到对

第 N 层次的中间产品需求的表达式：$X_N = \left(\dfrac{C_N/\alpha}{AL^{1-\alpha}d_N{}^\alpha\alpha}\right)^{1/(\alpha-1)}$。同样，最终利润为：

$$\pi_N = \frac{1-\alpha}{\alpha}\alpha^{1/(1-\alpha)}C_N{}^{-\alpha/(1-\alpha)}(AL^{1-\alpha}d_N{}^\alpha\alpha)^{1/(1-\alpha)} \tag{8}$$

由于 $\alpha \in (0,1)$ 可以直接得到一些结论：

命题：新创所得的新中间产品利润随着产品层次（d_i，γ 和 γ^N）的提高而增加，而和成本（C_N）呈现递减关系。即：

$$\partial\pi/\partial d > 0, \partial\pi/\partial\gamma > 0, \partial\pi/\partial N > 0, \partial\pi/\partial C_N < 0 \tag{9}$$

而和替代弹性系数的关系不是很明确，对于成本而言可以从直观上判断，成本越低厂商定价的空间越大，从而可以获得更高的利润。

问题的关键在于被退化或部分退化的中间产品的定价能力和利润水平的设定。Grossman 和 Helpman（1991）认为最高层次的厂商在一定条件下可以设定价格，从而使得下一个层次的中间产品的厂商不存在利润。同样，Barro 和 Sala-I-Martin（1995）设定存在着价格策略使得下一层次厂商没有利润。论文设定限制价格为：$P_N = C_N\gamma$，从而进一步得到对该中间产品的需求为：$X_N = \left(\dfrac{\gamma C_N}{AL^{1-\alpha}d_N{}^\alpha\alpha}\right)^{1/(\alpha-1)}$

可得到最终产品的生产函数：

$$Y = AL^{1-\alpha}\sum_{i=1}^{N}(d_iX_i)^\alpha = AL^{1-\alpha}\left[\gamma^N\left(\frac{\gamma C_N}{AL^{1-\alpha}d_N{}^\alpha\alpha}\right)^{1/(\alpha-1)}\right]^\alpha$$

$$= A^{1/(1-\alpha)}L\gamma^{(N-1)\alpha/(1-\alpha)}\alpha^{\alpha/(1-\alpha)}C_N{}^{\alpha/(1-\alpha)} \tag{10}$$

由于 A 和成本一般不变，最终产出的增长速度取决于人口和产品层次的提高速度。而关键的是产品的层次的提高速度。设定厂商的质量层次系数：

$$G = \gamma^{(N-1)\alpha/(1-\alpha)} \tag{11}$$

人均收入 γ 直接决定于 G 的增长速度。

$$g_{Y/L} = g_G = \frac{\alpha}{1-\alpha}\ln\gamma \times (N-1) \tag{12}$$

上式表明经济增长取决于新产品出现的速度（$N-1$）。

（四）企业创新决策

企业创新决策取决于创新所得的中间产品所能够获得利润，利润是动态的：不仅取决于创新所得的即时利润，同样与维持的时间长度有关。而能够维持垄断地位的时间长度，直接和后续的研发努力程度相关。后续的研发越多，获得更新的中间产品的可能性就越大，既有的中间产品所能维持的时间越短，净利润越少，进一步会降低研发的投入和努力，成功的概率下降。而一旦研发的努力下降过多，后续创新成功的概率减少使得既有的中间产品保持垄断地位和垄断利润的区间和概率越长，这又会使得为获得新的中间产品的努力提高。

获得成功的概率和持续的时间有赖于对中间产品生产和创新的设定。显然，概率和持续时间是具有不确定特征的。为说明问题和不是一般性，一般对创新活动做较强设定，并获得显示解。通常设定从产品最高质量为第 i 层次质量上升到下一个层次 $i+1$ 的时间为：t_i^{i+1}，则层次 i 的产品保持在最高质量层次所获得的净利润可以表示为：

$$V_i = \pi_i(1 - e^{-rt_i^{i+1}})/r \tag{13}$$

问题的关键在确定维持最高层次的区间，即保持不被"破坏"的概率。由于中间产品直接被设定为是为了最终产品的生产，而不用于中间产品的生产，所以为了简化问题认为创新的研发活动只需要用劳动力投入，而没有物质投入。设定在当前产品最高层次为 i，而下一层次产品获得成功而将第 i 代产品替代的概率为 p_i^{i+1}，有 $p_i^{i+1} \in (0,1)$，成功的概率和直接的投入呈现正的关联，对于投入的处理有两种不同的设定：其一，可以类似于 Aghion 和 Howitt（1992）中设定新产品的开发只是和劳动力的投入有关，特别是将劳动力分解为熟练劳动力和一般的劳动力。创新主要是和熟练劳动力的熟练有关，如果不考虑劳动力的差别，则主要和劳动力的投入数量相关。可以设定为：$p_i^{i+1} = \lambda\psi(L_i^D)$，$\lambda$ 为到达的概率，L_i^D 为第 i 种中间品后的研发的劳动力投入，目标是为了获得下一层次的新产品，$\psi(L_i^D)$ 为劳动力投入的产出，当然有投入越多，产出越高；第二，可设定创新的产出主要是资源的投入，这种资源是抽象意义上的，主要指的是物质资本，如同 Barro 和 Sala-I-Martin（1995）所设定，但他们考虑到了技术开发的难度也会随着产品的层次提高而加大。他们设定成功的概率表达方式为：$p_i^{i+1} = Z_i^{i+1}\psi(i)$ 而 Z_i^{i+1} 为产品层次从第 i 层次到第 $i+1$ 层次的投入，主要指的是以货币衡量的物质投入，同样的可以认为是随着投入的增加，获得成功的概率会提高；而 $\psi(i)$ 表示对潜在的第 $I+1$ 层次产品的研发难度系数，随着产品层次的提高，技术难度越大，获得成功的概率也随着降低，这种设定可以使得新产品创新的速度不会无限增大。

这两种设定都可建立产品的价值和即时利润，及被替代的概率之间的联系。由于一般的认为创新成功是服从 Possion 分布，所以时间区间是指数分布的（Aghion 和 Howitt，1992），这样可以得到中间产品的预期最终的价值：

$$V_i = \frac{\pi_i}{r + p_i^{i+1}} \tag{14}$$

直观上，只有创新而不存在破坏的情况下，可认为只有一种贴现系数，即利率；而在创新过程中，一旦考虑潜在的更高层次产品的创新将会形成的"破坏"效应存在，会使得利润的"贴现"系数加大，增大的部分恰好是下一阶段产品成功的概率。

企业新创造的产品层次或质量主要目标是获得利润，但一般设定进行创新活动可以自由进出（free entry），所以产品的最终净利润为 0。可得到企业的决策为：

$$\max_{L_i^D} \pi_{i+1} = p_i^{i+1}V_{i+1} - wL_i^{i+1} \text{ 或 } \max_{Z_i^{i+1}} \pi_{i+1} = p_i^{i+1}V_{i+1} - Z_i^{i+1} \tag{15}$$

前一项为期望收益，而后一项为成本。注意到概率 p 受投入（劳动力或物质资本）影响，而且是不同期限的投入，所以可得到前后两期的投入的动态方程。从而探讨企业的最优创新决策中的投入问题。

创新中的劳动力投入，不会直接影响即时企业利润，会影响的是获得成功的概率 p，同时注意到下一阶段的概率同样会对利润直接作用，所以正如创造性破坏的含义一样，当期的劳动力投入要考虑到下一阶段的劳动力投入所可能发生的影响。由净利润条件：

$$\lambda \psi(L_i^{i+1}) \pi_{i+1} / (r + \lambda \psi(L_{i+1}^{i+2})) = w L_i^{i+1} \tag{16}$$

即：

$$\pi_{i+1} \lambda \psi(L_i^{i+1}) / L_i^{i+1} = w(r + \lambda \psi(L_{i+1}^{i+2})) \tag{17}$$

在这种模型设定下，获得最终一般均衡模型的关键是劳动力的配置：劳动力的总额等于生产和研发所需劳动力的总和，而单位劳动力所能获得的收益在这两种部门在均衡条件下相等，从而获得市场均衡条件下的最优研发投入和最终的增长。当均衡状态下，最优研发的劳动力投入为 L_j^{j+1*}，此时有获得成功的概率为 $p_j^{j+1*} = \lambda \psi(L_j^{j+1*})$，从而可得到人均最终产出的增长速度为：

$$g_\gamma = \frac{\alpha}{1 - \alpha} \ln \gamma \times \dot{N} = \frac{\alpha}{1 - \alpha} \ln \gamma \times \lambda \times \psi(L_j^{j+1*}) \tag{18}$$

亦可遵循 Barro 和 Sala-I-Martin（1995）的设定创新是由一定的物质投入支撑的，这样可建立均衡方程，并部分简化问题，当然潜在问题是并不知道这种投入的来源和性质，只能设定为研发的投入来源于最终产品。他们假定研发的两种投入效应：其一，加大投入会提高研发成功的概率；其二，随着产品层次的提高，技术难度加大。在这种设定下，同时做了一些为了获得显示解的设定，对于成功的概率，设定为：$p_i^{i+1} = I_i^{i+1} \psi(i)$，其中 I_i^{i+1} 为从产品层次由 i 上升到 $i+1$ 的投入；$\psi(i)$ 为产品的难度系数，和 i 呈现递减关系。同时还设定 $\psi(i)$ 的函数形式：$\psi(i) = \gamma^{-(i-1)\alpha/(1-\alpha)} / C^R$，其中 C^R 表示研发的成本。在这种设定下可以获得一些显示解：获得成功的概率 $p = (L/C^R) A^{1/(1-\alpha)} [(1-\alpha)/\alpha] \alpha^{2/(1-\alpha)} - r$，这样模型所设定的系统存在平衡增长，增长速度为：

$$g = \left[(1-\alpha)/\alpha(L/C^R)A^{1/(1-\alpha)}\alpha^{2/(1-\alpha)} - r\right] \times (\gamma^{\alpha/(1-\alpha)} - 1) \tag{19}$$

（五）市场均衡状态时的增长过程

在市场均衡中各主体都能够获得最大的收益，同时要素市场达到供需均衡。主要考虑第二种情形中的均衡，可以得到市场均衡特别是动态均衡的定义。

定义：动态的一般均衡（DGE）指的是 $(C_t, X_t Z_t, Y_t)$，$t \in (0, \infty)$ 和 (r, P_t)，能够使得：（1）C_t 最大化消费者效用，即 $C_t = \underset{C_t}{\mathrm{argmax}}\left\{\int_t^\infty u(C_t)e^{-(\rho-n)i}di\right\}$；（2）$X_t$ 和 P_t 最大化厂商利润，即 $\{X_t, P_t\} = \underset{(X_t, P_t)}{\mathrm{argmax}}\{\pi_t = X_t(P_t - C_t)\}$；（3）$Z_t$ 最大化研发利润，即 $Z_t = \underset{Z_t}{\mathrm{argmax}}\pi_{t+1}$；（4）$(C_t, X_t Z_t, Y_t)$ 满足资源约束，即 $Y_t = C_t + X_t + Z_t$。

注意到 X，Y，Z，C 的增长速度是一致的，这表明存在均衡增长路径。这个增长路径实际上也就是动态均衡解。对于消费的动态增长路径可以直接由 Euler 方程给出，而中间产品系数的增长速度也同样可表达出来，在均衡中这两个速度相等，所以可以消去 r，从而得到增长的速度：

$$g_C = g_Y = g_Q = g_X = \frac{\left[\gamma^{\alpha/(1-\alpha)} - 1\right]\left[(L/C^R)\left(\dfrac{1-\alpha}{\alpha}\right)\alpha^{2/(1-\alpha)} - \rho\right]}{1 + \theta\left[\gamma^{\alpha/(1-\alpha)} - 1\right]} \tag{20}$$

此时可得到：

$$r = \frac{\theta\left[\gamma^{\alpha/(1-\alpha)} - 1\right]\left[(L/C^R)\left(\dfrac{1-\alpha}{\alpha}\right)\alpha^{2/(1-\alpha)}\right] + \rho}{1 + \theta\left[\gamma^{\alpha/(1-\alpha)} - 1\right]} \tag{21}$$

在此基础上对增长速度进行分析：

命题6：增长速度随着 θ 和 ρ 的降低而提高，而随着 γ 的增大和提高。即 $\partial g/\partial\theta < 0$，$\partial g/\partial\rho < 0$，$\partial g/\partial\gamma > 0$。

（六） 两种创新方式的比较

$$g_y = g_L \varphi/(1-\varphi) + g_k \alpha/(1-\varphi) = \frac{\varphi(\gamma)}{1-\alpha-\varphi(\gamma)}(1-\alpha)_n \quad (22)$$

$$g_C = g_Y = g_Q = g_X = \frac{\left[\gamma^{\alpha/(1-\alpha)}-1\right]\left[(L/C^R)(\frac{1-\alpha}{\alpha})\alpha^{2/(1-\alpha)}-\rho\right]}{1+\theta\left[\gamma^{\alpha/(1-\alpha)}-1\right]}$$

厂商在提升产品质量决策中，会在更高的投入成本与更强的垄断优势和利润之间进行折中：越高的质量进行创新的难度越大，成本越高，进行创新的难度越大，获得突破的概率越低；而一旦获得突破，垄断优势越强。同时，厂商在质量提升创新时，有着直接的创造性破坏效应，会破坏先前质量的市场及利润。

四 创造性破坏与技术更替：信息技术及邮电行业的经验证据

创造性破坏是重要的机制和特征。创新过程中必然会带来竞争及更替。技术层面的更替会带来更高的效率，更有效率的生产技术或者更高质量的产品，同时，会有着破坏性效应。少数技术和产品会被更替，新老技术或者产品之间的竞争也会有着价格变化。

信息技术依然是很重要的技术载体。第一个层面，邮电业务可以直接看到很大的破坏程度，可以尝试着测算创新及破坏的程度。首先，是邮政电信两者汇总的业务量及价值。可以看到的是，邮政业务在业务量层面，也有一定的增长，但相比较而言，电信的增长要明显快，在邮电业务总量中，电信占据更大的份额和比重。在一定程度上说，邮电业务的发展与电信替代邮政存在着关联。其次，邮政业务，信件、杂志、快递等主要业务之间的交替，在一定程度上也促进了行业的发展。

而在电信业务中，也存在着创造性破坏效应，产品之间的替代明显，比如，最早先，固定电话较为重要，而随着信息技术的发展，移动通信更为重要，移动和固定电话之间存在着替代效应。固定电话在 2006 年之前都有着一定的增长，此后开始呈现下降势头。而移动电话用户数刚开始少于固定电话，但随着时间的推移，逐渐增加，并且在 2001 年之后，增长速度较快，在 2006 年之后，具备这替代的局面。

第二个层面，在电信，特别是信息产业中，几代技术之间的替代也值得研究。电信技术中，技术替代是重要特性，从 1G 到 2G，再到 3G，发展到 4G，现在正推广 5G 技术。

厂商之间的竞争替代关系也表现地很明显：国产手机品牌市场份额逐渐增加，特别是华为手机份额在整体上攀升，其他几个国产品牌也在不断增加，而三星的市场份额在下降。同时，可以看到随着技术的引进和更多的产品出现，价格也随之发生变化。特别是手机的价格出现了较大程度的下降。

[五] 经济形式及创新主体的更替：中国的创造性破坏程度及经济体的竞争

在创新过程中，创新的主体也随着发生变化。从企业性质来看，各成分经济体的创新动力存在差异，这种创新的积极性和投入最终也会使得各种形式的经济会有不同的市场份额及相应的就业和利税额度。

国有企业具有规模和资源优势，但在技术创新上，要克服动力上的不足。而民营企业，除创新外，别无选择，因而如果不断创新，就能获得相应的市场，由此壮大。对于外资企业，由于起步较早，技术优势较为明显，可能会逐步巩固其技术优势。主要的竞争就在于，民营企业能否不断创新以此超越外资企业。

不同经济成分的高新技术企业的收入对比。可以看到私营企业的收入增长最快，所占比重不断攀升。在 2017 年，占比第一，显现出极高的市场地位；而外资企业在 2007 年收入最高，但随着其他类型企业的更快发展，占比呈现下降态势。港澳台投资的企业整体在稳步增长。国有企业的总收入稳定增加，与外资和港澳台投资的企业收入更为接近。而集体企业的地位不断被弱化。

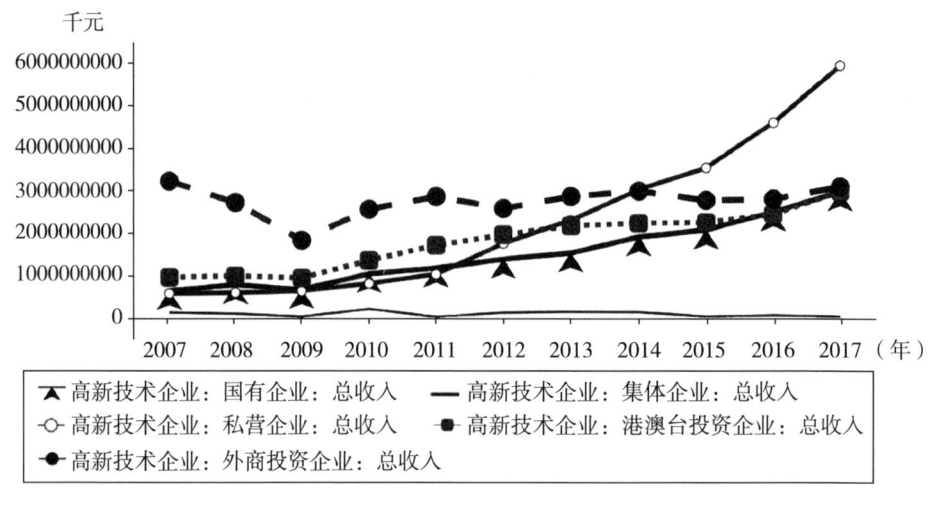

资料来源：Wind。

图 3 − 5　各主要成分经济体高新技术行业总收入

相对应的，可以比较就业比重变化。有限责任公司占比最大，而民营企业其次。相比较而言，国有企业的就业比重整体保持比较平稳。

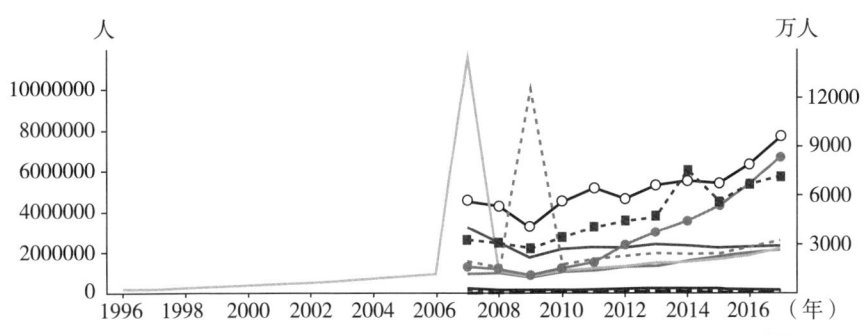

资料来源：Wind。

图3-6　高新技术企业从业人数

企业数量变化也可以看到一定的创新更替过程：在高新技术衡量的企业数目上，民营企业数量不断增加，而有限责任公司作为一种比较规范的形式，数量也在不断增加，占比增加。大体说明，民营企业进入市场的数目较多。

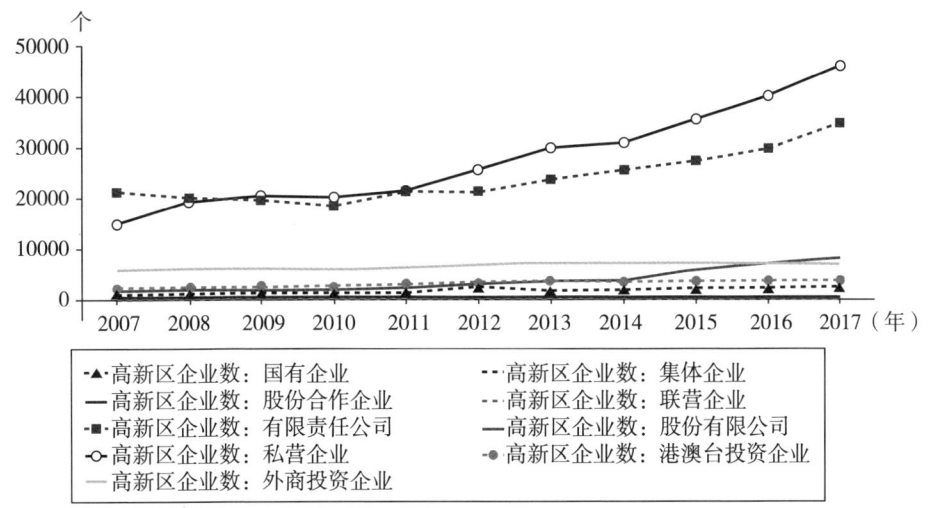

资料来源：Wind。

图3-7　高新区企业数

从高新区层面衡量的企业数来看，可以看到联营企业数量和有限责任的数量最多，而国有企业的数量保持教委平稳，集体企业数量越来越不重要。外伤投资企业数量也整体保持比较平稳。

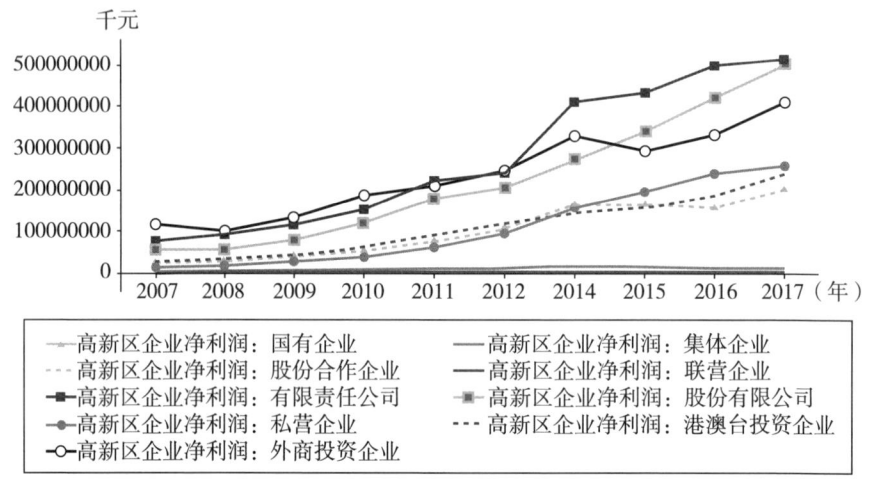

资料来源：Wind。

图 3 – 8 高新区企业的利润

从利润角度来看，高新区的企业可能更趋规范，因而有限责任公司、股份有限责任公司、外商投资企业等利润高，私营企业的利润也在不断提高。集体企业和联营企业越来越少。

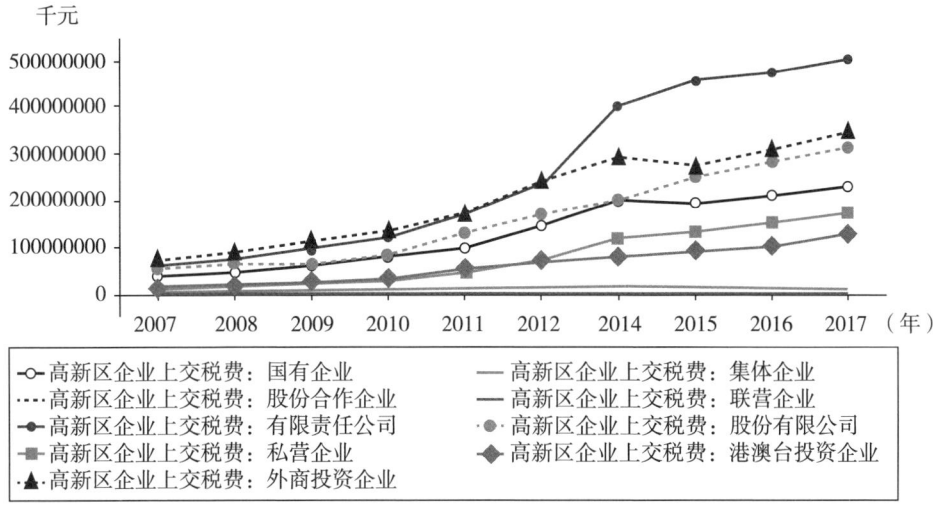

千元

资料来源：Wind。

图 3 - 9 高新区企业各类型企业上交税金

因而从经济主体形式的变更中，可以得到如下初步结论：

第一，经济主体在创新行为上存在着差异。国有企业具有相应的资金实力，规模优势，但创新的动力不足和体制机制不顺，更倾向于扩大规模，稳健和保守经营。外资企业，技术上占据一定的在位领先优势，外向型和高端产品为主要特征，如果立足全球，则会进行不断研发；如果侧重中国的市场，可能以规模扩张为主。从数据和特征来看，出口占比较高，意味着可能更倾向于在中国生产，而不是创新和研发。集体企业，一度在市场夹缝中寻找了自我生存发展的机会，但在市场竞争加剧的情况下，人才、体制、技术等都不占据优势，因而可以预见，生存空间会越来越小。私营企业，创新动力较足，只有创新才能生存，特别是需要开拓市场。但是，需要有足够的积累之后，有充足的人力和物力才能开始进行技术创新，否则更多地进行规模扩张和技术模仿。从经营状况来看，民营企业的数量多，就业人数多，总收入较高，但平均而言，单个企业的规模较小，利润并不高，利税也不是很高。

第二，竞争的结果使得市场主体发生了相应的变化，越参与创新的主体的竞争力得到了提高，市场份额得到巩固和强化，而有些竞争主体越来越少，市场份额被替代。

［六］ 新发展格局下创造性破坏驱动的高质量发展模式

新发展格局对创造性破坏驱动的高质量发展模式提出了更高要求。需要把握内部与外部之间的关系，处理自主创新与国际分工竞争之间的关系，更好地处理对外贸易及开放问题，引导在全球国际分工范围内进行高质量的创新及创造性破坏活动。如何应对外部环境的变化带来的挑战，需要更开放的心态应、通过更广泛参与国际竞争提高技术创新能力及避免贸易摩擦。更大程度的开放带动着中国经济快速发展，中国的企业空前积极地参与了国际分工，并且在开放中获得了更强的创新能力，不断提升技术的层级，整体上，外部需求成为全社会总需求中的重要组成部分。客观上，中国企业的外向型创新活动破坏了传统的封闭经济模式，历史上没有这么高的对外贸易比例。中国的产品全球范围内的扩张也客观上取代了发达国家的技术与市场空间，可以理解的是，利益的变动有可能会加剧摩擦，比如当前，中美摩擦的不断增加及疫情所带来的冲击，外部环境有所恶化。无论是商品的出口，还是资本投资，进一步扩张都会面临着较大的障碍和阻力。

从一体化市场及更高质量产品及技术创新角度认识国内和国际市场。对于内外循环，需要加以明确：内循环强调的是挖掘国内的市场，侧重提高国内产品及技术等的质量和层级；而外循环则是更进一步提高技术层级及更高的技术水平，希望企业能进行更有突破性的创新，能够在更高质量的技术上进行国际竞争。

对于内循环，主要对应的是国内市场，需要侧重提高产品的质量，要用更高品质的产品替代较低质量的产品。国内市场由于人口众多，而且收入水平在不断提高，不仅规模在不断庞大，市场巨大；同时，对产品质量的要求在相应提升，不少消费者不再满足于基本的生存需求，而对产品的品质有着更高的要求，会选择更高品质的产品，因而需要更好地挖掘国内庞大而且不断走向高端的市场。企业需要摆脱早先只盯着海外市场的倾向，改变早先将更好的产品出口海外的局面，要为国内市场提供更高质量的产品。随着国内整体实力和收入的提高，企业需要提高较高层次质量产品的声誉，改变国内消费者对国内质量的不信任和对国际知名品牌产品的崇拜。引导厂商有意识地建立自身品牌的意识，改变更多地进行产品加工的角色，通过长期的品牌建设和质量提升，获得更大的国内市场及更高的增加值，由此获得长期发展空间，同时，避免过多依赖海外市场，避免倾销的嫌疑，转而走出一条致力于提供高质量产品的发展路径。总的来看，需要改变国内市场低端的看法及做法，而用更多高质量的产品满足及拓展国内庞大的市场。

对于国际市场及外循环，需要逐步采取更高的标准，引导各类型的企业公平参与国际市场竞争，不断提高产品的质量，通过技术创新和更高的质量获取更大的发展空间，在更高端的技术和市场层面进行竞争。不可否定，在早期，国内企业参与国际竞争过程中存在着可能的不规范之处，对于国际规则不太尊重，地方政府也有着各种补贴等支持措施，包括土地优惠、环保和劳动力层面的减免义务等。这些行为在中国经济规模不是很大的时候不容易引起关注和争议，也更大程度上促进了地方经济及出口创汇，但随着中国经济规模达到相当程度时，这些优惠措施有可能被不断放大，乃至引起不公平竞争等严重纠纷，因而，需要对这些行为加以规范，地方政府更多地以提供公平竞争环境为主，引导各类型企业更规范地进行国内外市场的竞争。对于当前国际上的纷争，应该更加积极地加以应对。客观上，中国企业在过去较长时期，获取了大量的国际市场，特别是质量层级较低、附加值较少的产品市场。这些市场主要是通过成本竞争获得，而不是品质层面的创新与竞争。为了获得长期持续的发展，则需要更多地通过研发和创新，进军更高质量、更高产品层级的市场。换句话说，很长时间内，我们的企业是在较为低端的产品市场上进行了"获取"，由于成本优势，近乎是"所向披靡"，取代了工业化国家的产品与市场。而面向未来，需要与发达国家及高端技术层面进行竞争，力图做到"创造性破坏"。

对于外部竞争及纠纷，需要做到如下四个方面：第一，面对纠纷乃至指责，需要以更包容的心态，客观上，中国产品确实占据了很多海外市场，不仅"创造性破坏"地挤占了当地的厂商和市场，也部分地将发达国家的厂商替代了，对于被破坏的主体，有些不满或者情绪，都是很正常的。

第二，应该有所准备的时候，这些市场有可能会被其他国家逐渐替代，因而应该着重未来，考虑如何在国际市场上形成中国"创造"的更高质量商品和劳务；第三，需要更加自信，相信经过几十年的积累，国内的企业具有足够的全球竞争力，更多的企业家能够在产品层级上进行创新，不断做大做强，进一步获取更高质量的高端产品市场；第四，以开放促进改革的心态，对待外部指责，能够坦然应对，以更公平的姿态参与国际竞争，更多地借鉴国际规则，改进国内的规则和制度安排，更好地发挥企业家的创新能力。事实上，会有更多的企业不太需要再给予太多的补贴，能够在完成基本的资本积累之后，通过更广泛地参与国际竞争，在全球范围内的技术创新中获得更大的发展空间。

第三，更大程度激发社会创新的动力，更积极有效地推进制度创新，通过建立制度创新促进高质量发展。创新及创造性破坏过程必然带来制度性的变化，创新本身也包含着制度层面的创新，这与改革本身是一致的。一方面，社会规则存在着创造性破坏过程，制度需要进行创造性破坏意义上的改进，要容忍并积极应对社会的变化。创造性破坏过程会引起企业及阶层的变化，创新成功的主体往往会有社会诉求。有效应对社会发展过程中的"创造性破坏"所带来的各种变化，并且为促进这种更替和变化提供更加包容的制度环境。需要将制度创新及创造性破坏纳入制度建设及改革范畴，将改革措施落实到位。当前主要需要将改革的各种方案落到实处，有效应对社会的动态变化及更好地促进社会的发展。一方面，为获得更大的创新动力，需要更为宽松的社会环境，需要营造更有利于新生一代进行创新的环境社会的发展更多依靠年轻人推动，因而改革侧重要推动更多的年轻人参与，让年轻人更多地通过创新，获得更多的社会回报，分享社会发展的成果。侧重打破既有的固化利益格局，辩证地看待"稳定"与"秩序"。创新通常就是打破原先的利益格局及秩序，往技术创新也会带来社会政治等层面的变化，创新成功的企业家，特别是年轻一代，也往往会带来规则和利益的变化，因而需要适应年轻一代对老一辈的创造性破坏，并为竞争替代提供更包容的环境和条件。总的来看，不仅需要容忍这种社会的更替和变化，还有积极促进这种更替，在此基础上才能更好地实现高质量的发展。

[七] 机制设计与政策：实现以"创造性破坏为特征"的"质量提升型"长期经济增长

整体上，需要立足创新，特别是质量提升型的技术创新。质量提升的创新是最为主要的经济增长模式，因而促进技术的不断升级和改造将是最直接的长期经济增长驱动力。需要更多地引导社会和企业进行更多的技术改造，形成更多更高质量的新技术，需要摆脱早先通过要素投入的方式，转而寻求内生增长动力。

首先，打破利益格局和进入障碍，鼓励更多的厂商进入市场，并促进更充分的市场竞争，加大"创造性"的强度。通常，被破坏的技术及厂商会有既得利益，能够在一定时期内把持技术优势，由此获得垄断市场和垄断利润。这些技术和厂商在此前也是破坏更早时期的技术等级而来，但一旦获得领先优势之后，就会形成相应的垄断优势和既得利益，会有意无意地采取一些利益保护措施，通常会设置一些进入障碍，尽可能减少市场主体进入。往往，既有的技术和厂商会夸大新技术的不确定性及由此带来的"安全性"问题，而部分群体也会出于对技术带来的变化产生不适应乃至恐惧。比如早先机器时代会破坏手工劳动者的饭碗，手工作坊等群体设置各种障碍破坏机器设备及其应用。在信息时代，早先信息运营商也曾经对微信等社交媒体的网络运用设置了障碍。有线电视也对网络电视设置过各种障碍。而破除进入障碍，鼓励更多的进入及竞争，能够有效促进技术的提升，并更好地发挥创造性破坏机制。

其次，减少补贴，特别对在位厂商的补贴，培养更为开放的竞争环境更为重要。拥有一定创新技术的厂商都可能会谋求一些补贴，而事实上这些补贴往往难有实际效果。对于不成熟的技术进行补贴也难以奏效，主要的原因是，创新成功的可能性并不高，失败的概率更大，作为公共政策，事实上，无法有效识别何种技术及哪些企业能够创新成功，因而补贴往往可能难提高资源的效率，甚至会恶化整个创新的环境及资源的利用效率。在国际层面，补贴也容易引起争议。事实上，培育公平竞争的环境更为重要，创新更多的是趋利的企业家行为。

再次，减少对资本的依赖及偏重，提高创新及企业家的所得及份额，强化整个社会的创新环境和激励。创新的主体是有冒险精神的企业家，需要培养更多更有创新动力的群体参与各种技术创新的活动。同时，能够给这些从事创新活动的企业家更高的激励和回报。目前，从要素来看，对资本过于偏爱，资本所得的回报居高不下，相比较而言，劳动技能，包括企业家的才能所能获得的回报相对较低，这就使得更倾向于资本的扩张，这为未来的发展及高质量的创新都带来了负面影响。

最后，加大破产清算力度，更快促进市场出清及资源优化，健全市场的竞争机制。加快完善社会保障制度，清楚劳动要素"退出"障碍，促进破产保护等，有效推动创新的有效实施。低质量层级的技术和企业，有可能由于形成了相当庞大的实体，导致"巨无霸企业"因为就业及安全等原因，长时期霸占着各种公共资源，这些企业使得创新存在着障碍，资源的配置，特别是土地、信贷等资源没有得到最优应用。

第四章

协调发展：
区域经济协调共享的现代化

中国式现代化是人口规模巨大的现代化，是全体人民共同富裕的现代化。我国区域之间在经济社会发展水平方面存在较大差异，从而推进区域协调发展，成为实现共同富裕的必要保证条件。准确把握全国区域发展的差异状况，对于贯彻区域协调发展战略、促进共同富裕具有重要意义。本章选择泰尔指数作为测度方法，对全国各城市经济规模差异、公共财政收支差异、居民收入差异，以及全国城乡差异进行了测度。研究发现，全国经济区域差异基本稳定甚至开始呈现缩小趋势，特别是省内经济规模差异、公共财政支出差异、农村居民收入总体差异和城乡收入差异等，但是区域经济规模差异、公共财政收入总体差异和城镇居民收入总体差异，仍然略有扩大。未来，中国应在促进产业转移、改善中西部地区营商环境、推动大中小城市合理分工发展和推动公共服务均等化方面，出台相应的支持政策。

一 全国区域协调发展对于实现中国式现代化的重大意义

改革开放以来，中国经济社会已经发生了翻天覆地的变化。尽管如此，中国作为一个地域广阔、区域地理属性复杂的大国，各区域的发展状况也千差万别，在经济规模、就业岗位提供、城乡收入水平和公共产品供给等方面都存在着显著的差异。由于资源禀赋、地理区位和经济基础等方面的不同，各区域发展水平高低不一也在所难免，但是相差过大却不利于各区域之间的社会公平的实现，也不利于各类资源的充分利用，更不利于中国式现代化战略目标的实现，推动区域协调发展势在必行。

党的十八大以来，以习近平同志为核心的党中央提出了"创新、协调、绿色、开放、共享"的新发展理念，党的十九大正式提出区域协调发展战略，并将其纳入国家七大战略。2019 年 12 月 16 日出版的第 24 期《求是》杂志发表了习近平总书记的重要文章《推动形成优势互补高质量发展的区域经济布局》，强调要根据各地区的条件，走合理分工、优化发展的路子，落实主体功能区战略，完善空间治理，形成优势互补、高质量发展的区域经济布局。区域协调发展战略已经成为指导中国区域发展的总体战略。

习近平总书记强调，"全体人民共同富裕是中国式现代化的本质特征，区域协调发展是实现共同富裕的必然要求""实践证明，党中央关于京津冀等重大区域发展战略是符合我国新时代高质量发展需要的，是推进中国式现代化建设的有效途径"。这些论述表明，推动区域协调发展，既是解决发展不平衡问题的内在要求，也是加快构建新发展格局、实现高质量发展的重要内容。区域协调有利于促进资源要素在更大范围内合理流动与高效集聚。区域协调发展是实现共同富裕的经济基础，也是实现全体人民共享发展成果的必由之路。区域协调发展有利于推动基本公共服务均等化，提高基础设施通达性，保障不同区域人民基本生活水平大体相当，对在推进高质量发展中推动共同富裕、实现中国式现代化具有重要意义。

〔三〕 全国区域差异测度方法与变量选择

当前各区域的发展差异表现在多个方面：在空间上，既存在着东中西部和南北部地区的差异，又存在着大中小城市之间的差异，还存在着城市和乡村之间的差异；在具体指标上，既存在着资源集聚能力、就业提供能力和居民收入水平的差异，又存在教育、医疗和市政基础设施等公共产品供给的差异，而且从动态来看，各区域之间的增长动能差异也比较显著。其中，各地区在提供就业机会和公共产品方面的差异是衡量区域协调发展程度的核心指标，如果一个地区缺乏就业机会，人口终将不断流失，而如果公共产品过度缺乏，那么即使有就业机会也缺乏留住人口的足够吸引力。各地区在这两方面的差异程度直接决定了区域协调发展的水平，适当增加落后地区的就业机会及实施区域公共服务均等化仍是促进区域协调发展的重要途径。因此，对全国区域差异进行测度，准确把握全国区域发展的差异状况，是具体贯彻执行区域协调发展战略的基本前提。

测度区域差异的工具有很多，如变异系数（Coefficient of Variation）、基尼系数（Gini Coefficient）、泰尔指数（Theil Index）和阿特金森指数（Atkinson Index）等，近几年 ESDA 方法也逐渐应用到了区域差异分析中。这些测度工具各有优势和局限性，总的来看，极差、标准差、（加权）变异系数可用来衡量经济的绝对差异和相对差异，计算相对简单，但不能分解。基尼系数的最大优势是可以将总的区域发展差距分解成不同来源的差距，从而分析各来源对总的区域差异的影响，但基尼系数不能在不同的空间尺度进行区域差异的分解。泰尔指数的特殊意义在于该指标能将总体的区域差异分解成区域内差异和区间差异。阿特金森指数的特点在于它可以随意设置一个与区域差异外在显示度有关的一个参数，参数设置越高，区域差异的显示度就越高。为了更全面地反映全国及各地区内部近几年区域差异程度的变化情况，本章选择泰尔指数作为测度方法是较好的选择。泰尔指数事实上是一种广义熵（Generalized Entropy，GE）指数，是由 Theil[1] 提出并扩展[2]。

泰尔指数的公式如下：

$$T = \sum_i^n y_i \ln \left(y_i / p_i \right) \tag{1}$$

式中，T 为泰尔指数；n 为某尺度对应单元总数；y_i 为 i 单元 GDP 等变量值占全区域相应数值的比重；p_i 为 i 单元人口等变量值占全区域人口的比重。T 指数越大，表明总体区域差异越大，反之则越小。

中国的区域差异既存在省际差距、省内差距，又存在城市之间的发展差距和城乡差距等。T 的组间差异和组内差异的分解如下：

$$T = T_b + T_w = \sum_i^n y_i \ln y_i / p_i + \sum_i^n y_i \sum_j^{m_i} y_{ij} \ln \left(y_{ij} / p_{ij} \right) \tag{2}$$

其中，y_{ij} 是 j 单元地区生产总值（GDP）等变量值占 i 单元相应变量值的比重，p_{ij} 是 j 单元人口等变量值占 i 单元的比重，n 为全尺度对应单元总数；m_i 为 i 单元包含的次单元总数。（2）式是泰尔指数的一阶分解，二阶分解的方法以此类推。例如，东、中、西三大地带的划分可以作为一阶分解，三大地带内部各省的划分可以作为二阶分解。

三 变量选择与研究分组

全国区域差异表现在多个方面，所用到的数据也是海量的，所采用的定量方法要全面、准确地进行测度存在一定困难。但如前所述，区域

---

[1]　See Theil, H., *Economics and Information Theory*. Amsterdam: North Holland Publishing Co., 1967.

[2]　See Theil, H., *Statistical Decomposition Analysis*. Amsterdam: North Holland Publishing Co., 1972.

差异主要表现在各地区在提供就业机会和公共产品方面的差异。其中，地区的经济规模大小通常对应着就业机会的多少，而公共财政支出的多少决定着公共产品的充裕程度。因此，本章拟主要考察各地区经济规模和公共财政支出方面的差异，结合考察居民收入和公共财政收入的差异，以观测各地区居民和财政的创收能力。其中，以地区生产总值（GDP）来衡量地区经济规模，一般公共预算收入和一般公共预算支出分别反映公共财政收入水平、公共财政支出水平，城镇和农村常住居民人均可支配收入分别表示城镇、农村居民收入，作为主要权重项的人口则采用常住人口这个统计口径。

为了更全面地反映全国经济差异的变化情况，在研究单元选取上，选择多个观察维度、两级空间层次进行研究：（一）城市维度：为揭示总体空间差距，以 31 个省、自治区和直辖市所直接管辖的城市（地区、自治州或盟）进行总体空间差异研究；为比较不同区域的空间差异情况，将以四个区域作为泰尔指数的一阶分解区域，即东部地区（不含港澳台）10 省（市），中部地区 6 省、西部地区 12 省（区、市）、东北地区 3 省，同时将 31 个省（区、市）作为泰尔指数的二阶分解区域。（二）县域维度：为揭示县域空间差距，依托 350 个样本分析县域总体空间差异；（三）城乡维度：分析全国城乡收入比，以反映全国城乡收入差异的整体变化；包括全国城乡相对收入总体泰尔指数构建、一阶单元分解和二阶单元分解。样本时间跨度为 2014—2019 年，数据主要来自 Wind 数据库、历年《中国城市统计年鉴》《中国县域统计年鉴》和各地区统计年鉴或统计公报等。

四 全国总体空间区域差异的测度

（一）经济规模差异

以地区生产总值衡量的经济规模，是决定一个地区经济活跃程度和就业机会多寡的重要因素，常用地区生产总值来衡量。而不同地区经济规模的差异，通常能够反映彼此之间的总体经济差异。中国经济发展战略由最初的优先发展东南沿海的不平衡发展战略已经调整为区域协调发展战略，尽管区域协调并不代表区域的绝对平均，但是对于缩小区域发展差异仍然是非常必要的。那么，党的十八大以来，不同地区经济规模变化情况如何呢？我们按照上述方法计算了全国地区生产总值总体泰尔指数，并对之进行了一阶和二阶分解，分别得到总体差异、区域间差异、区域内省间差异和省内差异，我们逐一对其进行考察分析。

四大区域之间经济规模差异持续扩大，但省内经济规模差异趋于缩小。图4-1描述了2014—2019年全国各地区经济规模差异的泰尔指数分解结果。从图4-1中不难看出，这一期间全国各地区经济规模差异存在如下特征：

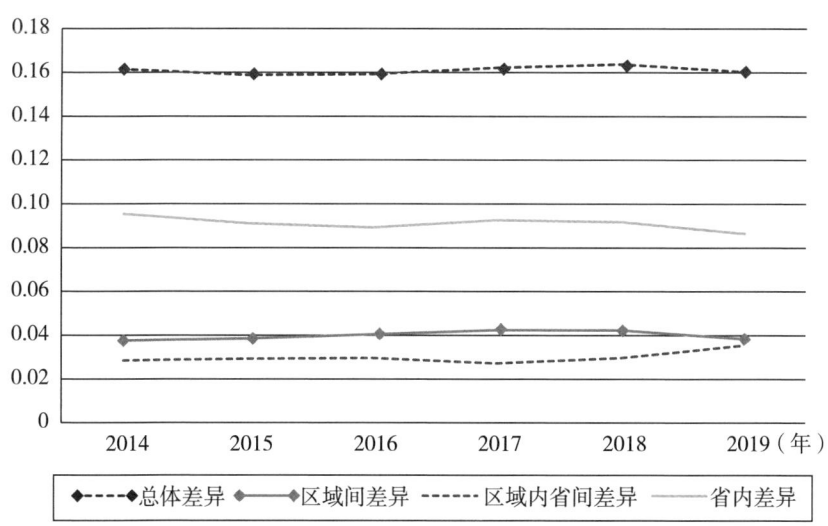

图4-1 2014—2019年地区经济规模差异的泰尔指数分解结果

一是全国地区经济规模差异先降后升再降。2014年以来全国各地区经济规模总体差异呈现先降后升的趋势，即在2015年和2016年衡量全国经济规模总体差异的泰尔指数逐年降低，但在2017年和2018年又开始逐年上升，不过2019年再次下降。泰尔指数在2014年为0.1614，2019年则下降至0.1603，总体略有下降。

二是东部、中部、西部和东北部四大区域之间经济规模差异先扩大再缩小。泰尔指数经分解后衡量四大区域之间经济规模差异的组间值，在2014年为0.0376，但此后逐年上升，2018年达到0.0423，2019年则下降至0.0384，总体略有上升。

三是区域内省间经济规模差异先缩小再扩大。泰尔指数经分解后衡量四大区域内部省间经济规模差异的组内值，在2014年为0.0285，在2019年为0.0355，总体扩大。

四是省内经济规模差异有所缩小，但其间波动幅度相对较大。2014—2016年，省内经济规模差异逐年缩小，但是2017年显著扩大，此后再度呈现缩小趋势。泰尔指数经分解后的这一部分数值在2014年为0.0954，2019年为0.0865，总体显著缩小。

总体来看，全国各地区经济规模差异呈现缩小趋势，主要受省内经济规模差异变化的影响。从趋势来看，固然省内经济规模差异趋于缩小有助于减小总体差异，但是四大区域之间以及区域内省间，经济规模差异的增加，对于全国经济规模差异的缩小仍然会产生不利影响。事实上，2015年以来，除了中部地区在2016—2019年名义GDP增速略高于东部地区，西部地区和东北地区名义GDP增速都低于东部地区，这导致全国四大区域之间、特别是各区域与东部地区之间经济规模差异进一步扩大。

东部和中部地区省间经济规模差异有所扩大，西部和东北地区省间差异明显缩小（见图4-2）。泰尔指数经分解后，衡量各区域内省间经济规模差异的部分占总体差异的比重平均约为18.62%，2019年所占比重最高，达到22.14%。其中，东部地区省间经济规模差异所占比重最大，并且逐年上升，从2014年的9.63%提高到2019年17.35%，而西部地区省间经济规模差异所占比重次之，但逐年下降，从2014年的6.04%下降到2019年的2.80%。中部地区和东北地区省间经济规模差异所占比重相对较小，其中，中部地区所占比重有所上升，而东北地区所占比重有所下降。

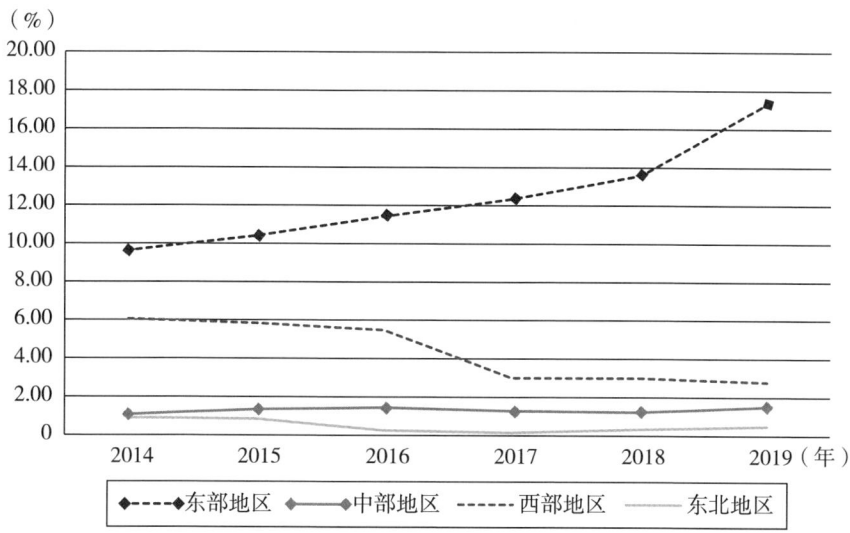

（%）

图 4 - 2 2014—2019 年四大区域省间经济规模差异对总差异的贡献度

省内经济规模差异贡献度最大，但全部区域都呈现缩小趋势。根据泰尔指数的分解情况，2014—2019 年，全国省内经济规模差异占总体经济规模差异的平均比重为 56.59%，2014 年最大，达到 59.09%，2019 年降至 53.93%。在四大区域中，2019 年相比 2014 年，东北部地区省内经济规模差异缩小最为明显，由 5.57% 下降至 3.49%。表 4 - 1 对 2014 年和 2019 年全国各区域省内经济规模差异及其贡献度进行了比较。

表 4 - 1 2014 年和 2019 年中国区域经济规模省内经济规模差异的泰尔指数

区域	泰尔指数（2014）		泰尔指数（2019）	
	值	贡献度（%）	值	贡献度（%）
东部地区	0.0409	25.35	0.0389	24.24
河北	0.0032	1.96	0.0021	1.29
江苏	0.0067	4.13	0.0062	3.87
浙江	0.0024	1.50	0.0026	1.60
福建	0.0006	0.34	0.0006	0.39

续表

区域	泰尔指数（2014）		泰尔指数（2019）	
	值	贡献度（%）	值	贡献度（%）
山东	0.0077	4.78	0.0066	4.11
广东	0.0204	12.63	0.0208	12.96
海南	0.0000	0.00	0.0000	0.01
中部地区	0.0232	14.38	0.0220	13.74
山西	0.0011	0.66	0.0013	0.79
安徽	0.0043	2.64	0.0042	2.59
江西	0.0023	1.42	0.0017	1.05
河南	0.0037	2.27	0.0040	2.49
湖北	0.0057	3.52	0.0054	3.36
湖南	0.0063	3.87	0.0055	3.46
西部地区	0.0223	13.79	0.0200	12.45
内蒙古	0.0044	2.74	0.0025	1.56
广西	0.0016	1.00	0.0018	1.13
四川	0.0042	2.59	0.0048	2.97
贵州	0.0010	0.61	0.0010	0.63
云南	0.0021	1.30	0.0024	1.53
西藏	0.0002	0.10	0.0002	0.12
陕西	0.0021	1.30	0.0022	1.35
甘肃	0.0019	1.18	0.0017	1.06
青海	0.0004	0.27	0.0004	0.25
宁夏	0.0005	0.30	0.0003	0.21
新疆	0.0039	2.39	0.0026	1.64
东北地区	0.0112	5.57	0.0056	3.49
辽宁	0.0036	2.20	0.0027	1.66
吉林	0.0006	0.38	0.0014	0.90
黑龙江	0.0048	2.99	0.0015	0.94
省内差异	0.0954	59.09	0.0865	53.93

续表

区域	泰尔指数（2014）		泰尔指数（2019）	
	值	贡献度（%）	值	贡献度（%）
区域内省间差异	0.0285	17.65	0.0355	22.15
四大区域间差异	0.0376	23.25	0.0384	23.92
总体差异	0.1615	100.00	0.1603	100.00

注：海南省内差异数值很小，但并不等于 0，这主要是由于该省只选择了海口和三亚为样本。同时，北京、天津、上海和重庆等四大直辖市作为一个完整区域单元，没有进一步做内部差异分析。

（二）公共财政收支差异

公共财政收支能够反映一个地区公共产品的供给能力，特别是公共财政支出规模往往决定了一个地区公共服务供给的数量和质量。我们通过对反映全国各区域公共财政收支差异状况的泰尔指数的测算和分解，来考察全国公共财政收支区域差异的变化情况。

公共财政收入总体差异远高于公共财政支出总体差异，且差距有所扩大，而公共财政支出总体差异趋于缩小。由图 4-3 和图 4-4 不难看出，全国公共财政支出总体差异呈现先升后降趋势，2019 年总体泰尔指数为 0.0984，已经低于 2014 年的水平。公共财政收入总体泰尔指数也呈现先升后降趋势，但是由于直到 2018 年才开始出现下降，而且下降幅度较小，至 2019 年这一指数仍然显著高于 2014 年水平。对泰尔指数进行分解后发现，公共财政支出四大区域间差异、区域内省间差异和省内差异都呈现先升后降趋势，并且至 2019 年都已降至 2014 年水平之下。但是，公共财政收入四大区域之间差异则呈现持续扩大之势，区域内省间差异和省内差异则都先升后降，只是 2019 年区域内省间差异已低于 2014 年，省内差异则仍高于 2014 年。同时，公共财政支出省内差异略低于区域内省间差异，公共财政收入省内差异则远大于区域内省间差异和区域间差异。

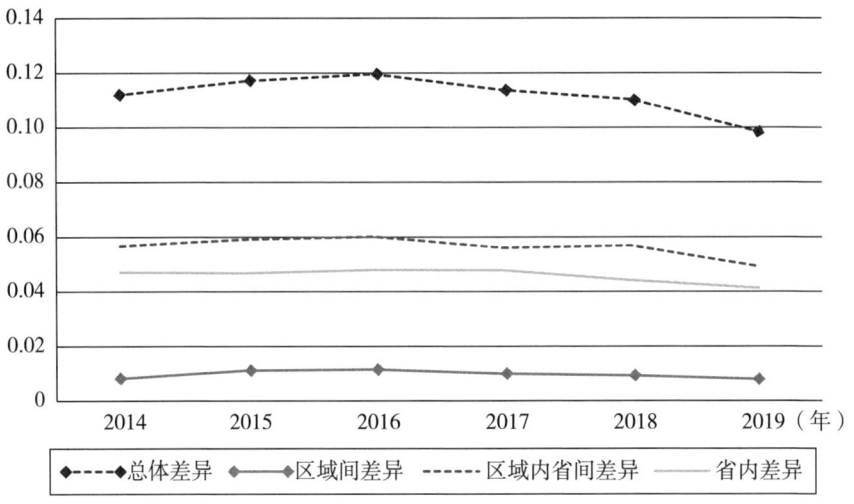

图 4 - 3 2014—2019 年公共财政支出差异的泰尔指数分解结果

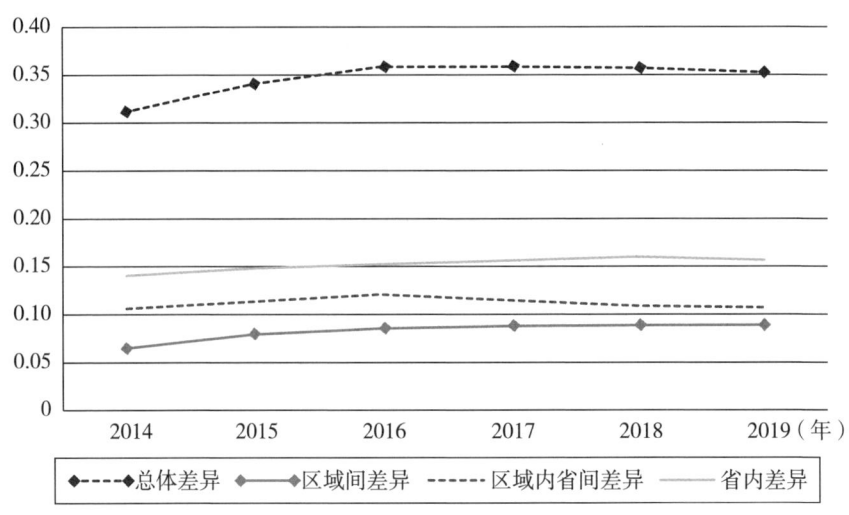

图 4 - 4 2014—2019 年公共财政收入差异的泰尔指数分解结果

公共财政支出省间差异只有中部地区有所增加，公共财政收入省间差异则只有东部地区有所增加。图 4 - 5 和图 4 - 6 描述了 2014—2019 年四大区域省间公共财政收支差异对总差异贡献度的变化情况。从中不难看出，东部地区省间公共财政收入和支出的差异均较大，特别是财政支出的差异更突出，2014—2019 年东部地区公共财政支出省间差异占总体差异比重平均达到 37.48%。各区域公共财政收支省间差异变化幅度不

同，东部地区公共财政支出省间差异占总体差异的比重在 2018 年达到
40.43%，2019 年下降到 37.35%。各区域公共财政收入省间差异占总体
差异的比重整体呈现下降趋势，2019 年各大区域公共财政收入省间差异
占总体差异的比重都略有下降。

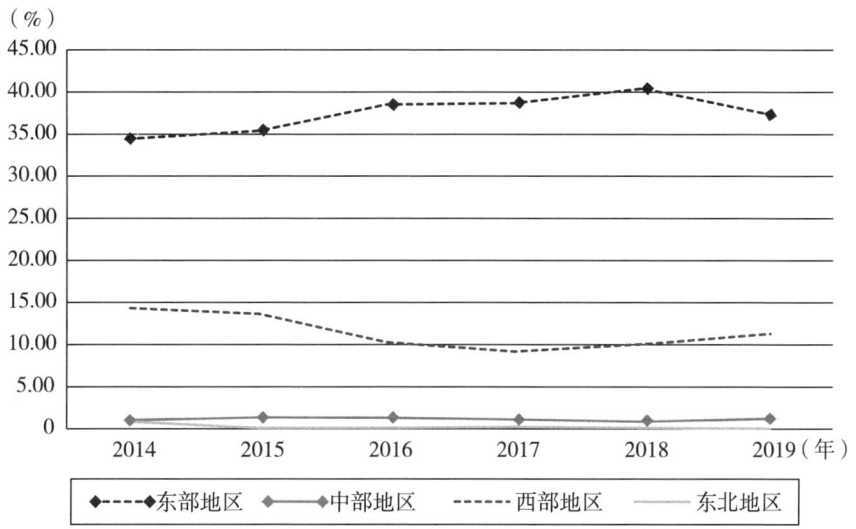

图 4-5　2014—2019 年四大区域省间公共财政支出差异对总差异的贡献度

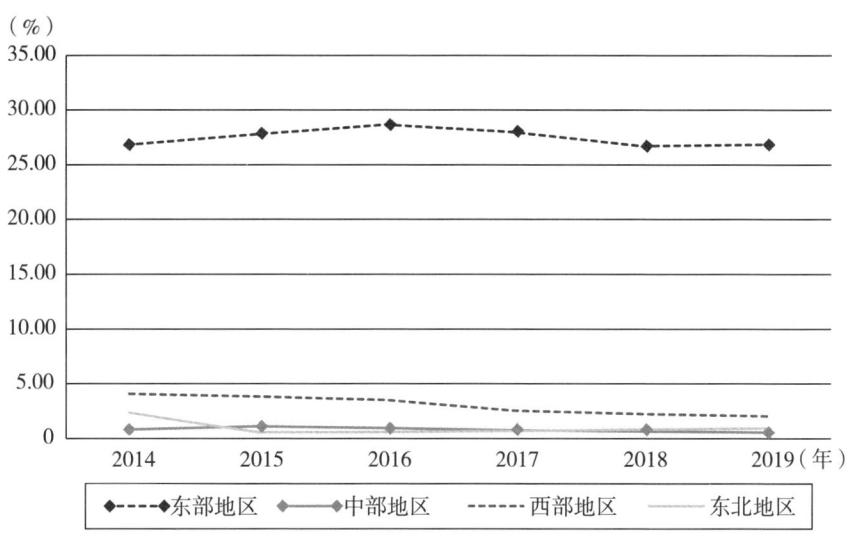

图 4-6　2014—2019 年四大区域省间公共财政收入差异对总差异的贡献度

东部地区公共财政收支省内差异显著，其中广东公共财政收支省内差异最为突出。由于人口和城市数量众多，以及经济发展程度差异较大，无论是公共财政支出还是公共财政收入，东部地区的省内差异程度均最大。2019 年，虽然东部地区泰尔指数值为 0.0232，低于公共财政收入（0.0819），但是其对公共财政支出总体差异的贡献度达到 23.57%，甚至略高于公共财政收入（23.22%）。分省来看，广东、山东、四川和河南公共财政支出省内差异较大，对公共财政支出总体差异的贡献度都超过了 2.00%，而广东、江苏、山东、河南和四川公共财政收入省内差异较大，对公共财政收入总体差异的贡献度也都超过了 2.00%（见表 4 - 2）。

表 4 - 2　2019 年中国区域公共财政收支差异的泰尔二阶嵌套分解结果比较

区域	泰尔指数（公共财政支出）		泰尔指数（公共财政收入）	
	值	贡献度（%）	值	贡献度（%）
东部地区	0.0232	23.57	0.0819	23.22
河北	0.0007	0.72	0.0024	0.68
江苏	0.0020	2.05	0.0145	4.12
浙江	0.0017	1.74	0.0071	2.01
福建	0.0014	1.43	0.0045	1.26
山东	0.0027	2.70	0.0092	2.61
广东	0.0144	14.68	0.0441	12.51
海南	0.0002	0.25	0.0001	0.03
中部地区	0.0075	7.67	0.0332	9.42
山西	0.0004	0.37	0.0019	0.53
安徽	0.0009	0.92	0.0044	1.26
江西	0.0002	0.22	0.0017	0.47
河南	0.0026	2.61	0.0092	2.60
湖北	0.0021	2.18	0.0089	2.51
湖南	0.0014	1.39	0.0072	2.05
西部地区	0.0093	9.44	0.0351	9.95

续表

区域	泰尔指数（公共财政支出）		泰尔指数（公共财政收入）	
	值	贡献度（%）	值	贡献度（%）
内蒙古	0.0013	1.32	0.0057	1.62
广西	0.0009	0.93	0.0022	0.63
四川	0.0028	2.80	0.0071	2.02
贵州	0.0002	0.19	0.0021	0.60
云南	0.0011	1.14	0.0038	1.07
西藏	0.0002	0.23	0.0010	0.27
陕西	0.0012	1.21	0.0055	1.56
甘肃	0.0005	0.52	0.0018	0.51
青海	0.0006	0.66	0.0006	0.16
宁夏	0.0000	0.03	0.0005	0.15
新疆	0.0004	0.40	0.0048	1.36
东北地区	0.0012	1.26	0.0063	1.80
辽宁	0.0004	0.45	0.0038	1.07
吉林	0.0003	0.33	0.0013	0.38
黑龙江	0.0005	0.48	0.0012	0.35
省内差异	0.0413	41.94	0.0413	44.39
区域内省间差异	0.0491	49.93	0.0491	30.38
四大区域间差异	0.0080	8.13	0.0080	25.23
总体差异	0.0984	100.00	0.3598	100.00

（三）居民收入差异

居民收入水平反映一个地区居民购买和消费私人物品的能力，其差异大小是衡量各地区间发展水平的重要方面。

2014—2019 年，城镇居民收入总体差异略有扩大，农村居民收入总体差异有所缩小，两者变动幅度均较小。从 2015 年起，农村居民收入总体差异已经开始小于城镇居民收入，2019 年，衡量城镇居民收入和农村居民收入总体差异的泰尔指数分别为 0.2767 和 0.2750。城镇居民收入总体差异扩大，主要是由于区域间差异和区域内省间差异趋于上升，同时省内差异在 2016 年开始由降转升也助长了这一趋势。农村居民收入总体差异缩小则主要是省内差异和区域内省间差异趋于下降所致，区域间差异虽有上升但幅度较小，如图 4 - 7 所示。

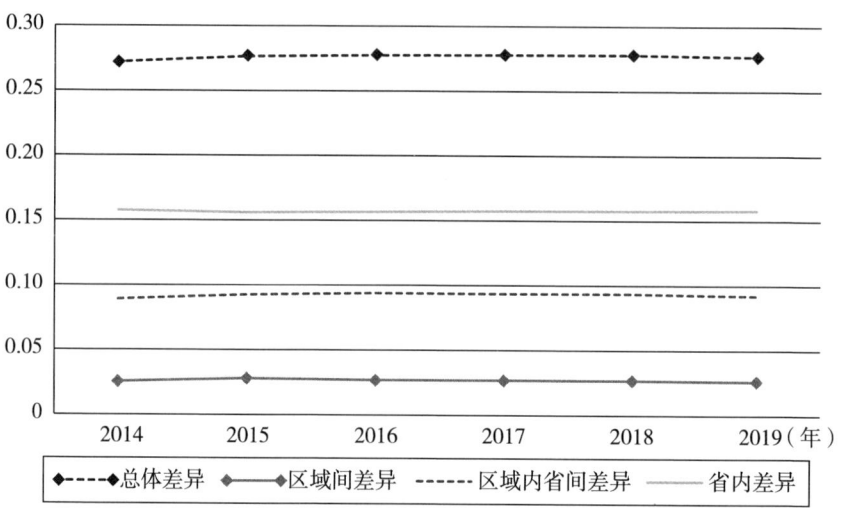

图 4 - 7　2014—2019 年城镇居民收入差异的泰尔指数分解结果

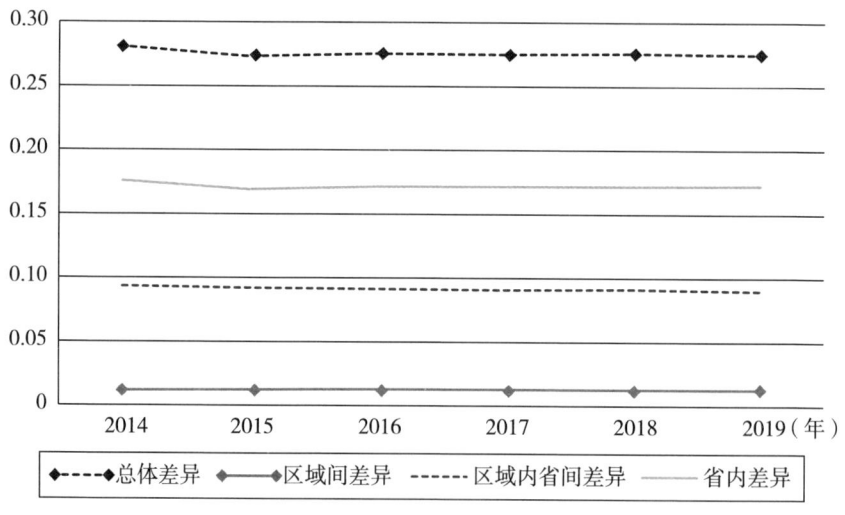

图 4 - 8　2014—2019 年农村居民收入差异的泰尔指数分解结果

　　东北地区城镇居民收入省间差距和农村居民收入省间差距都略有上升，但仍然远低于其他地区；西部地区农村居民收入省间差距略有下降，城镇居民收入差距略有上升，但都远高于其他地区。相比 2014 年，2019 年东北地区城镇和农村居民收入省间差异对总差异的贡献度分别由 0.00021、0.00045 升至 0.00022 和 0.00058，西部地区则分别从 0.0652、0.0618 变动至 0.0670 和 0.00611。就城镇居民收入而言，东部地区和中部地区城镇居民收入省间差异占总体差异的比重有所下降，西部地区和东北地区所占比重则略有上升；就农村居民收入而言，亦是如此（见图 4 -9，图 4 -10）。

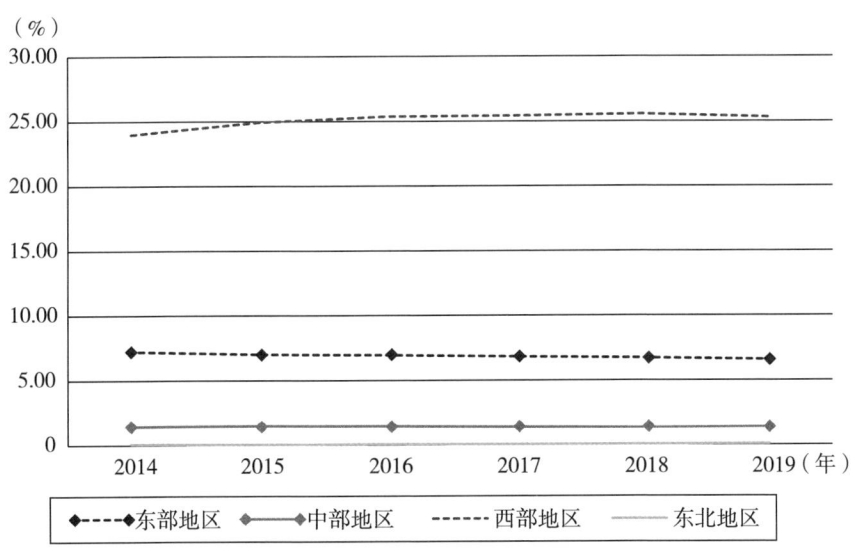

图 4 -9　2014—2019 年城镇居民收入四大区域省间差异对总差异的贡献度

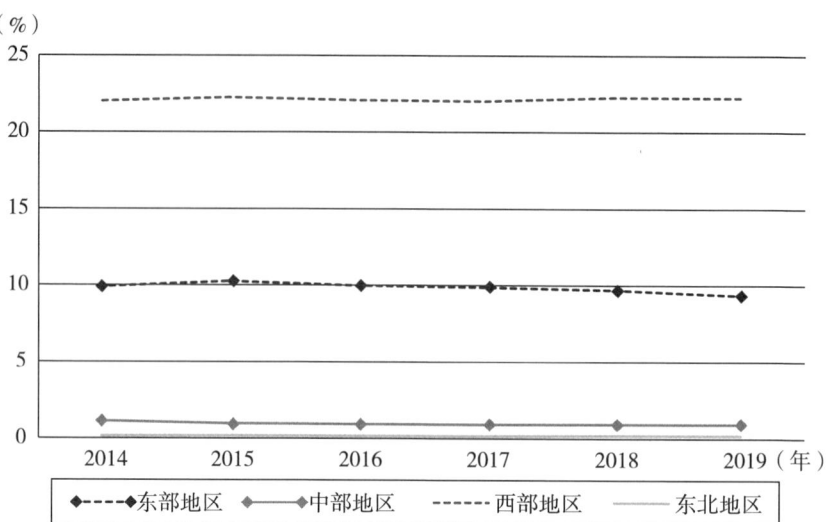

图 4 – 10　2014—2019 年农村居民收入四大区域省间差异对总差异的贡献度

西部地区居民收入省内差异显著，其中新疆、四川和甘肃等省内差异最为突出。与公共财政收支不同，西部地区城镇和农村居民收入省内差异程度都最大。2019 年，西部地区城镇居民收入泰尔指数的数值为 0.0824，远高于其他三大区域，对城镇居民收入总体差异的贡献度达到 29.79%；同期，西部地区农村居民收入泰尔指数的数值为 0.0804，对总体差异的贡献度达到 29.25%。分省来看，新疆、四川、甘肃、内蒙古和云南城镇居民收入省内差异较大，对总体差异的贡献度都超过了 3.50%；新疆、甘肃和内蒙古农村居民收入省内差异较大，对总体差异的贡献度都超过了 4.00%，而东部地区的浙江和广东、东北地区的黑龙江等省份，农村居民收入省内差异也较大，对总体差异的贡献度也都超过了 3.50%（见表 4 – 3）。

表 4 – 3　2019 年中国区域居民收入差异的泰尔二阶嵌套分解结果比较

区域	泰尔指数（城镇居民收入）		泰尔指数（农村居民收入）	
	值	贡献度（%）	值	贡献度（%）
东部地区	0.0310	11.22	0.0361	13.14
河北	0.0028	1.00	0.0020	0.73

续表

区域	泰尔指数（城镇居民收入）		泰尔指数（农村居民收入）	
	值	贡献度（%）	值	贡献度（%）
江苏	0.0029	1.05	0.0031	1.14
浙江	0.0080	2.90	0.0109	3.97
福建	0.0024	0.85	0.0027	0.98
山东	0.0069	2.50	0.0063	2.28
广东	0.0072	2.59	0.0102	3.70
海南	0.0009	0.33	0.0009	0.34
中部地区	0.0295	10.65	0.0354	12.88
山西	0.0022	0.81	0.0028	1.01
安徽	0.0075	2.72	0.0081	2.93
江西	0.0075	2.70	0.0092	3.33
河南	0.0050	1.81	0.0068	2.47
湖北	0.0046	1.66	0.0060	2.17
湖南	0.0026	0.95	0.0027	0.99
西部地区	0.0824	29.79	0.0804	29.25
内蒙古	0.0100	3.61	0.0117	4.24
广西	0.0060	2.16	0.0056	2.03
四川	0.0121	4.39	0.0104	3.77
贵州	0.0013	0.49	0.0010	0.35
云南	0.0103	3.71	0.0067	2.44
西藏	0.0043	1.57	0.0038	1.38
陕西	0.0039	1.41	0.0028	1.02
甘肃	0.0111	4.01	0.0135	4.91
青海	0.0080	2.90	0.0056	2.03
宁夏	0.0006	0.21	0.0007	0.26
新疆	0.0147	5.33	0.0188	6.83
东北地区	0.0152	5.50	0.0204	7.40
辽宁	0.0044	1.57	0.0053	1.92

续表

区域	泰尔指数（城镇居民收入）		泰尔指数（农村居民收入）	
	值	贡献度（%）	值	贡献度（%）
吉林	0.0017	0.62	0.0021	0.75
黑龙江	0.0092	3.31	0.0130	4.74
省内差异	0.1581	57.16	0.1723	62.68
区域内省间差异	0.0923	33.35	0.0900	32.74
四大区域间差异	0.0263	9.49	0.0126	4.58
总体差异	0.2767	100.00	0.2749	100.00

五 全国城乡差异的测度

城市和农村的差距也存在已久，随着中国发展进入新的阶段，城乡差异问题越来越引起社会广泛关注。城乡差异包含的方面很多，但是城镇和农村居民收入的相对差异仍是其中最关键的方面。这里通过两个方面来考察：一方面使用城乡收入比考察城市居民收入和农村居民收入的差异情况；另一方面采用泰尔指数考察不同地区农村居民相对收入（农村居民收入/城镇居民收入）的差异情况。

（一）城乡收入比

城乡收入比是指城镇常住居民人均可支配收入与农村常住居民人均可支配收入的比值，比值越大表明城镇和农村之间的收入差距越大。表4-4描述了2014—2019年全国各区域城乡收入比的变化情况。如表4-4所示，2014年全国335个城市或地区的城乡收入比最大值为4.97，最小值为1.44，平均值为2.33，2019年最大值则降至3.95，最小值降至1.29，平均值为2.22，所有数值都有所下降，这表明全国城乡收入差异呈现缩小趋势。分地区来看，2019年四大区域中各城市城乡收入比的平均值较2014年均有所下降，其中西部地区的平均值最大，缩小幅度也最大。2019 年，东部地区和中部地区各城市城乡收入比平均值相对较小，西部地区和东北地区则相对较大。

表 4 – 4 2014—2019 年全国各区域城乡收入比

年份 地区	2014	2015	2016	2017	2018	2019
东部地区	2.05	2.15	2.04	2.03	2.01	1.96
中部地区	2.08	2.06	2.05	2.04	2.02	1.99
西部地区	2.69	2.66	2.62	2.60	2.57	2.52
东北地区	2.29	2.27	2.26	2.25	2.23	2.21
全国平均值	2.33	2.33	2.29	2.28	2.26	2.22
最大值	4.97	4.71	4.67	4.63	4.30	3.95
最小值	1.44	1.40	1.36	1.37	1.31	1.29

（二）农村居民相对收入差异

上述分析表明全国城乡居民收入差异是逐渐缩小的，我们试图以泰尔指数进一步对各区域城乡收入比差异情况进行分析，具体来说，以各区域农村居民相对收入差异构造泰尔指数并进行分解。

（1）总体差异

农村居民相对收入总体差异略有缩小，但区域间差异和省内差异有所上升。农村居民相对收入的省内差异是总体差异的主要影响因素，2019 年省内差异较 2014 年略有上升，同期区域间差异也略有上升，但上升幅度最小。2019 年农村居民相对收入总体差异较 2014 年略有缩小，主要是由于区域内省间差异的缩小（见图 4 – 11）。

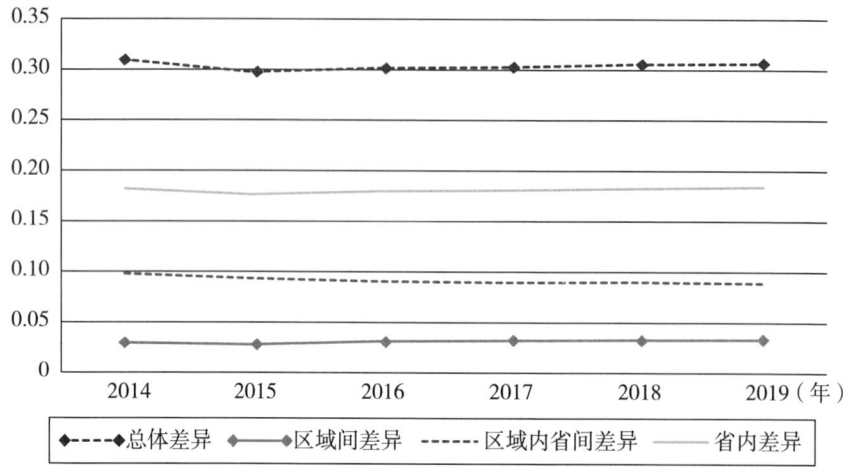

图4-11 2014—2019年农村居民相对收入差异的泰尔指数分解结果

东北地区农村居民相对收入省间差异略有扩大，其他区域省间差异都有所缩小。在四大区域中，西部地区农村居民相对收入的省间差异最大，2019年占总体差异的21.15%，中部地区和东北地区省间差异都较小，2019年分别占总体差异的0.60%和0.36%。从趋势来看，2014—2019年省间差异仍然有所扩大，增幅达21.7%，而同期中部地区农村居民相对收入的省间差异缩小幅度最大，降幅达33.83%（见图4-12）。

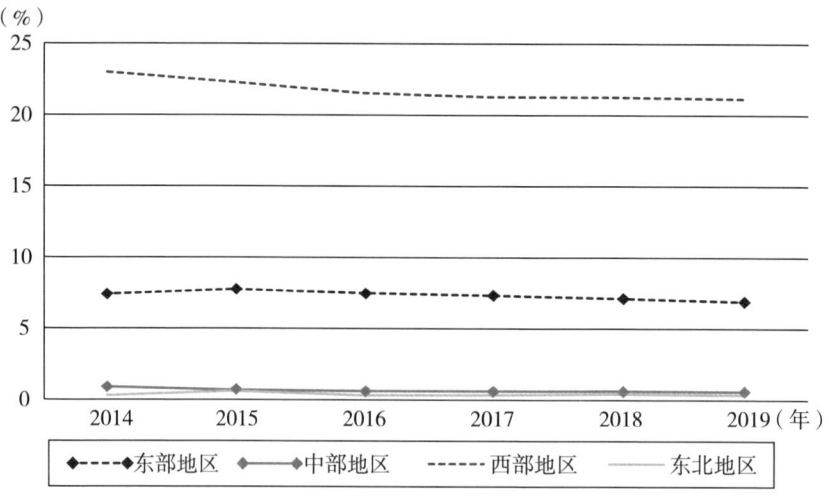

图4-12 2014—2019年四大区域农村居民相对收入省间差异对总差异的贡献度

发达省份和偏远省份省内农村居民相对收入差异较大。表4-5描述了2019年中国农村居民相对收入差异的泰尔二阶嵌套分解结果。从表4-5不难看出，西部地区农村居民相对收入的省内差异最大，2019年泰尔指数达到0.0803，占总体差异的比重达到26.20%，较2014年都有所上升。四大区域中，相比2014年，2019年只有中部地区农村相对收入省内差异占总体差异的比重有所下降，其他地区省内差异占总体差异的比重都有所上升。东部地区中，经济最为发达的广东和浙江农村相对收入省内差异最大，占总体差异的比重分别达到4.38%和2.60%。东北地区的黑龙江、西部地区的新疆，农村相对收入省内差异占总体差异的比重都超过了5.0%。

表4-5　2019年中国农村居民相对收入差异的泰尔二阶嵌套分解结果比较

区域	泰尔指数（2014）		泰尔指数（2019）	
	值	贡献度（%）	值	贡献度（%）
东部地区	0.0339	10.96	0.0359	11.72
河北	0.0021	0.69	0.0019	0.63
江苏	0.0027	0.86	0.0027	0.87
浙江	0.0076	2.45	0.0080	2.60
福建	0.0035	1.14	0.0036	1.18
山东	0.0050	1.63	0.0054	1.77
广东	0.0121	3.91	0.0134	4.38
海南	0.0009	0.28	0.0009	0.28
中部地区	0.0400	12.94	0.0359	11.72
山西	0.0026	0.84	0.0026	0.86
安徽	0.0112	3.62	0.0069	2.26
江西	0.0088	2.86	0.0084	2.74
河南	0.0073	2.37	0.0077	2.51
湖北	0.0076	2.44	0.0076	2.47
湖南	0.0025	0.81	0.0027	0.88

续表

区域	泰尔指数（2014）		泰尔指数（2019）	
	值	贡献度（%）	值	贡献度（%）
西部地区	0.0775	25.05	0.0803	26.20
内蒙古	0.0099	3.19	0.0098	3.18
广西	0.0040	1.30	0.0059	1.91
四川	0.0089	2.86	0.0112	3.65
贵州	0.0011	0.36	0.0011	0.35
云南	0.0080	2.59	0.0083	2.72
西藏	0.0041	1.32	0.0039	1.27
陕西	0.0041	1.33	0.0041	1.35
甘肃	0.0129	4.17	0.0114	3.72
青海	0.0058	1.89	0.0060	1.96
宁夏	0.0007	0.24	0.0010	0.32
新疆	0.0180	5.80	0.0177	5.77
东北地区	0.0305	9.87	0.0321	10.49
辽宁	0.0073	2.35	0.0073	2.39
吉林	0.0048	1.54	0.0039	1.26
黑龙江	0.0185	5.98	0.0210	6.84
省内差异	0.1820	58.83	0.1843	60.13
区域内省间差异	0.0977	31.58	0.0889	29.00
四大区域间差异	0.0297	9.60	0.0333	10.87
总体差异	0.3094	100.00	0.3064	100.00

六 促进全国区域协调实现共同富裕的政策建议

总结以上分析，主要得到以下结论：

一是经济规模总体差异基本稳定。其中，四大区域之间经济规模差异先扩大后缩小，省间经济规模差异则先缩小再扩大，但省内经济规模差异显著缩小。

二是公共财政支出总体差异趋于缩小，而公共财政收入总体差异有所扩大。其中，公共财政支出省间差异只有中部地区有所增加，公共财政收入省间差异则只有东部地区有所增加，同时东部地区公共财政收支省内差异较其他地区也更为显著。

三是城镇居民收入总体差异略有扩大，农村居民收入总体差异有所缩小，但变动幅度都较小。其中，东北地区城镇居民收入省间差距和农村居民收入省间差距都最小，而西部地区城镇居民收入和农村居民收入省间差异均高于其他地区，同时，西部地区城镇居民收入和农村居民收入省内差异程度比其他区域更为显著。

四是全国平均城乡收入比有所下降，表明城乡收入差距在缩小。各地区城乡收入差距情况变化不尽相同，总体上农村居民相对收入差异有所缩小，但区域间差异和省内差异有所上升。其中，东北地区农村居民相对收入省间差异略有扩大，其他区域省间差异都有所缩小，同时发达省份和偏远省份农村居民相对收入省内差异较大。

总体而言，全国经济区域差异基本稳定甚至开始呈现缩小趋势，特别是省内经济规模差异、公共财政支出差异、农村居民收入总体差异和城乡收入差异等，但是区域经济规模差异、公共财政收入总体差异和城镇居民收入总体差异略有扩大。这表明近几年我国在促进区域协调发展方面已经取得了显著成就，但在很多方面仍需进一步完善。

（一）制定和实施有助于促进产业转移的政策，消除中西部地区承接产业转移的障碍

现阶段，中西部地区正处于承接产业转移的黄金时期，如果错过这一时期，中西部地区通过发展缩小与其他地区的发展差距将变得更为困难。这一黄金时期并不会很长，我国劳动力成本的上升已经使东部地区劳动力优势相对某些国家大幅降低，不过土地成本、教育成本和住房成本较低，但中西部地区劳动力成本仍然维持着一定的优势，这使中西部

地区承接东部地区产业转移具有相对有利的条件，而随着全国劳动力成本的上升，中西部地区劳动力优势也将最终丧失，届时再谈承接转移"几无可能"。尽管中西部地区承接东部地区转移的相对低端产业，但是对于中西部地区完善基础设施建设、尽快完成原始积累和培养工商业精神仍然是非常必要的。因此，当前应该深入分析东部地区产业向中西部地区转移的过程中存在的问题，根据具体情况出台相应的政策予以解决，例如采取措施弱化行政壁垒，消除人才流动障碍，增加基础设施投资支持力度等，避免各类无谓的体制摩擦带来的推诿拖延，助力中西部地区加快产业转移承接的进程。

（二）改善中西部地区营商环境，持续提升服务意识，增强对各类生产要素的吸引力

中西部地区相对东部地区，工商业精神较为缺乏，政府部门的运作是基于管理思维而非服务思维，会对投资者造成不应该有的伤害，挫伤投资者从事市场活动的积极性。无论是承接产业转移还是促进当地民营经济发展，良好的营商环境一定是必不可少的，否则会对投资者预期产生消极的影响，增强其对未来投资的风险预期，可能阻止其进入市场甚至迫使已进入者退出市场。当前，中西部地区的政府部门很多还存在着言而无信和乱罚款乱收费的现象，而且办事效率低下，熟人关系严重，对外来者歧视或者排斥，对于营商环境的提升形成了较大的阻碍。针对这些问题，中西部地区一定要深刻反省，坚决杜绝不正之风，加大对腐败和不作为官员或者工作人员的惩处力度，改善工作方式，树立服务意识，塑造良好的廉政勤政的政府形象，增强外来投资者和当地个体私营者投资的信心，推动当地经济的迅速发展。

（三）学习国外有益经验，将城市区域的均衡发展作为长期目标

不同等级城市发展差距过大、城乡发展过于悬殊也是工业发达国家曾经面对、甚至当前也正在面对的问题。这一问题的产生主要源于两方面。一方面是区域效率差异，即城市规模经济倾向于将各类资源或要素

集聚于某一特定有限空间；另一方面是区域不对等竞争，即具有先天优势的大中型城市凭借更高的行政管理权限、规模经济带来的丰厚税收收入等优势，过分强化了自身的竞争地位。但是，从全局角度来看，人口或产业过度集中带来的非负的外部性，以及欠发达地区资源的过度闲置及其人口生活环境的恶化，都不能简单以经济效率或者经济总体规模来衡量。因此，很多发达国家长期重视促进大中小城市的均衡发展，并采取一系列的政策来对冲市场力量或者体制力量，力求避免资源过度集中在少数大中城市。例如，德国作为工业化的先行者，先是主要以农业支持保护对冲农业比较效益下降，以基础设施和公共服务建设对冲城乡生活条件差异的扩大，后来更加注重以空间规划和区域政策对冲城乡工业的效率差异，以生态环境和乡土文化对冲城乡生活繁华程度差异的扩大，从而在很大程度上实现了包括大中小城市在内的空间的均衡发展。因此，今后我国也要更加重视大中小城市均衡发展，将之确立为长期的工作目标，并根据阶段特点及时采取相应的政策措施。

（四）推动大中小城市合理分工发展，削弱中心城市增长极的虹吸效应

大中小城市需要有一定的分工，并各自承担应有的职责，大中城市相对小城市规模更大，交通更为便利，是一种正常而合理的选择行为。但是，除了极少数特大城市因为"城市病"严重而提出疏解的发展思路，绝大部分城市仍然"沉醉"于自身的做大做强，认为如不这样便无法发挥对周边区域的带动引领作用。但问题是，它们在做大做强自身的过程中，倾向于各类产业"通吃"，（不区分这些产业或项目是否自身作为中心城市所必需），如此便造成周边县域城市的产业发展不充分，其中很多沦为"睡城"或者外出务工返乡置业的消费型城市，而大中城市自身也因为"过胖"而变得不宜居不宜业，空气污染，交通拥堵，房价高企，并且增加了周边县域城市的人们来往中心城市从事商务商业活动的时间成本和物质成本，作为中心城市的应有功能受到严重抑制。大中城市适

合发展贸易、金融、科技研发甚至科技制造等产业，而大部分制造业更适合在小城市布局，只有这样才能做到区域协同发展，避免区域内差异过大。

（五）推动公共服务均等化，避免公共服务资源向更高等级城市过度集聚和流动

公共服务差距较大，也是抑制人口和产业向县域城市流动的重要因素。县域城市土地空间广阔，特别是乡村散布，在一定程度上抬高了公共服务设施配置的成本。但并不能由此放弃或者减少对县域城市的公共服务投入。前文数据也表明，县域城市人均公共财政支出远小于上一级城市主城区，即公共服务投入较少仍然是造成县域城市公共服务水平较低的主要原因。在制定科学的城乡发展规划的基础上，要在全区域建设完备的供水、供暖和供气等设施，特别是要集中解决医疗条件和教育水平相差悬殊的问题，使全县空间都成为宜居区域。在条件不具备时，也要努力先行缩小县城及乡镇建成区与上一级城市主城区的差距，增强对产业和人才的吸引力，逐渐提高自身发展条件，至条件成熟时逐渐在全域有效推动公共服务均等化。不过，要推动公共服务均等化，就要更高行政层级甚至是中央政府的统筹安排，鼓励各类资金和项目向县域城市倾斜。

第五章

绿色发展：人与自然和谐
共生的现代化

中国式现代化具有鲜亮的绿色底蕴，坚持走生产发展、生活富裕、生态良好的文明发展道路，致力于不断满足人民日益增长的优美生态环境需要。在中国式现代化事业中，生态文明建设被放在了突出位置。改革开放四十多年来，中国的经济建设取得了巨大成就，人民生活水平也获得大幅提高。长期以来，以"高投入、高消耗、低质量、低效益、低产出"为特征的增长模式主导着中国的经济发展，对环境和生态造成了很大破坏，当前中国正面临着资源和环境的双重约束压力，加强生态文明建设、促进绿色发展形势日益严峻，如何大幅提高自然资源承载潜力、有效减轻环境污染压力已经成为迫切需要研究的深入话题。

一 生态文明建设和绿色发展

在过去的100多年里，随着工业化的推进，自然环境被不断破坏，出现了许多社会和环境问题，人类社会开始反思工业化带来的困境，历史发展进入一个全新的阶段即生态文明阶段，在这个阶段，人类追求可持续发展，通过技术进步与文化融合实现人与自然、人与人、人与社会的和谐共生、良性循环、全面发展和持续繁荣。生态文明是人类文明的最新阶段，反思工业革命提出的新的文明理念，研究生态文明建设过程中的影响因素和矛盾过程，已经成为人类社会发展的迫切需要。国外关于生态学的研究主要集中在生态系统健康评价方面，1989 年，Rapport 对此进行了定义，认为生态系统健康是指一个生态系统所具有的可持续性和稳定性，即生态系统在时间上具有维持其组织结构、自我调节恢复的能力，并认为生态系统可以通过活力、组织结构和恢复力三个特征来定义。1996 年，在丹麦哥本哈根召开的国际生态系统健康研讨会上，确定了需要综合自然科学和社会科学来发展生态科学、解决全球的生态环境问题。

党的十九大报告强调，加快生态文明体制改革，建设美丽中国，推进绿色发展，建立健全绿色低碳循环发展的经济体系。这些实际都为绿色发展指明了方向，绿色发展，就是说既要绿色，即合理使用资源和保护生态环境，还要发展，即实现经济社会进步和可持续发展。绿色发展的本质就是由粗放发展向集约发展、低碳发展的转变。绿色发展具有低消耗、低污染、低排放、高效率、高收益、高循环的基本特征。生态环境已经成为经济发展的内生力量，绿色发展更是一个时代性、紧迫性和战略性的命题。党的十九大报告还提出了一系列关于生态文明建设的新理念、新思想和新战略，具体如下。

1. 将绿水青山视为民生福祉。中国特色社会主义事业"五位一体"总体布局明确提出大力推进生态文明建设，努力建设美丽中国。习近平总书记强调"坚持节约资源和环境保护基本国策，努力走向社会主义生态文明新时代"，阐明了我国生态文明建设的原则和目标。"既要绿水青山，也要金山银山"是发展阶段，核心在于做到统筹兼顾、发展与保护并重；"宁要绿水青山，不要金山银山"是保护阶段，核心在于生态与健康优先，拒绝先污染后治理的老路子；"绿水青山就是金山银山"是可持续阶段，核心在于发展与保护，在绿色、循环和低碳发展中实现共赢。

2. 明确保护生态环境就是保护生产力。生态文明建设需要正确处理经济发展与生态环境保护的关系。保护生态环境就是保护生产力，改善生态环境就是发展生产力，在高质量发展阶段，绿色发展成为我国经济发展转型的迫切需要，因此有必要加大环境治理力度，解决突出的环境问题，用好生态环境的红利，将生态文明建设转化为经济长期增长的动力。

3. 将生态文明理念融入各方面建设的全过程。建设生态文明要尊重自然、顺应自然、保护自然，将节约资源与环境保护作为基本国策，把生态文明建设融入到经济建设、政治建设、文化建设和社会建设的方方面面。按照人口、资源、环境相均衡，经济社会生态效益相统一的原则，整体谋划国土空间开发，科学布局生产空间、生活空间和生态空间，给自然留下更多的修复空间，通过实施重大生态修复工程，增强生态产品生产能力。

4. 用最严格的制度保障生态文明。制度建设是生态文明的基石，根据各地的资源环境承载力来确定人口规模，严格按照主题功能定位，划定严守生态红线，构建城镇化格局、农业发展格局、生态安全格局。针对资源过度开发、环境污染严重、能源效率低下等危机，我国出台了诸多环境保护规章和制度，中央政府用最严格的环境保护制度来保障生态文明建设，加快构建生态文明制度体系，不断纠正单纯地以经济增长来评定政绩的偏向。

5. 将生态文明治理纳入全球治理。在气候变化危机的全球共同挑战下，生态问题关乎人类未来，国际社会应该携手同行，共同谋划生态文明建设之路，只有各方齐心协力，才能实现更高水平的全球可持续发展，构建合作共赢的国际关系。我国提出的生态文明建设，不仅表现出负责任大国为了建设人类命运共同体的担当，还表现出一个先进的制度文明为世界作出的价值引领。

三 生态文明建设的测度与绿色发展的比较评价

工业文明以来，人类经济社会快速发展，但也出现了资源过度消耗、环境污染严重和生态系统退化等严峻挑战，这已经成为全人类社会共同面临的生存危机。为了应对这些危机，我国提出了生态文明建设的发展战略，旨在保持经济社会合理稳定运行，同时实现生态健康、环境良好、资源可持续利用。首先，推进生态文明建设，要厘清生态、环境、资源之间的关系。究其根源，人类追求经济社会发展的无尽需要与自然生态系统有限承载力之间的矛盾，是引发一系列挑战和危机的根本原因。人类从自然生态系统中获取资源，满足生存所需，并将消耗的废弃物排放到生态环境中，随着人类生产改造能力的增强，对自然资源的需求已经超过生态环境的持续供给能力，形成的污染排放物不断加重生态环境承载负荷，人类与自然环境之间的矛盾日渐突出。其次，人类生产生活进程中对资源、能源的利用方式不尽合理，是生态危机的直接原因，传统的工业发展模式，高度依赖资源投入驱动增长，能源利用方式也比较粗放，循环使用水平不高，资源消耗产生的废弃物没有物尽所用，直接变成了环境污染物，导致资源开发强度和污染物排放强度都在高位运行，而环境治理能力又比较差，自然生态系统不堪重负。最后，制度观念存在局限性，现行的制度体系和主流社会价值观，仍然是工业文明的思维，人类能够使用和支配自然，自然规律屈从于经济规律和社会规律，助长了以牺牲生态、资源、环境为代价的经济发展模式，人类所需的良好环境、可持续资源和健康的生态系统作为公共产品却沦为公地的悲剧。

生态系统是生命支撑系统、生物物质循环系统、能量和信息流动系统的统一整体，人类社会只是生态系统的一个有机组成部分，对于人类而言，环境是支撑人类作为生物体所必须的物质条件，如新鲜的空气和干净的水。资源是支撑人类生产生活的能源和原料，其种类和数量都受制于人类掌握利用的技术条件。生态系统与环境、资源是一体两用的关系，生态系统作为体，包括了自然界中的一切事物全体和自然本体，环境和资源是人类出于生存和发展需要对生态系统的两种使用方式，环境是生态系统为人类提供的生存之境，资源是人类通过科技手段对生态系统的加以利用，维系社会存在和发展的要素。

（一）生态文明建设评价指标测度体系

当前中国的生态环境问题比较突出，生态文明建设的主要任务就是加大生态保护，增强生态系统活力，合理开发利用资源、能源，优化对环境的污染影响效应，提升环境治理能力，改善环境质量，补齐生态环境短板。当然，生态文明建设是一项复杂的系统工程，需要不断提高公众生态文明意识，完善生态文明制度设计，为生态文明建设提供可靠保障。关于生态文明建设成效的评价，应该遵循生态文明建设的任务，生态文明建设的最终效果能够反映到目标任务的完成上来。因此，以生态文明建设的目标，实现生态系统健康、环境质量良好、资源可持续利用为导向，从生态系统活力修复、环境质量控制、能源消耗利用和治理政策协调四个方面，根据数据的获取可得性，选取具体指标，构建生态文明建设评价的绿色指标测度体系，如表 5 – 1 所示，并以此来检验中国生态文明建设的实际绩效。在表 5 – 1 中，一级指标为生态文明建设的绿色发展指数，二级指标包括生态系统活力修复、环境质量控制、能源利用与消耗排放、污染治理政策协调 4 个指标。三级指标有 24 个。

表 5 – 1　生态文明建设评价指标测度体系

二级指标	权重（%）	三级指标	权重（%）	三级指标解释
生态修复	20	森林面积增长率	5	$\dfrac{\text{本年度森林面积占辖区土地总面积的比例}}{\text{上年度森林面积占辖区土地总面积的比例}} - 1$
		自然保护区、湿地	4	$\dfrac{\text{本年度自然保护区面积和湿地面积占辖区土地总面积的比例}}{\text{上年度自然保护区面积和湿地面积占辖区土地总面积的比例}} - 1$

续表

二级指标	权重(%)	三级指标	权重(%)	三级指标解释
生态修复	20	建成区绿地面积	5	$\dfrac{\text{本年度建成区绿化覆盖面积占建成区总面积的比例}}{\text{上年度建成区绿化覆盖面积占建成区总面积的比例}}-1$
		耕地	3	$\dfrac{\text{本年度耕地面积占辖区土地总面积的比例}}{\text{上年度耕地面积占辖区土地总面积的比例}}-1$
		水资源	3	$\dfrac{\text{本年度水资源总量占辖区总人口的比例}}{\text{上年度水资源总量占辖区总人口的比例}}-1$
环境质量	30	大气污染：市区空气质量优良率	6	$\dfrac{\text{本年度环保重点城市空气质量优于二级的平均天数比例}}{\text{上年度环保重点城市空气质量优于二级的平均天数比例}}-1$
		大气污染：监测城市PM2.5年均浓度	6	$\dfrac{\text{本年度监测城市PM2.5年均浓度}}{\text{上年度监测城市PM2.5年均浓度}}-1$
		水污染改善：水质指数	5	$\dfrac{\text{本年度主要河流Ⅰ、Ⅱ、Ⅲ类水质河长比例}}{\text{上年度主要河流Ⅰ、Ⅱ、Ⅲ类水质河长比例}}-1$
		土壤污染改善：化肥、农药使用合理化	4	$1-\dfrac{\text{本年度单位播种面积的化肥和农药施用量}}{\text{上年度单位播种面积的化肥和农药施用量}}$
		城市废物污染改善：城市生活垃圾无害化	4.5	$\dfrac{\text{本年度城市生活垃圾无害化处理率}}{\text{上年度城市生活垃圾无害化处理率}}-1$
		农村人均改厕普及提高率	4.5	$\dfrac{\text{本年度农村厕所普及率}}{\text{上年度农村厕所普及率}}-1$

续表

二级指标	权重（%）	三级指标	权重（%）	三级指标解释
能源消耗	30	能源强度：单位GDP能耗	6	万元地区GDP所消耗的能源下降率
		水消耗：单位工业增加值水耗	4	$1 - \dfrac{本年度单位工业增加值的用水总量}{上年度单位工业增加值的用水总量}$
		用电消耗：单位GDP用电量	4	$1 - \dfrac{本年度单位GDP的用电总量}{上年度单位GDP的用电总量}$
		温室气体碳强度排放：二氧化碳的排放优化	6	$1 - \dfrac{CO_2^t/(A \times Q^t)}{CO_2^{t-1}/(A \times Q^{t-1})}$
		氮氧化物的排放优化	3.5	$1 - \dfrac{NO^t/(A \times Q^t)}{NO^{t-1}/(A \times Q^{t-1})}$
		二氧化硫的排放优化	3.5	$1 - \dfrac{SO_2^t/(A \times Q^t)}{SO_2^{t-1}/(A \times Q^{t-1})}$
		烟粉尘的排放优化	3	$1 - \dfrac{M^t/(A \times Q^t)}{M^{t-1}/(A \times Q^{t-1})}$
污染治理	20	生态建设资金投入占GDP比例	5.5	$\dfrac{本年度生态建设资金投入占GDP比例}{上年度生态建设资金投入占GDP比例} - 1$
		环保支出占财政支出比例	4.5	$\dfrac{本年度环保支出占财政支出比例}{上年度环保支出占财政支出比例} - 1$
		污染治理投资占固定资产投资比例	4	$\dfrac{本年度污染治理投资占固定资产投资比例}{上年度污染治理投资占固定资产投资比例} - 1$
		污水处理率	2	$\dfrac{本年度处理的生活污水和工业废水占污水排放总量的比例}{上年度处理的生活污水和工业废水占污水排放总量的比例} - 1$

续表

二级指标	权重（%）	三级指标	权重（%）	三级指标解释
污染治理	20	废气处理率	2	$\dfrac{本年度处理的有毒有害气体量占有毒有害气体总量的比例}{上年度处理的有毒有害气体量占有毒有害气体总量的比例}-1$
		废物处置率	2	$\dfrac{本年度工业废物处理量占工业危险废物产生量的比例}{上年度工业废物处理量占工业危险废物产生量的比例}-1$

注：三级指标均乘以100%。CO_2^t 和 CO_2^{t-1} 分别为本年度和上年度的二氧化碳排放量，NO^t 和 NO^{t-1} 分别为本年度和上年度的氮氧化物排放量，SO_2^t 和 SO_2^{t-1} 分别为本年度和上年度的二氧化硫排放量，M^t 和 M^{t-1} 分别为本年度和上年度的烟粉尘排放量，A 为本辖区国土面积，Q 和 Q^{t-1} 分别为本年度和上年度的环保重点城市空气质量优于二级的平均天数比例。该类指标主要在于体现国土空间开发格局，并非强调主要污染物的排放量，而是以空气质量变化为依据，如空气质量恶化，则能源消耗产生的大气污染物排放量上升就为合理诉求，该指标的设置是为了考察主要污染物排放量与辖区面积和空气质量达到优于二级及以上的平均天数比例的比值年度下降率。数据来源：《中国统计年鉴》《中国环境统计年鉴》生态环境部网站《环境状况公报》、Wind、CEIC 等。

计算方法：将各个三级指标的原始数据进行无量纲化，依据三级指标原始数据的平均值和标准差，剔除超出平均值 3 倍标准差以上的数据，采用相对评价的办法，对各地区每项指标数据的高低进行排序，做标准 Z 分数处理，基于权重进行加权求和，计算二级指标的 Z 分数，依据公式 $T=10 \times Z+50$，求解二级指标的 T 分数，即为二级指标的发展指数得分，然后再依据二级指标的权重对二级指标的 Z 分数进行加权求和，计算一级指标的 Z 分数和一级指标的 T 分数。这里，Z 分数转换为 T 分数目的在于可以消除负数，放大不同区域得分的差异。其中，二级指标和一级指标的发展指数 T 得分并不能够说明实际的地区绿色发展水平优劣，只是反映生态文明建设指标的绿色发展速度的相对快慢。

分析方法：在相对评价结果的基础上，结合 2020 年各个三级指标的原始数据，进行相关的等级分析、指数水平分析、进步率分析。

为了使各个地区生态文明建设的绿色发展指数差距更为直观，可以根据各个地区的绿色发展指数得分的均值和标准差，将它们划分为几个等级，得分超过平均值以上 1 倍标准差的地区为第一等级，得分低于平均值 1 倍标准差以下的地区为第四等级，得分高于平均值但不足 1 倍标准差的地区为第二等级，得分低于平均值但相差不超过 1 倍的地区为第三等级。三级指标原始数据本身为当年与上年相比的变化率，反映年度之间的变化，那么按照三级指标数据，对于权重进行加权求和，得到二级指标和一级指标发展速度的指数水平，也即反映了各地区的生态文明建设推进状况。三级指标的进步率计算办法，可以由当年的发展速度减去上一年的发展速度即指数水平之间的差值，二级指标的进步率计算则由对应的三级指标发展速度所表示进步率的加权求和得出，然后再对二级指标发展速度的进步率进行加权求和，即得出一级指标的发展速度的进步率。绿色进步率为正，则表明生态文明建设在高质量发展，进步率为负，则表明生态文明建设没有实现高质量发展。基于各地区的生态文明建设发展速度即指数水平和进步率的平均值进行划分发展类型，以绿色指数水平和绿色进步率的平均值为基准线，当某地区的绿色指数水平和绿色进步率均高于平均值时，该地区即为领跑型，当某地区的绿色指数水平和绿色进步率均低于平均值时，该地区即为后滞型，当某地区的绿色指数水平高于平均值并且绿色进步率低于平均值时，该地区即为前滞型，当某地区的绿色指数水平低于平均值并且绿色进步率高于平均值时，该地区即为追赶型。

（二）绿色发展的纵向比较分析

（1）生态系统活力不断修复，环境保护基础稳步夯实

生态系统与资源利用、环境保护是一体两用的关系，生态系统是本体，自然资源和环境是人类对生态系统的两种使用方式，生态系统的地位是基础，其健康活力决定着环境容量的尺度和自然资源的储备厚度，随着全国退耕还林还草、森林保护、防护林建设、河湖湿地修复、水土流失综合治理、城市绿化和野生动物园保护、自然保护区建设等重大修复工程的推进，全国整体的生态系统保护取得明显成效，自然生态活力稳步增强。

森林是生态系统的主体，中国对森林的保护和建设力度不断增强，

森林面积和蓄积量较快增长。如图 5-1 所示，从每年的森林造林面积和人工造林面积统计来看，2015—2022 年森林造林面积年均增长基本保持在 700 万公顷以上，森林造林面积中 70% 以上是人工造林面积，人工造林面积年均增长在 400 万公顷以上，2008 年以后，造林面积同比年均增长在 10% 左右。在图 5-2 中可以看出，全国森林有害生物防治面积缓慢上升，由 2015 年的 877 万公顷增加到 2022 年的 971 万公顷，全国火灾受害森林面积不断下降，2012—2022 年基本保持在年均 2 万公顷以内。

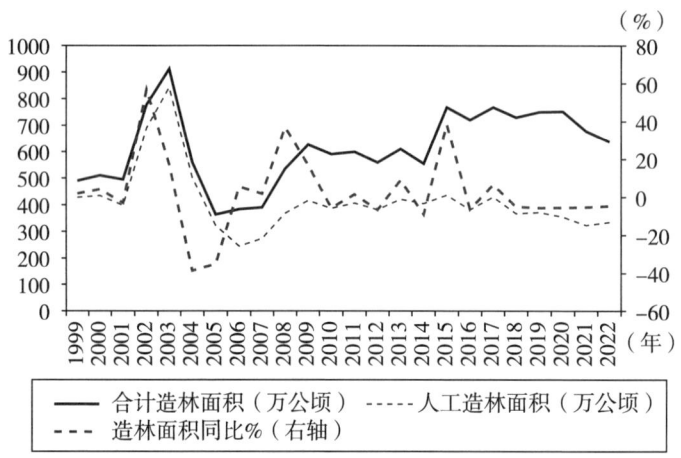

图 5-1 森林造林面积

资料来源：Wind 和 CEIC。下图数据来源与此相同。

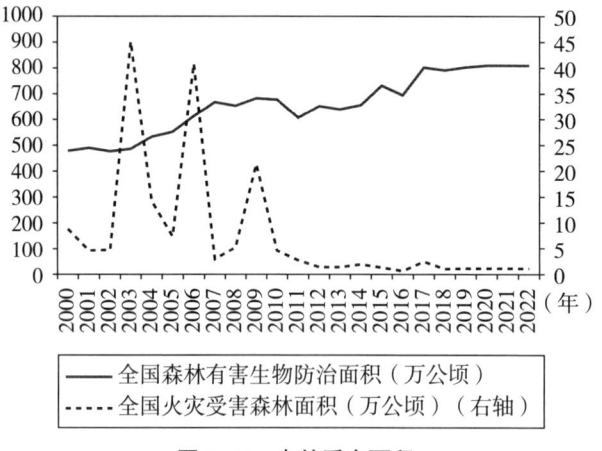

图 5-2 森林受灾面积

从图 5 - 3 中可以看出, 我国国家级自然保护区个数从 2001 年的 1150 个快速增长至 2022 年的 2294 个, 国家级自然保护区面积也由 2001 年的 11362 万公顷增长至 2022 年的 12833 万公顷。由图 5 - 4 可以看出, 我国人均城市建成区面积由 2000 年的 0.34 平方公里/万人增加到 2022 年的 0.89 平方公里/万人, 人均森林公园面积由 2000 年的 150 公顷/万人增长到 2022 年的 296 公顷/万人。从图 5 - 5 可以看出, 我国耕地面积在 2008 年以前维持在 18.5 亿亩, 2009 年以后增加到 20 亿亩左右, 之后到 2022 年基本没有再变化。水资源总量基本维持在 25000 亿立方米到 30000 亿立方米, 其中, 长江区流域的水资源要占到 1/3, 占比最大, 第二是珠江流域, 水资源总量大概在 5000 亿立方米, 第三是松花江流域, 水资源总量有 1500 亿立方米, 之后依次是淮河、黄河、辽河、海河。其中, 黄河流域的水资源总量基本在 500 亿立方米左右, 海河流域的水资源占比不到 1/10。

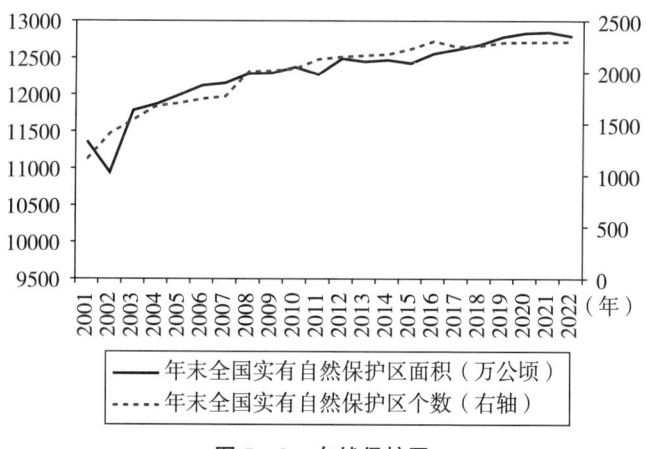

图 5 - 3 自然保护区

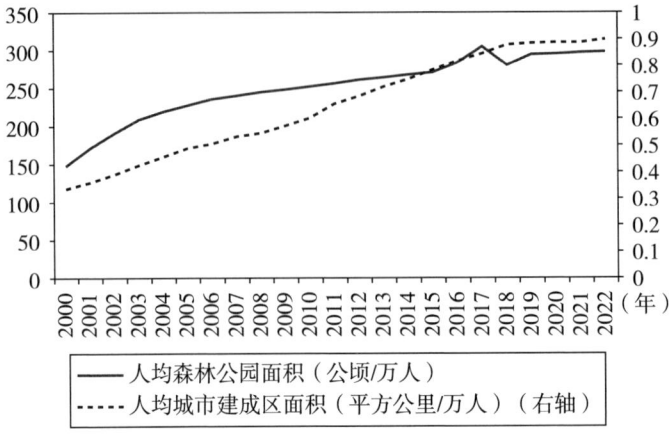

图5-4 人均城市建成区面积和公园面积

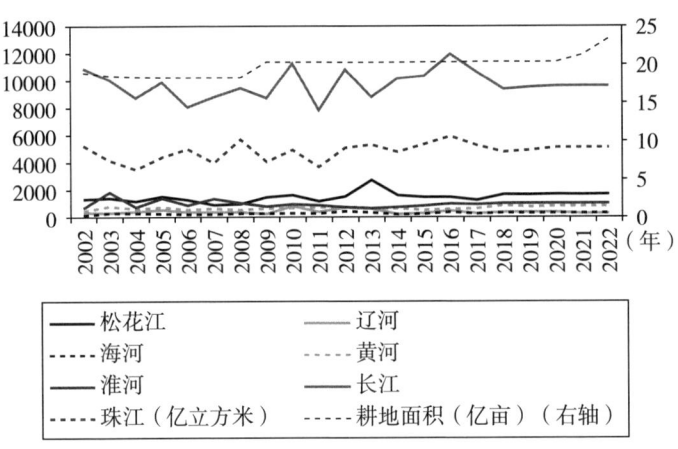

图5-5 水资源和耕地

水单位：亿立方米，耕地单位：亿亩。

（2）环境保护状况有所改善，农村环境保护有待加强

环境是人类赖以生存所必须的基础物质条件，也是人类基本的生存权利重要内容，为人民创造良好的生产生活环境，是生态文明建设的直接目标。随着全国加大对环境的治理力度，环境质量得到有效改善，重大突发环境事件次数明显减少，但由于历史原因，环境容量被严重透支，局部地区和行业环境问题高发，民众对环境改善的获得感不强。《大气污

染防治行动计划》实施以来，大气污染防治的监管能力增强，空气质量明显向好，但对重污染极端天气的改善，只能实施临时性污染物排放调控措施，其他应对方法并不多。从目前来看，图 5 - 6 显示，从 2016 年 1 月—2023 年 5 月，三大经济带平均优良天数比例均超过 50%，珠三角经济带平均优良天数比例达到 90%，京津冀区域平均优良天数比例最低，在 50% 左右，长三角区域平均优良天数比例达到 80%。在水体环境方面，重点流域的水质污染防治已经取得阶段性成果，水质优良比例不断上升，如图 5 - 7 所示，全国 I 类、II 类、III 类水质河长比例由 2011 年 50% 上升到 2022 年 74%，黑臭水体全面整治，IV 类劣质水质比例逐年下降，IV 类劣质水质河长比例由 2011 年的 22% 下降到 2022 年的 10%，地下水水质的监测点位也在不断增加。

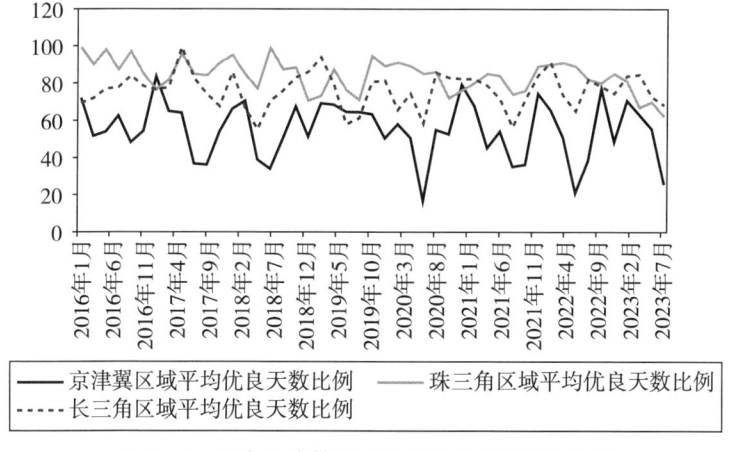

图 5 - 6　三大经济带空气质量平均优良天数比例

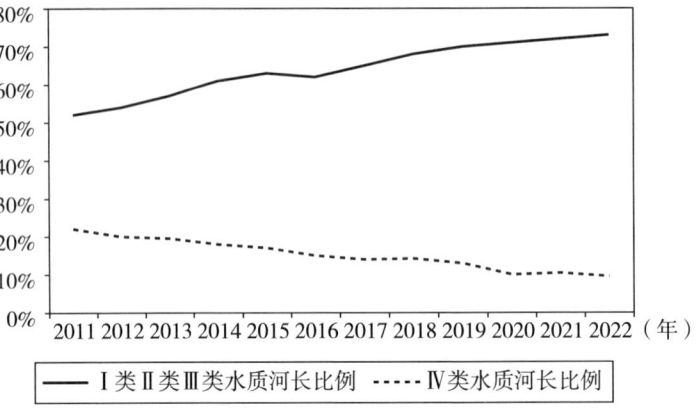

图 5 – 7　Ⅰ—Ⅳ类水质河长比例

　　城市人口密度大，环境问题更容易引起关注和治理，我国的城市环境污染防控也要早于农村。城市生活垃圾无害化处理能力不断上升，图5 – 8 显示，城市生活垃圾无害化处理由 2003 年每天 18.7 万吨增加到 2022 年的每天 39.1 万吨，城市生活垃圾无害化处理率由 2003 年的 50% 上升到 2022 年的 99%。农村的覆盖面积大，环境污染综合整治难度比较大，也是环境整治的薄弱突出环节，农村基础设施落后，随着污染整治体系的逐步建立，污染加剧态势有所缓解。农业土地播种面积化肥施用量在连续增加后开始下降，农药施用量也在不断下降，如图 5 – 9 所示，2016 年是化肥施用量的拐点，施用量从 2012 年的 350 千克/公顷到 2016 年的 362 千克/公顷，再到 2022 年的 357 千克/公顷，农药施用量由 2013 年的最高点 11.3 千克/公顷下降到 2022 年的 10.2 千克/公顷。不过总体来看，在 2022 年我国单位播种面积的化肥和农药施用量仍然高于国际公认的安全上限。

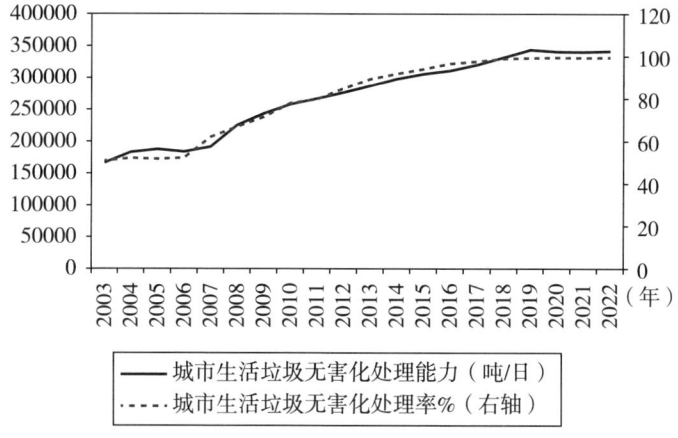

图5-8　城市生活垃圾无害化处理

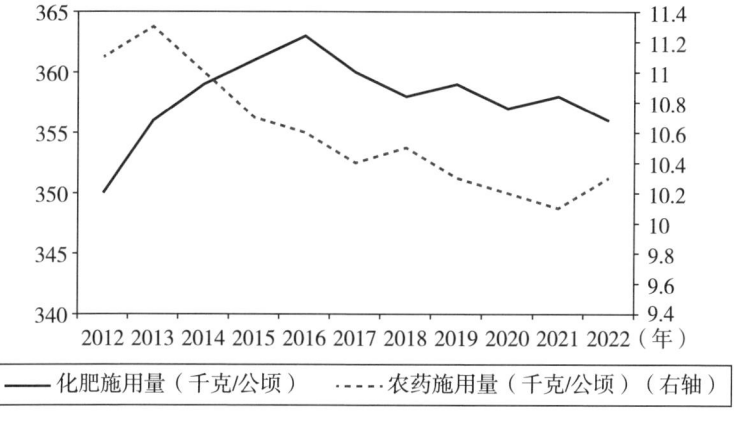

图5-9　土壤的化肥和农药施用量污染

（3）资源利用节约任务艰巨，消耗排放减量增效面临瓶颈

合理开发能源、节约资源利用是当前生态文明建设的主要抓手，人类社会对自然资源的利用是与环境改善和生态保护密切相关，中国不断转变经济发展方式，调整产业结构，优化产能，推进能源节约利用和综合循环使用，提高能源效率，使得能源消耗强度大幅下降，但是能源的消耗总量还在继续攀升。中国大力推行资源节约型和环境友好型社会以来，大力节约能源，提高能源利用效率，取得了显著进步，如图5-10所示，自2000年以来，中国的单位GDP能源耗用量在不断下降，单位

GDP 能耗从 2000 年的 0.98 吨煤/万元下降到 2022 年的 0.56 吨煤/万元，从单位 GDP 能耗同比下降速度来看，单位 GDP 能耗在 2004 年有了巨大的下降幅度，在 2008 年以后单位 GDP 能耗下降趋势不再大幅波动。由于经济社会长期面临巨大的能源需求，导致能源供给一直处于高负荷运转状态，这也对当前的污染排放提出了更高的要求。在图 5 – 11 中，单位 GDP 用水从 2000 年的 5.5 立方米/百元下降到 2022 年的 0.6 立方米/百元，单位 GDP 用电量从 2000 年的 14.2 千瓦时/百元下降到 2022 年的 7.2 千瓦时/百元，可以看出，单位 GDP 用水量和用电量的下降幅度均较为明显。能源的循环利用程度不高，如图 5 – 12 所示，二氧化碳的排放量一直处于高位增长，从 2010 年以后，每年的排放量在 100 亿吨左右，属于平稳增长，二氧化硫、氮氧化物、烟尘的排放量变化趋势大体相同，在 2015 年以前，都是平稳增加，2015 年以后，随着大气污染防治行动规划的实施，都有所下降。截至 2022 年，二氧化硫排放量比其排放高点 2006 年下降了大约 60%，氮氧化物排放量比其排放高点 2011 年下降了大约一半，烟尘排放量比其排放高点 2014 年下降了大约一半。但是，从中可以看出，2017—2022 年主要污染物的排放减量增效变化不大，已经开始面临瓶颈。

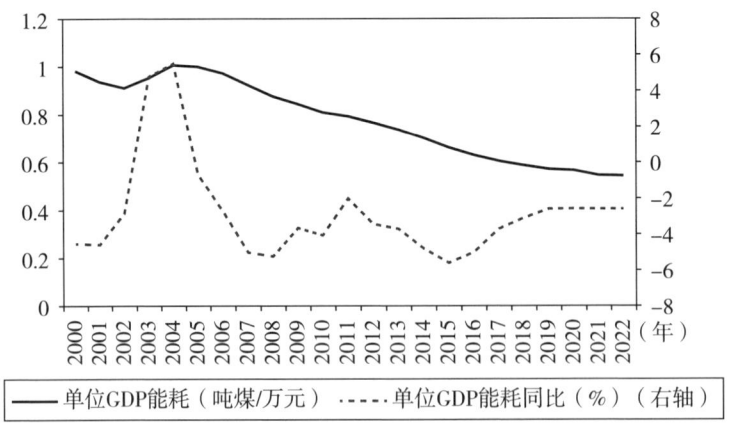

图 5 – 10　单位 GDP 能耗

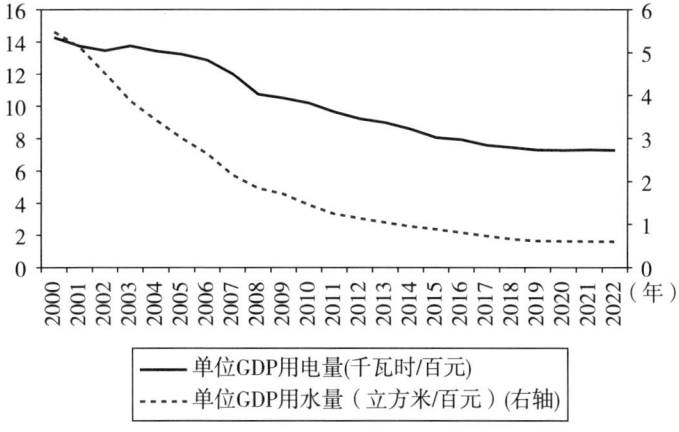

图5-11　单位GDP用电量和用水量

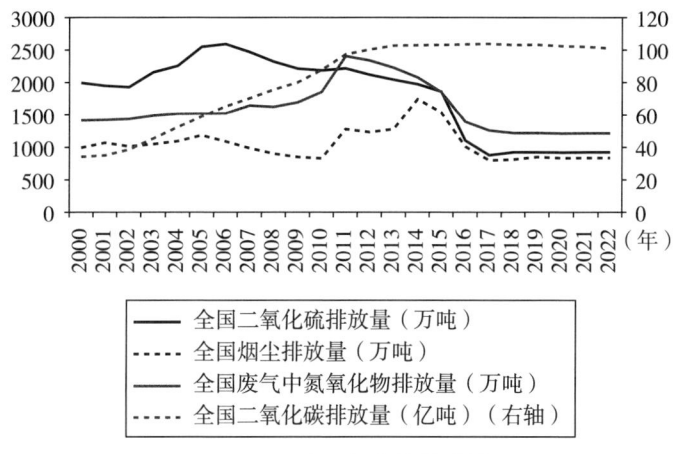

图5-12　主要污染物排放量

（4）污染治理任重道远，进一步完善政策协调

能源消耗后对生态环境产生了有害影响，打造绿色发展方式，实现生态文明可持续发展是一条必由之路，中国现阶段的发展方式仍然较为粗放，经济结构中的第二产业比重较高，对资源和能源的依赖度还很强，能源消费中的煤炭石油占比过大，产生的污染排放物总量较大，导致生态环境高负荷运行。伴随中国环境治理能力的提升，污染防治仍需不懈努力，治理投资也要不断加大，如图5-13所示，全国的环境污染治理投资从2000年的1000亿元增加到2022年的9680亿元，其中，排污费征收

额也由 2000 年的 50 亿元增加到 2022 年的 211 亿元, 2011 年以后, 全国环境污染治理投资占 GDP 比重基本每年维持在 1.2%—1.4% 之间, 全国污染治理投资随着 GDP 的增加还在不断上升。从图 5 – 14 中可以看出, 全国工业污染治理投资占比较大的是治理废气和废水, 治理工业废气的投资从 2000 年的 100 亿元增加到 2022 年的 516 亿元, 治理工业废水的投资在 2000—2022 年基本在每年 100 亿—218 亿元之间, 治理固体废物和治理噪声的投资分别在 20 亿元和 3 亿元左右。

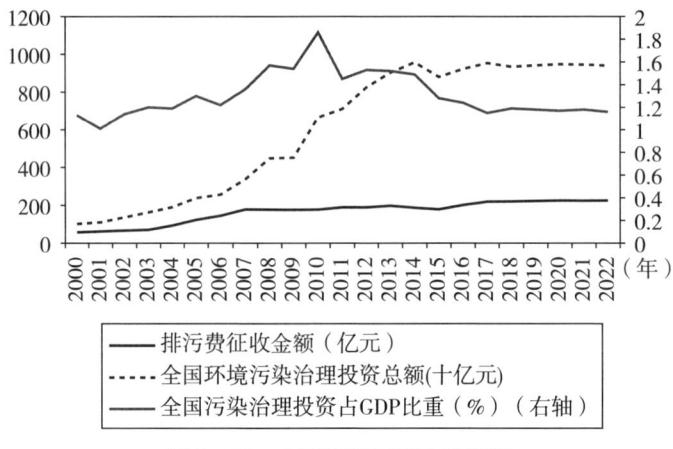

图 5 – 13　全国环境污染治理投资

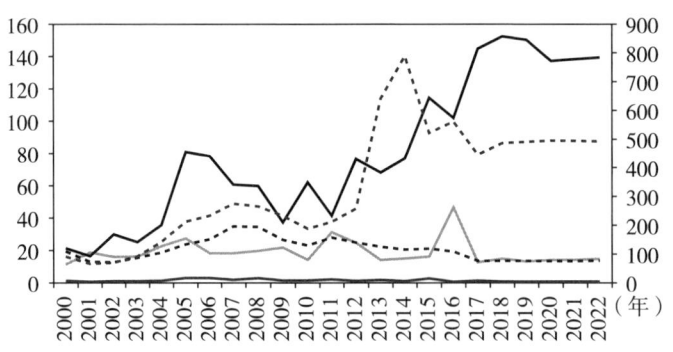

图 5 – 14　全国工业污染治理投资

通过对工业废气、废水、废物的大规模投资治理, 使得大气污染物对空气质量的影响有极大缓解，大部分城市出现雾霾等极端天气的概率大为下降，地表水的水体污染物得到有效控制，地表水域环境不断有所改善，工业固体废物和城市生活垃圾的产生量也得到迅速控制，处理能力获得了大幅提升。但是，污染治理的长期趋势仍然不可放松，还有赖于一系列的政策协调，加强环境制度创新，升级产业结构和能源消费结构，提高能源利用效率，实施清洁生产，减少污染物产生和排放，提升污染治理能力，这些仍旧是未来环保工作的重中之重，也是最终实现生态文明持续发展和绿色崛起的必由之路。

（三）绿色发展的横向差异和变化

根据生态文明建设指标评价体系的绿色指数，计算全国的绿色发展状况如表 5-2 所示，2022 年中国的生态文明建设态势良好，生态活力修复力度基本稳步，环境质量控制强度有所显著提升，能源利用进一步节约，消耗减排效应明显，污染治理协调能力日益提升。从全国的绿色进步率来看，生态文明建设的绿色指数依然是保持较快速度在提升，由于城镇化的不断推进，生态活力修复的进步率有所下降，能源利用消耗减排的进步率最为突出，能源消耗产生的主要污染物对生态环境的影响效应在加速改善，环境质量控制还需要进一步发力，要实现环境污染治理的目标，还需要加大污染治理协调的政策力度。

表 5-2　2022 年全国的绿色发展

	一级指标	二级指标			
	绿色指数	生态活力修复	环境质量控制	能源利用消耗减排	污染治理协调
指数	78.952	54.981	109.240	79.964	63.793
	一级指标	二级指标			
	绿色指数	生态活力修复	环境质量控制	能源利用消耗减排	污染治理协调
进步率	4.31	-0.40	2.21	10.42	0.86

从各个地区来看，生态文明建设表现很不均衡，表 5-3 为各地区生

态文明建设的一级指标绿色指数水平和二级指标的得分值，从中可以看出，只有几个二级指标均衡发展，总的绿色指数水平才会排名靠前，当然该指数只是反映绿色发展的相对快慢，并不代表真实状况。如表 5 - 3 所示，部分地区由于追求经济过度粗放增长，依靠加大资源消费而忽视了污染治理，导致生态环境保护压力剧增，生态文明建设进程有所下降。

表 5 - 3　2022 年各地区的绿色指数水平

地区	一级指标		二级指标								指数等级
	绿色指数		生态修复		环境质量		能源消耗		污染治理		
	指数值	排名	指数值	排名	指数值	排名	指数值	排名	指数值	排名	
北京	88.68	1	75.83	2	113.37	1	88.78	2	67.37	1	1
上海	87.78	2	74.63	3	112.11	2	89.83	1	66.81	3	1
浙江	85.21	3	71.24	5	111.45	3	87.04	3	67.13	2	1
福建	85.10	4	71.28	4	105.26	13	86.35	4	66.31	4	1
江苏	84.33	5	70.22	7	108.31	5	85.31	5	65.38	5	1
内蒙古	83.25	6	77.60	1	103.27	16	80.36	11	64.42	6	1
广东	82.79	7	65.28	21	110.41	4	81.25	9	62.14	8	2
山东	81.56	8	66.21	15	106.41	8	82.44	8	62.84	7	2
天津	81.23	9	70.25	6	105.22	14	80.54	10	61.36	9	2
湖南	80.43	10	68.24	13	104.32	15	83.35	7	60.63	12	2
湖北	80.36	11	69.05	10	105.78	11	84.28	6	61.33	10	2
辽宁	80.11	12	64.21	25	107.33	7	80.12	12	59.41	14	2
陕西	79.09	13	62.72	29	100.34	19	79.09	15	56.35	19	2
重庆	78.94	14	67.33	14	106.39	9	78.45	17	60.52	13	2
安徽	77.52	15	64.24	23	105.42	12	79.84	13	60.89	11	2
河南	77.47	16	64.10	26	99.04	21	77.37	19	58.94	15	2
河北	76.98	17	66.57	17	97.43	22	77.21	20	57.36	16	3
山西	76.57	18	63.27	27	106.32	10	76.33	21	55.21	21	3
四川	76.43	19	68.31	12	95.38	26	75.58	22	56.73	17	3
吉林	76.25	20	63.26	28	101.17	18	78.43	18	56.69	18	3
海南	75.89	21	60.17	31	102.43	17	79.41	14	55.74	20	3

续表

地区	一级指标		二级指标								指数等级
	绿色指数		生态修复		环境质量		能源消耗		污染治理		
	指数值	排名	指数值	排名	指数值	排名	指数值	排名	指数值	排名	
广西	75.67	22	65.59	18	94.22	28	75.46	23	53.25	23	3
云南	75.33	23	64.34	24	104.21	7	78.47	16	54.21	22	3
新疆	74.21	24	69.31	8	99.56	20	74.36	24	50.58	27	3
贵州	73.20	25	68.32	11	96.31	24	73.22	25	52.72	24	3
黑龙江	72.36	26	65.43	19	95.40	25	70.25	30	52.58	25	3
江西	71.44	27	64.42	22	94.27	27	71.16	26	51.67	26	4
宁夏	71.20	28	69.09	9	93.41	29	70.68	28	50.53	28	4
青海	70.93	29	65.31	20	96.36	23	70.92	27	50.25	29	4
甘肃	70.57	30	61.17	30	90.44	31	70.41	29	50.11	31	4
西藏	70.11	31	65.68	16	93.25	30	69.46	31	50.16	30	4

2022 年全国生态文明建设中，绿色指数水平较高的第一等级有 6 个省份，依次是北京、上海、浙江、福建、江苏、内蒙古。绿色指数水平第二等级有 10 个省份，分别是：广东、山东、天津、湖南、湖北、辽宁、陕西、重庆、安徽、河南。绿色指数水平第三等级有 10 个省份，分别是：河北、山西、四川、吉林、海南、广西、云南、新疆、贵州、黑龙江。绿色指数水平第四等级有 5 个省份，分别是：江西、宁夏、青海、甘肃、西藏。可以看出，第一等级的区域表现特点为生态活力修复方面不一定最为突出，但是在环境质量控制、能源利用消耗减排、污染治理协调方面都很有优势，第四等级的区域表现主要优势可能就是生态活力修复方面，但是在环境质量控制、能源利用消耗减排、污染治理协调方面还较为落后，第二等级、第三等级的区域表现既有生态环境本身脆弱的地区，如辽宁、广东、广西等，也有环境质量控制力度很大的地区，如广东、重庆、山西，同时也有能源利用消耗减排改善不力的地区，如山西、四川、黑龙江，最后还有污染治理协调不够的地区，如新疆、贵州、陕西。

　　2022 年与 2019 年相比,各地区的绿色进步率综合反映如表 5-4 所示,它是基于各地区本年度和上年度原始得分数据的变化,计算出对应的进步率,可以看出,有的绿色指标进步很快,有的绿色指标有所下滑。在表 5-4 中,辽宁、内蒙古、湖南、浙江的绿色进步率相对较高,广西、江西、海南、新疆、重庆的绿色进步率相对较低。在生态活力修复方面,有明显绿色退步的是辽宁、河北、海南;在环境质量控制方面,绿色进步较为突出的有辽宁、内蒙古、浙江、湖北、广东;在能源利用消耗减排方面,有绿色进步突出表现的有辽宁、内蒙古、湖南、上海;在污染治理协调方面,内蒙古、四川、新疆、贵州、天津的绿色退步较为明显。

表 5-4　2022 年各地区的绿色进步率（%）

地区	整体的进步率		分类指标的进步率			
	绿色指数	排名	生态修复	环境质量	能源消耗	污染治理
辽宁	10.11	1	-0.54	20.13	40.17	5.32
内蒙古	9.35	2	0.62	10.75	38.42	-7.31
湖南	9.21	3	-0.17	4.22	28.36	4.28
浙江	9.16	4	-0.43	8.31	26.34	4.13
湖北	8.74	5	0.52	7.36	25.21	3.25
天津	8.36	6	0.13	2.34	23.74	-5.33
上海	8.12	7	0.11	3.20	26.83	2.56
陕西	7.96	8	0.08	4.62	20.94	3.17
吉林	7.83	9	-0.36	5.17	20.16	-2.41
北京	7.62	10	-0.07	3.76	19.73	1.35
安徽	7.35	11	0.21	3.13	19.45	0.78
广东	7.10	12	0.02	5.25	18.41	4.52
甘肃	7.04	13	0.15	1.78	17.62	-0.46
河南	6.89	14	-0.17	1.93	17.11	0.72
山东	6.64	15	-0.04	1.56	15.30	3.90
山西	6.53	16	-0.29	-1.44	12.34	5.54
云南	6.47	17	0.20	0.59	14.62	1.68

续表

地区	整体的进步率		分类指标的进步率			
	绿色指数	排名	生态修复	环境质量	能源消耗	污染治理
福建	6.33	18	0.53	1.22	16.33	3.80
贵州	6.26	19	0.58	3.29	13.16	−5.94
四川	6.10	20	0.61	4.18	15.33	−6.31
青海	6.04	21	0.67	−1.36	10.22	3.22
宁夏	5.93	22	0.45	0.27	10.36	2.17
江苏	5.52	23	−0.26	4.39	15.26	4.28
黑龙江	5.10	24	0.03	−2.25	13.72	−3.27
河北	4.37	25	−0.61	0.62	12.93	0.83
西藏	4.11	26	0.59	0.13	10.44	−2.61
重庆	3.78	27	0.42	−1.98	14.83	4.68
新疆	3.24	28	−0.48	0.54	11.21	−6.11
海南	3.15	29	−0.54	3.26	10.04	3.24
江西	2.76	30	−0.17	2.83	13.15	2.71
广西	2.11	31	−0.26	3.15	12.43	2.16

根据绿色指数水平和绿色进步率的平均值和标准差，对各个地区划分所属绿色发展类型，以绿色指数水平和绿色进步率的平均值为基准线，当某地区的绿色指数水平和绿色进步率均高于平均值时，该地区即为领跑型，当某地区的绿色指数水平和绿色进步率均低于平均值时，该地区即为后滞型，当某地区的绿色指数水平高于平均值并且绿色进步率低于平均值时，该地区即为前滞型，当某地区的绿色指数水平低于平均值并且绿色进步率高于平均值时，该地区即为追赶型。如表5-5所示，处于领跑型的地区有浙江、内蒙古、陕西、湖北、湖南、天津、广东、辽宁，追赶型的地区有安徽、河南、山西、四川、吉林、甘肃、贵州、云南，前滞型的地区有江苏、北京、上海、重庆、山东、福建，后滞型的地区有：广西、海南、江西、河北、西藏、新疆、黑龙江、宁夏、青海。

表 5-5 各地区的绿色发展类型

类型	领跑型	追赶型	前滞型	后滞型
特征	指数水平高 进步率快	指数水平低 进步率快	指数水平高 进步率慢	指数水平低 进步率慢
地区	浙江、内蒙古、陕西、湖北、湖南、天津、广东、辽宁	安徽、河南、山西、四川、吉林、甘肃、贵州、云南	江苏、北京、上海、重庆、山东、福建	广西、海南、江西、河北、西藏、新疆、黑龙江、宁夏、青海

三 环境污染防治绩效评估

2018 年 6 月，中共中央、国务院印发了《关于全面加强生态环境保护 坚决打好污染防治攻坚战的意见》明确指出，到 2020 年，生态环境质量总体得到改善，主要污染物排放量大幅减少，环境风险得到有效管控，生态环境保护水平同全面建设小康社会目标相适应。打好污染防治攻坚战，重点在于打好蓝天、碧水、净土保卫战，努力夯实污染防治攻坚战的基础支撑。对主要环境污染指标的防治绩效的评价表现有以下几个方面。

（一）大气污染防治

（1）空气：城市优良天数比例上升，重度污染天数比例下降

2016—2022 年，如图 5-15 所示，全国 338 个地级及以上城市平均优良天数比例达到 80% 左右，平均轻度污染天数比例达到 15% 左右，平均中度污染天数比例达到 5% 左右，平均重度污染天数比例达到 2% 左右。2022 年，有 8 个城市的优良天数比例超过 100%，180 个城市的优良天数比例在 80%—100% 之间，130 个城市的优良天数比例在 50%—80% 之间，20 个城市优良天数比例低于 50%。

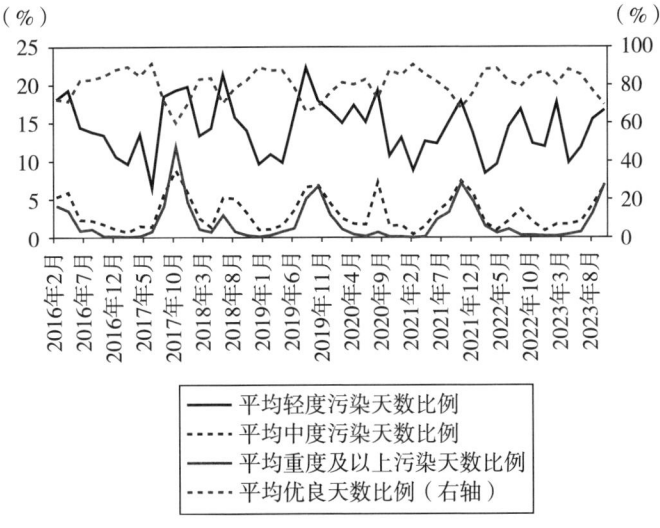

图 5－15　按月度表示的 338 个城市空气质量月均浓度

如图 5－16 所示，2018—2022 年，338 个城市的优和良的天数比例由 61% 升至 68%，轻度污染天数比例由 27% 降至 21%，中度污染天数和严重污染天数的比例变动不大，重度污染天数的比例下降明显，由 3.2% 下降到 2.4%。2022 年 338 个城市发生重度污染 1811 天次，比 2018 年下降 400 天，严重污染 810 天次，比 2018 年增加 10 天，以 PM2.5 为首要污染物的天气占重度和严重污染天数的 61%，以 PM10 为首要污染物的天气占重度和严重污染天数的 35%，以 O_3 为首要污染物的天气占重度和严重污染天数的 3%，与 2018 年相比，O_3 的浓度和超标天数有所上升。

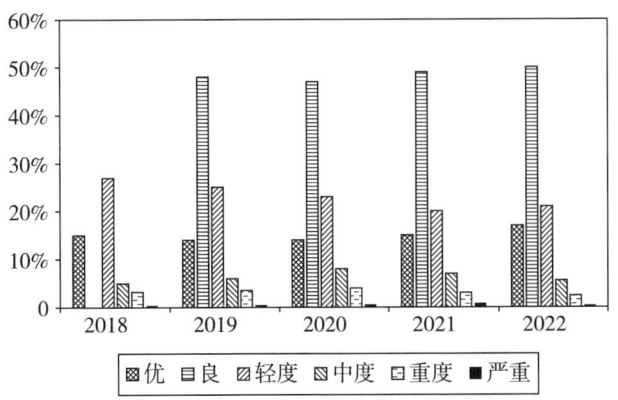

图 5－16　338 个城市的各级别天数比例

在图 5-17 中，2022 年 PM2.5 的年均浓度为 $40\mu g/m^3$，比 2018 年下降了 14.6%，PM10 在 2022 年的年均浓度为 $79\mu g/m^3$，比 2018 年下降了 5%，O_3 在 2022 年的年均浓度为 $163\mu g/m^3$，比 2018 年下降了 15%，SO_2 在 2022 年的年均浓度为 $17\mu g/m^3$，比 2018 年下降了 29%，NO_2 在 2022 年的年均浓度为 $41\mu g/m^3$，比 2018 年上升了 12%，CO 在 2022 年的年均浓度为 $2mg/m^3$，比 2018 年上升了 25%。可以明显看出，NO_2 和 CO 是在上升，其他污染物浓度都在下降，下降显著幅度依次为 SO_2、PM2.5、O_3、PM10。

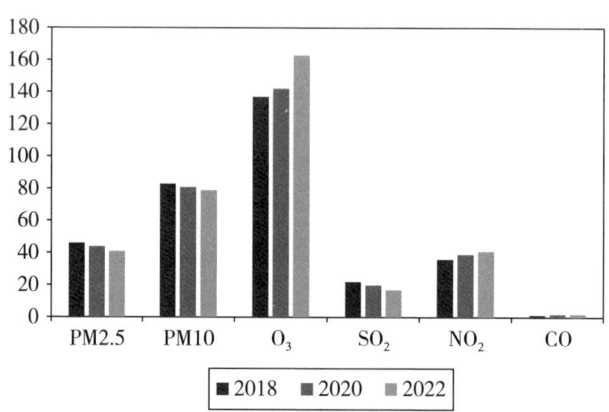

图 5-17　6 项污染物浓度在 2018—2022 年的变化比较

注：CO 的浓度单位为 mg/m^3，其他的浓度单位均为 $\mu g/m^3$。

（2）酸雨：轻度、中度、重度酸雨的城市比例均在下降

2022 年，463 个监测降水的市区县中，酸雨的平均频率为 10%，降水的酸雨频率大于 25% 的城市有 70 个，降水的酸雨频率大于 50% 的城市有 36 个，降水的酸雨频率大于 75% 的城市有 9 个。由图 5-18 可以看出，全国 pH 值在 4.4（重庆大足为最低值）到 8.4（新疆喀什为最高值）之间，轻度酸雨 pH < 5.6 的城市比例由 2018 年的 20% 下降到 2022 年的 16%，中度酸雨 pH < 5 的城市比例由 2018 年的 7% 下降到 2022 年的 6.5%，重度酸雨 pH < 4.5 的城市比例由 2018 年的 0.4% 下降到 2022 年的 0.3%。由图 5-19 可以看出，酸雨中的阳离子主要为钙离子和铵离

子，主要阴离子为硫酸根，也即酸雨类型多为硫酸型。2022 年与 2018 年相比，钙离子当量浓度比例有所上升，硫酸根当量浓度比例有所下降。

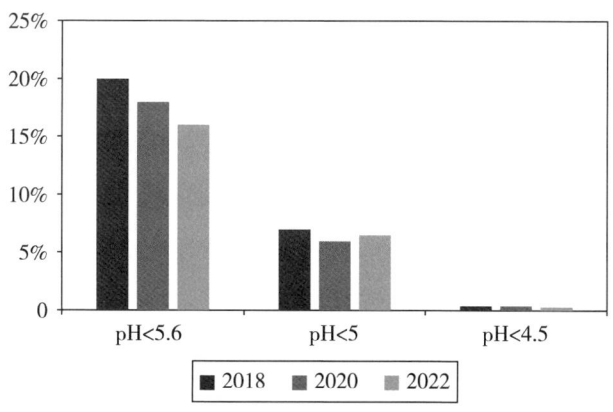

图 5－18 不同酸雨 PH 值的年度比较

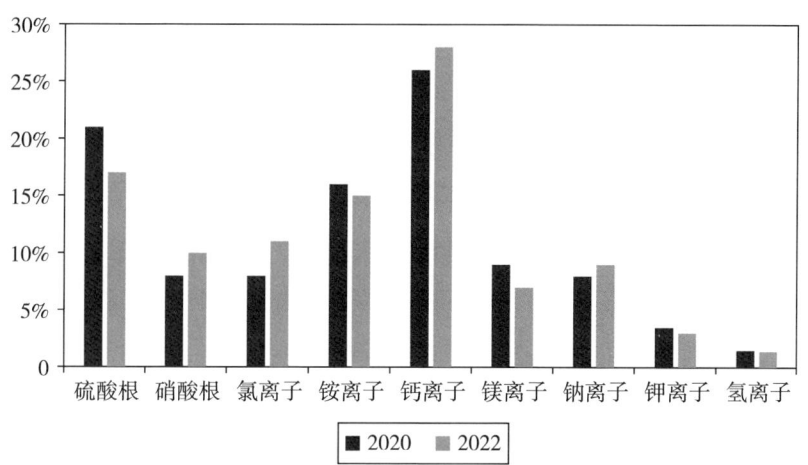

图 5－19 酸雨中主要离子当量浓度比例

注：纵轴为当量浓度比例。

（二）水污染防治

2022 年，全国的地表水淡水监测有 2000 个水质断面点位，Ⅰ—Ⅲ类水质比例为 70%，比 2018 年上升 2 个百分点，劣Ⅴ类水质为 6%，比 2018 年下降 1 个百分点，2022 年的 7 大流域中，长江、黄河、珠江、松花江、淮河、海河、辽河，再加上闽江，有 1600 多个水质断面监测点位。

如图 5 - 20 所示，Ⅰ类水质占 5%，Ⅱ类水质占 45%，Ⅲ类水质占 27%，Ⅳ类水质占 15%，Ⅴ类水质占 5%，劣Ⅴ类水质占 6%。在图 5 - 21 中，与 2018 年相比，2022 年的Ⅰ类水质上升了 1%，Ⅱ类水质上升了 8%，Ⅲ类水质下降了 4%，Ⅳ类水质下降了 3%，Ⅴ类水质下降了 2%，劣Ⅴ类水质下降了 10%。由图 5 - 22 可以看出，2022 年，Ⅰ—Ⅲ类水质最好的是长江，劣Ⅴ类水质最少的是闽江，Ⅳ—Ⅴ类水质占比最多的是淮河，辽河的劣Ⅴ类水质占比最多。

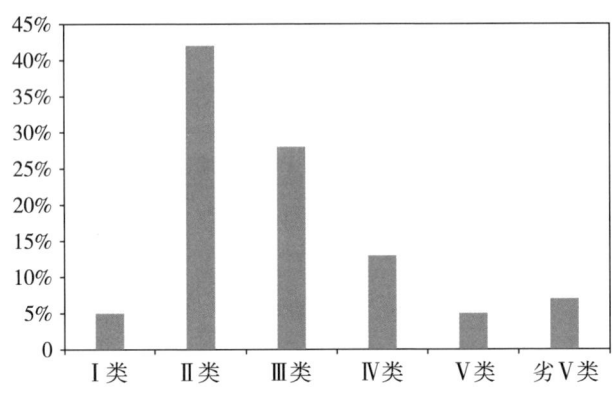

图 5 - 20　2022 年全国地表水流域总体水质

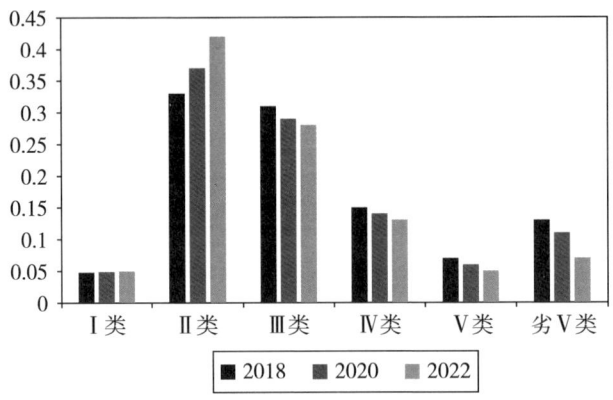

图 5 - 21　全国 2018—2022 年各类水质变化

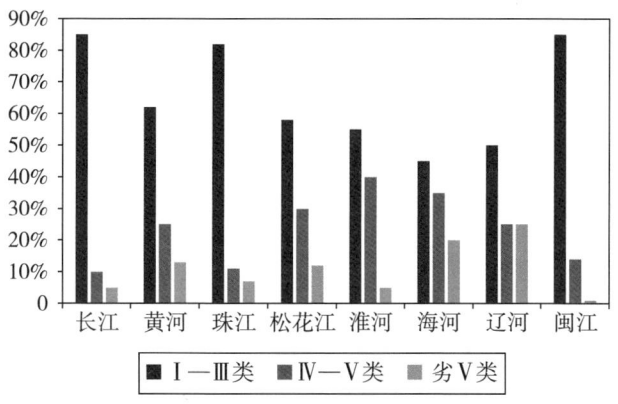

图 5-22　2022 年 7 大流域和闽江的水质变化

　　2022 年，我国近岸海域水质总体稳中向好，水质级别一般，主要污染物为无机氮和磷酸盐，在 417 个监测点位中，优良（Ⅰ类和Ⅱ类）海水比例为 75%，Ⅲ类海水比例为 7.1%，Ⅳ类海水比例为 3.1%，劣Ⅳ类海水比例为 16.5%，与 2018 年相比，优良海水比例上升 7%，Ⅲ类海水比例下降 4 个百分点，Ⅳ类海水比例下降 3 个百分点，劣Ⅳ类海水比例与上年持平。渤海近岸海域水质一般，黄海近岸海域水质良好，东海近岸海域水质较差，南海近岸海域水质良好。海南、河北、广西近岸海域水质优，山东、辽宁、福建近岸海域水质良好，江苏、广东近岸海域水质一般，天津近岸海域水质差，浙江和上海近岸海域水质极差。从 9 个主要的入海口来看，如图 5-23 所示，北部湾近岸海域水质优，胶州湾近岸海域水质良，辽东湾、渤海湾、闽江口近岸海域水质差，黄河口、长江口、杭州湾、珠江口近岸海域水质极差，与上年相比，北部湾水质变好，黄河口、辽东湾水质变差，其他入海口水质稳定。

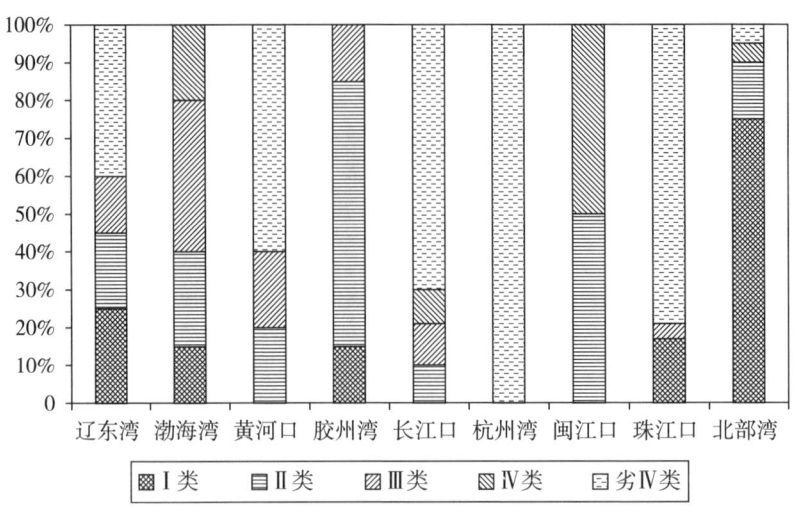

图 5 – 23 入海口的海湾水质

（三）土壤污染防治

截至 2022 年，全国农用地有 66841.5 万公顷，其中耕地有 13408 万公顷，园地有 1526 万公顷，林地有 25740 万公顷，牧草地有 22375 万公顷，建设用地有 4125 万公顷。2018—2022 年，土壤侵蚀总面积为 294.9 万平方千米，占普查面积的 30%，水力侵蚀总面积为 129.3 万平方千米，风力侵蚀面积为 165.6 万平方千米。2022 年，全国荒漠化土地面积 261.16 万平方千米，沙化土地面积 172.12 万平方千米，与 2010 年相比，荒漠化土地面积减少 1.2 万平方千米，沙化土地面积减少 9902 平方千米。

（四）固体废物污染防治

2022 年，我国大中城市的固体废物大约有 18.8 亿吨，其中，一般工业废物 16.2 亿吨，工业危险废物 0.46 亿吨，医疗废物 85 万吨，城市生活垃圾 2.2 亿吨。图 5 – 24 为固体废物的产生量，从中可以看出，2018—2022 年，四类固体废物均有明显增长，增长较为突出的是一般工业废物，其占比也最高。图 5 – 25 显示，从固体废物的处置率来看，医疗垃圾和城市生活垃圾的处置率均在 99.5% 以上，在 2018—2022 年，工业危险废物处置率增加了 6 个百分点，一般工业废物处置率增加了 2 个百分点。

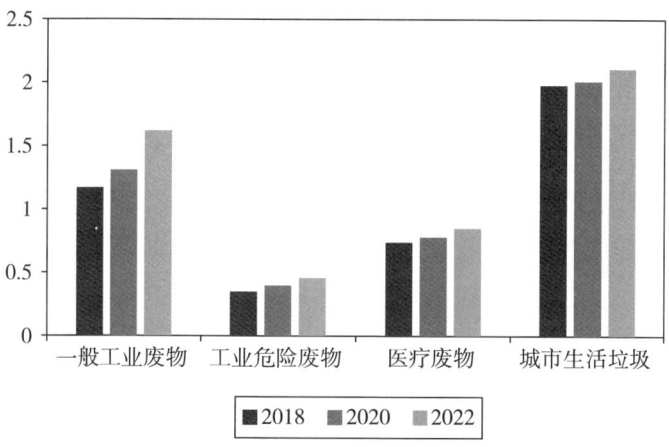

图 5 – 24　固体废物产生量对比

注：一般工业废物的单位为 10 亿吨，医疗废物单位为 100 万吨，工业危险废物和城市生活垃圾的单位为亿吨。

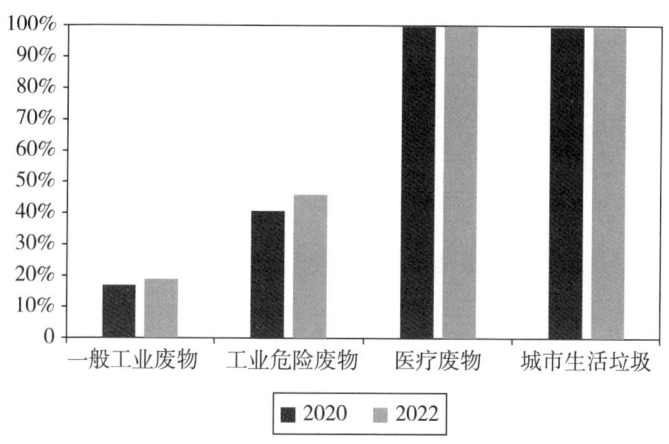

图 5 – 25　固体废物处置率对比

注：对固体废物的处理是不同的。例如：一般工业废物处理包括综合利用、处置、储存、丢弃；工业危险废物处理包括综合利用、处置、储存；而医疗废物和生活垃圾都是处置。

从大宗工业固体废物的资源化利用来看，主要是指年产量在 1000 万吨以上对环境安全影响较大的固体废物，主要有尾矿、粉煤灰、煤矸石、冶炼废渣、炉渣、脱硫石膏、磷石膏、赤泥等。如图 5 – 26 所示，从这些固体废物的资源化利用的对比来看，2018—2022 年，除了尾矿的利用率变化不大、煤矸石的利用率略有上升以外，粉煤灰、冶炼废渣、炉渣、脱硫石膏的资源利用率都有所下降。因此，需要重视提升大宗工业固体废物的资源化利用率。

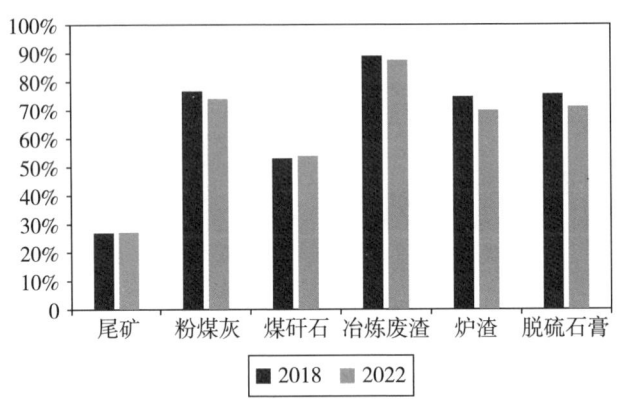

图 5 - 26　大宗工业固体废物资源化利用

（五）噪声污染防治

功能区和道路交通的白天噪声防治有所改善，夜间噪声防治出现恶化，323 个城市区域的白天噪声防治有所恶化，夜间噪声防治出现改善。

2022 年，城市功能区噪声环境白天监测总点次达标率 93.1%，夜间监测总点次达标率 75.2%，区域噪声环境白天监测质量等级均值为 54.4 分贝，夜间监测质量等级均值为 46 分贝，道路交通噪声环境白天监测质量等级均值为 67 分贝，夜间监测质量等级均值为 58 分贝，31 个城市的功能区噪声环境监测总点次达标率、区域和道路交通的噪声环境监测质量等级均劣于全国平均水平。图 5 - 27 显示，在六类功能区中，与 2018 年相比，2022 年只有 0 类功能区噪声达标率在白天和夜间都是下降的，其他五类功能区噪声的白天达标率均是上升的，1 类、2 类、4a 类功能区噪声的夜间达标率都是下降的。

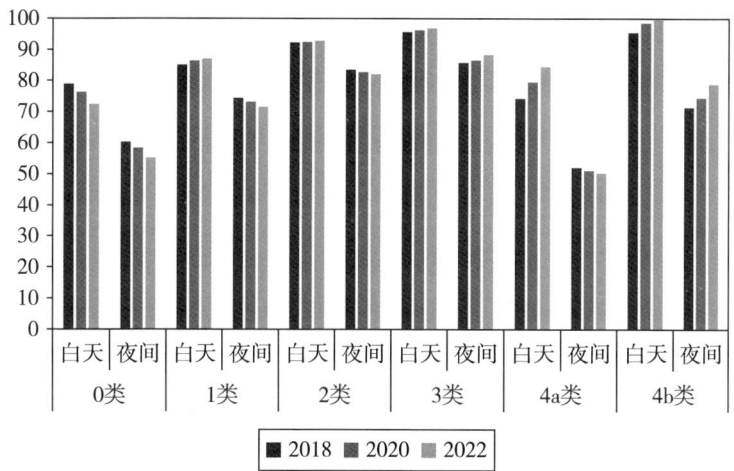

图 5 – 27 各个功能区噪声监测点达标率对比

注：纵轴为城市比例，单位为% 。

功能区划分如下，0 类为康复疗养区，1 类为住宅、文化、教育、行政办公等，2 类为商业、集市、贸易等区域，3 类为工业生产、物流仓储等，4a 类为公路、轻轨沿线两侧区域，4b 类为铁路两侧区域。

这里，各个功能区的噪声限值如表 5 – 6 所示。

表 5 – 6 功能区的噪声限值

	0 类	1 类	2 类	3 类	4a 类	4b 类
白天	< 50	< 55	< 60	< 65	< 70	< 70
夜间	< 40	< 45	< 50	< 55	< 55	< 60

单位：分贝。

在 323 个地级及以上城市中，白天的区域噪声环境达到一级的城市有 13 个，占 4%，二级城市 205 个，占比 64%，三级城市 99 个，占比 31%，四级城市 4 个，占比 1.2%，五级城市 2 个，占比 0.6%。夜间的区域噪声环境达到一级的城市有 4 个，占 1.3%，二级城市 124 个，占比 39%，三级城市 175 个，占比 55%，四级城市 17 个，占比 5.5%，五级城市 5 个，占比 1.7%。在图 5 – 28 中，与 2018 年相比，2022 年白天和夜间的噪声环境质量等级在一级和二级的城市比例均有所下降，在三级、四级、五级的城市比例均有上升，大部分城市的噪声环境质量等级属于二级和三级。从趋势来看，白天的噪声环境质量等级有所恶化，夜间的噪声环境质量等级有所改善。

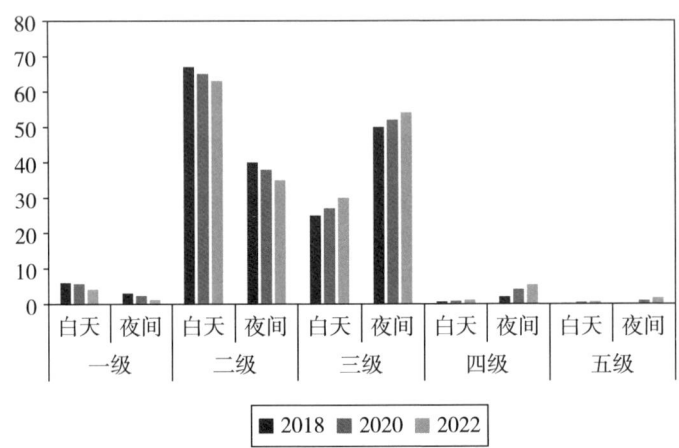

图 5 - 28 323 个城市区域的噪声环境质量等级分布对比

注：纵轴为城市比例，单位为%。

这里，区域噪声环境等级如表 5 - 7 所示。

表 5 - 7 区域噪声环境等级划分

	一级	二级	三级	四级	五级
白天	< 50	50—55	55—60	60—65	> 65
夜间	< 40	40—45	45—50	50—55	> 55

单位：分贝。

与 2018 年相比，2022 年在 323 个城市中，白天道路交通噪声强度被评价为一级的城市比例上升 0.7 个百分点，二级的城市比例上升 0.9 个百分点，三级的城市比例下降 1.9 个百分点，四级的城市比例上升 0.6 个百分点，五级的城市比例下降 0.3 个百分点。与 2018 年相比，夜间道路交通噪声强度被评价为一级的城市比例下降 20 个百分点，二级的城市比例上升 3.5 个百分点，三级的城市比例上升 3.6 个百分点，四级的城市比例上升 8.5 个百分点，五级的城市比例上升 4.5 个百分点。在图 5 - 29 中，道路交通噪声环境等级大多数属于一级和二级，与 2018 年相比，2022 年白天的道路交通噪声一级和二级环境质量的城市比例有所增加，夜间的道路交通噪声二级到五级环境质量的城市比例都有增加，表明白天的道路交通噪声有改善，夜间的道路交通噪声有所恶化。

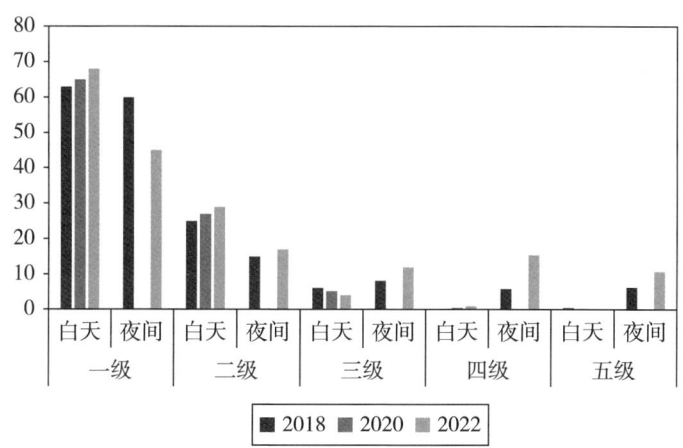

图 5－29　道路交通的噪声环境质量等级分布对比

注：纵轴为城市比例，单位为%。

这里，道路交通噪声环境等级如表 5－8 所示。

表 5－8　道路交通的噪声环境等级

	一级	二级	三级	四级	五级
白天	<68	68—70	70—72	72—74	>74
夜间	<58	58—60	60—62	62—64	>64

单位：分贝。

四 能源的生产与消耗绩效评估

（一）传统能源的生产与消费结构：供需规模继续增加，煤炭消费有所下降，但占比仍然很高

从我国传统能源的生产供给来看，能源规模仍然在不断扩大，原煤的产量从 2010 年的 130458 万吨上升到 2022 年的 319144 万吨，原油的产

量在 2010—2015 年缓慢上升，2015 年以后有所下降，从 2015 年的 21387 万吨下降到 2022 年的 16057 万吨，天然气的产量从 2010 年的 935 亿立方米上升到 2022 年的 1500 亿立方米（见图 5－30）。

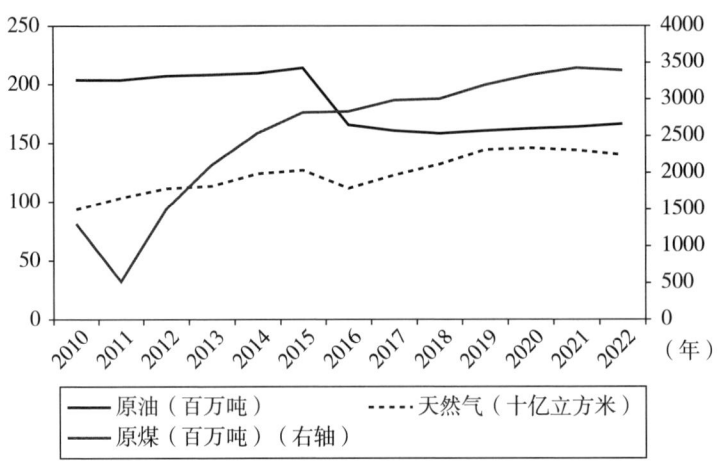

图 5－30　传统能源的生产变化

在传统能源的消费结构中，原煤的消费占比最高，其次是原油、天然气，其他能源发电消费占比最低，从 2010 年到 2022 年的变化趋势来看，原煤消费在能源消费结构中占比不断下降，由 2010 年的 69% 下降到 2022 年的 56%，原油消费在能源消费结构中占比由 2010 年的 17.4% 上升到 2022 年的 18.2%，略有上升，天然气消费在能源消费结构中占比由 2010 年的 4% 上升到 2022 年的 9%，上升趋势明显，其他能源发电消费在能源消费结构中占比由 2010 年的 9% 上升到 2022 年的 15%。总体来看，原煤和原油的消费在能源消费结构中的占比由 2010 年的 86% 下降到 2022 年的 76%，但仍然占能源消费中的很大比重，天然气和其他能源在能源总体消费结构中的占比上升较为突出（见图 5－31）。

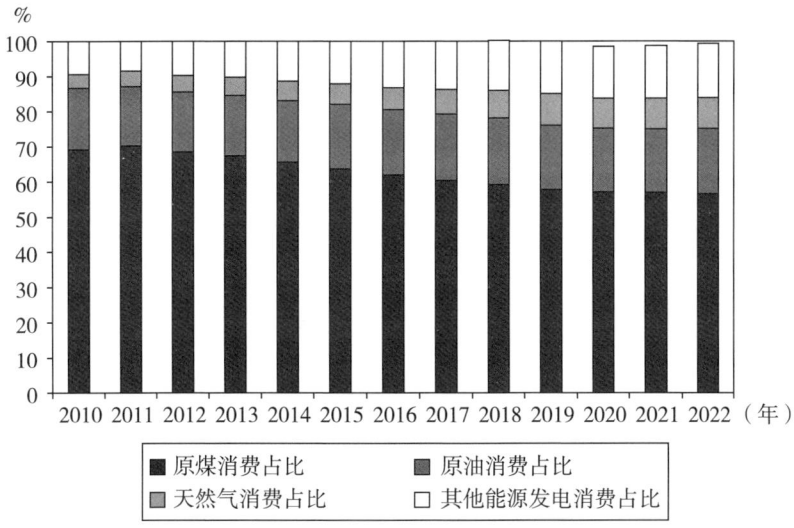

图 5-31 传统能源的消费结构占比变化

（二）可再生能源的生产：水电占比最大，其他能源增幅凸显

随着我国全面贯彻实施能源革命战略，不断完善可再生能源发展政策，2016—2022 年可再生能源产业继续保持快速稳步发展，技术和产业创新模式进度加快。图 5-32 显示在可再生能源中，水电依然是我国最大的清洁能源，水力发电从 2010 年的 6594 亿千瓦时增至 2022 年的 10175 亿千瓦时，增幅 54%，风电从 2010 年的 423 亿千瓦时增至 2022 年的 2978 亿千瓦时，增幅 600%，核电从 2010 年的 737 亿千瓦时增至 2022 年的 3000 亿千瓦时，增幅 307%，太阳能发电从 2010 年的 153 亿千瓦时增至 2022 年的 1006 亿千瓦时，增幅 557%，生物质能发电从 2010 年的 186 亿千瓦时增至 2022 年的 680 亿千瓦时，增幅 265%。

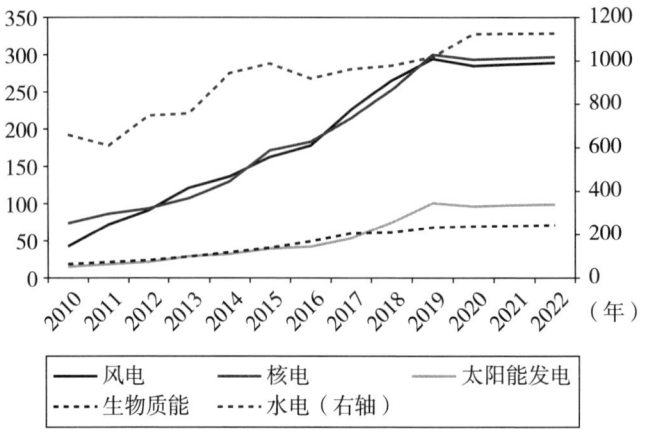

图 5 - 32   可再生能源的产出变化

单位：十亿千瓦时。

电动汽车的销售市场也在加速增长，如图 5 - 33 所示，截至 2022 年 12 月，我国的新能源汽车销量 33 万辆，与 2018 年 12 月相比，增幅 90%，其中，纯电动汽车销量为 28 万辆，与 2018 年 12 月相比，增幅 195%，混合动力汽车销量为 5 万辆，与 2018 年 12 月相比，增幅 126%。

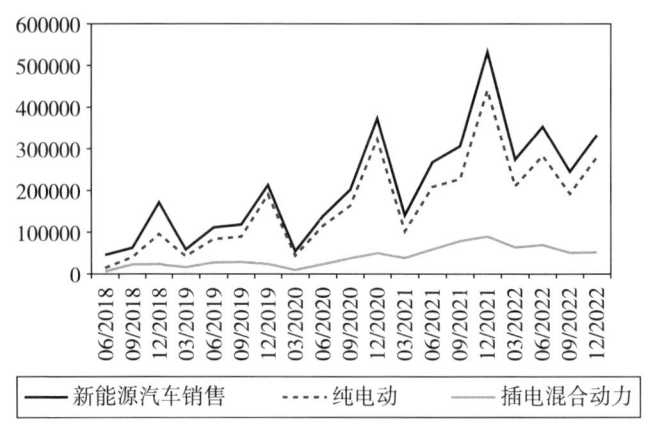

图 5 - 33   新能源汽车销售增长变化

单位：辆。

（三）能源的消耗利用评估：能源强度的下降速度近乎翻倍

中国的单位产值能源消耗强度是全球平均水平的 1.3 倍，是发达国家的 3 倍左右，但是近 10 年来的下降速度也很快。如图 5 - 34 所示，2010—2022 年，我国的单位 GDP 产值煤炭消耗强度由 84 吨/百万元人民币下降为 40 吨/百万元人民币，单位 GDP 产值焦炭消耗强度由 9.3 吨/百万元人民币下降为 5 吨/百万元人民币，单位 GDP 产值的石油消耗强度均由 10.7 吨/百万元人民币下降为 7 吨/百万元人民币，单位 GDP 产值的燃料油消耗强度由 0.9 吨/百万人民币下降为 0.5 吨/百万元人民币，单位 GDP 产值的电力消耗强度均由 10.1 千瓦时/百元人民币下降为 7.1 千瓦时/百元人民币。

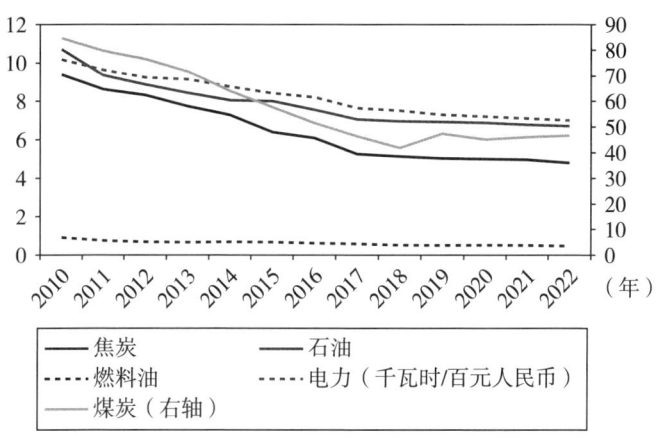

图 5 - 34 单位 GDP 能源消耗强度

注：煤炭为右轴，电力的单位为千瓦时/百元人民币，其他单位为吨/百万元人民币。

我国与发达国家的人均生活一次能源消费量相差比较明显，在世界能源消费大国中，加拿大的人均生活一次能源消费量最高，其次是美国、韩国、俄罗斯，而德国、日本、印度的人均生活一次能源消费量较低，中国大约为美国的 1/3，图 5 - 35 显示，中国在 2010—2022 年的年均人均生活一次能源消费量中，电力由 384 千瓦时上升到 672 千瓦时，煤炭由 68 千克下降到 65 千克，天然气由 17 千克上升到 32 千克，液化石油气由 10 千克上升到 26 千克，煤气由 12 立方米下降到 3 立方米。由此可以看出，2010—2022 年我国居民对电力、天然气、液化石油气的人均生活消费需求在快速上升，煤炭和煤气的人均生活消费需求变化不大。

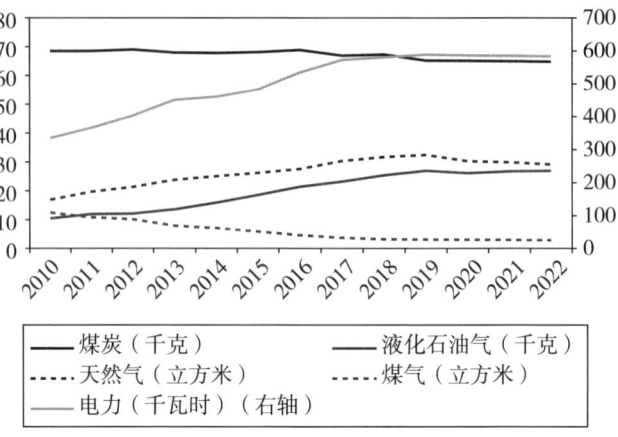

图 5-35 人均生活一次能源消费量

(四) 排放强度：大幅下降，但仍然高于全球平均水平

2022 年世界碳排放强度为 0.45 千克/美元 (折合 0.06 千克/元人民币)，而我国的二氧化碳排放强度为 0.107 千克/元人民币，是全球平均水平的 1.83 倍，与全球平均水平相比，差距较为明显。但从 2000—2022 年的变化趋势 (见图 5-36) 来看，我国单位 GDP 二氧化碳的排放量由 0.34 千克/元下降到 0.107 千克/元，已经下降了接近 70%，我国单位 GDP 二氧化硫的排放量由 2 克/元下降到 0.1 克/元，下降了 99.5%。

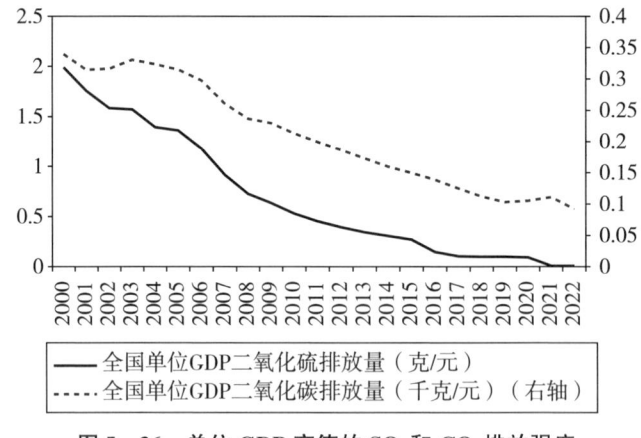

图 5-36 单位 GDP 产值的 SO_2 和 CO_2 排放强度

五 绿色发展的国际比较

当今社会，发展中国家面临着环境污染严重、生态系统退化、资源约束趋紧等严峻趋势，中国在过去的经济发展取得了显著成绩，但以往的粗放模式使得我们付出了沉重的环境代价，所以我们的生态文明建设需要在国际比较中找到问题和差距，从而为"十四五"阶段建设"美丽中国"指明了改进方向。

（一）生态活力修复居于中下游

数据显示，由图 5 - 37 可以看出，自 2000 年以来，中国的森林面积占国土面积比例逐年增长，由 2000 年的 18% 上升到 2022 年的 22.7%。在 8 个主要经济体国家中，日本和巴西最高，森林面积占国土面积比例均高于 60%，印度和中国不相上下，英国最低，森林面积占国土面积比例只有 13%。由图 5 - 38 可以看出，人均耕地面积最高的国家是俄罗斯，达到 0.85 公顷，其次是美国为 0.5 公顷，印度、英国、中国相差不大，人均耕地面积在 0.1—0.25 公顷之间，最低的是日本，人均耕地面积只有 0.03 公顷。

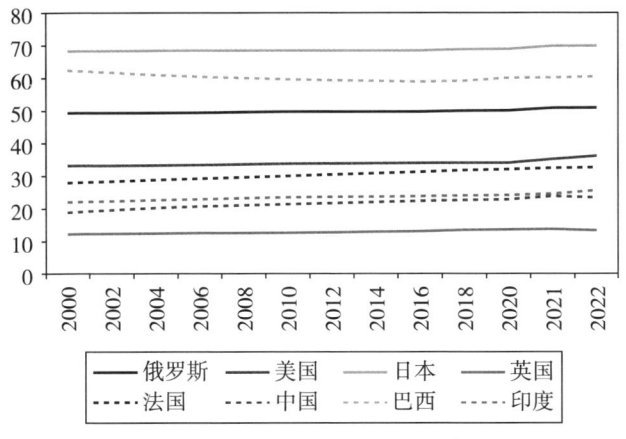

图 5 - 37 森林面积占国土面积的比重

单位：%。

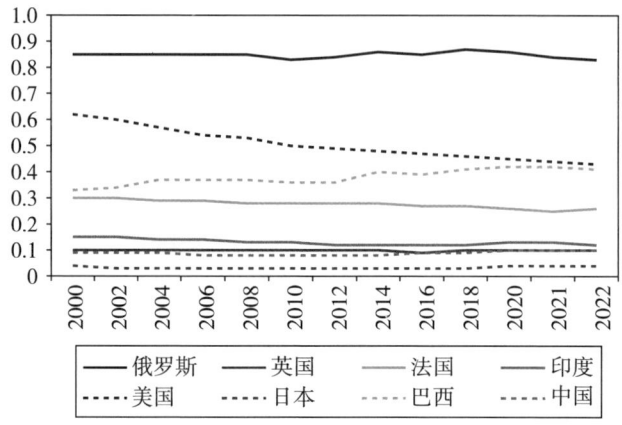

图 5 - 38　人均耕地面积

单位：公顷。

（二）环境质量面临严峻考验

环境质量关乎人民群众身体健康和生活幸福，在工业化进程中，中国的经济发展与环境质量保护很不相称。图 5 - 39 为空气质量 PM2.5 年均浓度的对比，自 2002 年以来，中国、印度、巴西均有快速增长，但中国和印度的基数较高，巴西的基数较低，美国、英国、法国、日本、俄罗斯的 PM2.5 年均浓度相差不大。

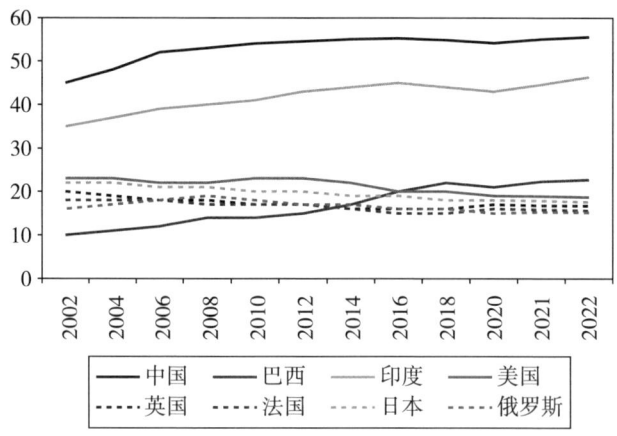

图 5 - 39　PM2.5 年均浓度

单位：微克/立方米。

图 5 – 40 为人均可再生水资源的国际对比，从中可以看出，俄罗斯和巴西最高，分别为人均 30000 立方米和 28000 立方米，其次是美国，人均为 10000 立方米，中国的人均可再生水资源仅仅高于印度，为 2025 立方米。从图 5 – 41 的每公顷耕地化肥施用量来看，2022 年中国最高为 500千克，俄罗斯最低为 20 千克，日本和英国为 250 千克，其次是印度、巴西、美国，这三个国家居于 100 千克至 200 千克之间。

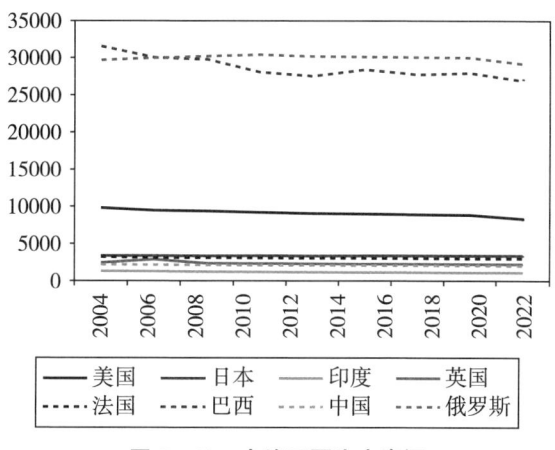

图 5 – 40 人均可再生水资源

单位：立方米/人。

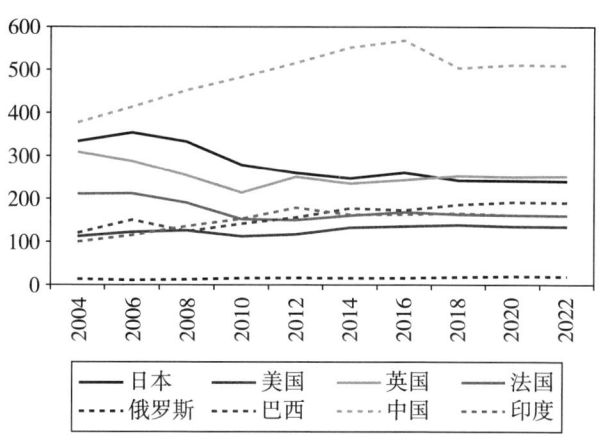

图 5 – 41 每公顷耕地化肥施用量

单位：千克。

(三) 能源利用效率偏低，供给规模缺口依然很大

从能源利用效率来看，图 5 – 42 为单位能耗的 GDP 产出，中国和俄罗斯最低，2022 年两国均为 4.5 美元/千克油当量，英国最高为 14 美元/千克油当量，其次是日本、巴西，均为 10.5 美元/千克油当量左右，其中，印度的单位能耗 GDP 产出为 8.1 美元/千克油当量，可以看出也是高于中国的。

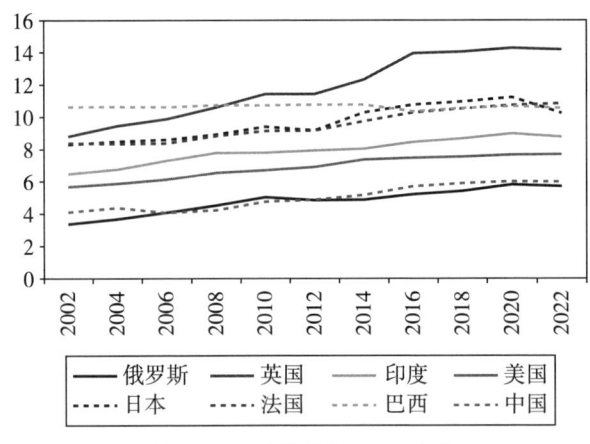

图 5 – 42　单位能耗 GDP 产出

单位：美元/千克油当量。

从人均能源消耗来看（见图 5 – 43），中国的人均能源供给缺口还是很大，2000—2022 年，我国的人均能源消耗在不断增加，增长速度明显要快于巴西和印度，而发达经济体的人均能源消耗在不断下降，英国、日本、法国的人均能源消耗在 2022 年与中国相差不大，美国的人均能源消耗最高，在 2022 年为 7000 千克油当量，其次是俄罗斯，在 2022 年为 4600 千克油当量，而中国只有 2500 千克油当量。

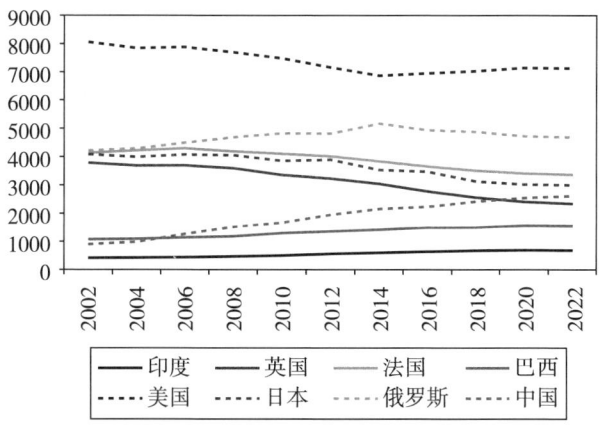

图 5 – 43　人均能源消耗量

单位: 千克油当量。

(四) 污染治理需适应污染排放加大的趋势

图 5 – 44 为人均二氧化碳排放量的国际对比, 可以看出, 美国的人均二氧化碳排放量不断下降, 但仍然最高, 在 2022 年为 16.1 公吨/人。中国的人均二氧化碳排放量是在不断增加, 不过在 2022 年也不到美国的一半, 即为 7.78 公吨/人, 但已经高于英国、法国、巴西。人均二氧化碳排放量最低的是印度, 在 2022 年还不到 2 公吨/人, 2022 年俄罗斯和日本的人均二氧化碳排放量相差不大, 均为 10 公吨/人。随着我国的人均二氧化碳排放量逐步增加, 说明我国的能源需求在不断上升, 对污染排放的治理任务也越来越艰巨。

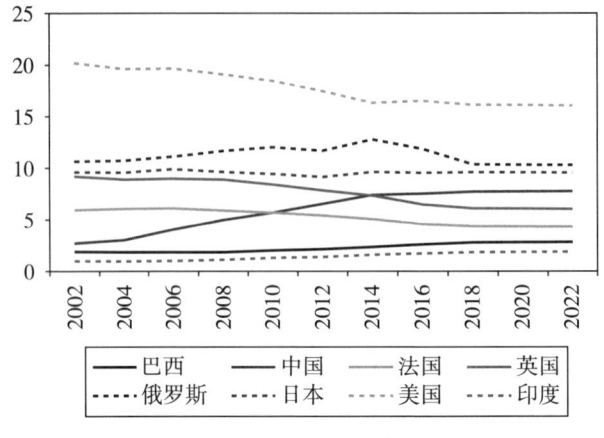

图 5-44 人均二氧化碳排放量

单位：公吨/人。

六 生态治理现代化和绿色发展的展望与政策

（一）"十四五"期间的目标展望

基于过去数年的生态文明建设和绿色发展进程，并展望近中长期的发展情况，针对"十四五"期间的绿色发展，提出如下目标。

（1）实施自然资源管理体制改革，释放生态活力修复动力

一是明晰自然资源产权。厘清各个自然资源之间、各类产权主体之间的资源产权边界，厘清山、水、湖、田、林、草之间、矿产与土地、水之间的产权边界，厘清国家所有和集体所有的产权边界。二是解决生态资源的权、责、利不清问题。土地、矿产、水、森林、草原、海洋之间密不可分，既要统筹推进又要分类对待，强化生态资源处置权，保证资源受益权为核心，扩大竞争性出让，发挥市场配置作用，健全资源的产权权能。

（2）完善环境质量考核体系，确保生态环境进一步改善

一是提升对大气环境、水环境、土壤环境的质量管理，到"十四五"末期即 2025 年，空气质量优良天数比例、地表水好于Ⅲ类水体比例、受

污染耕地的安全利用率均可以大幅提高。二是加强工业污染源专项考核，对工业污染行业的重点污染企业和污染城市进行自动监测。三是公示环境质量考核程序，将环境质量考核与地方干部绩效考核挂钩，落实环境质量考核的地方问责机制。

（3）推动能源新技术战略，提升资源利用效率

一是实施煤炭清洁高效利用技术，加快燃煤电厂改造。二是推进页岩气、煤层气等非常规油气资源的规模化开发，缓解能源供给缺口。三是发展智能电网，尤其是储能系统技术、柔性直流配送电和分布式能源微网技术。

（4）深化可再生能源激励机制

一是提高太阳能光伏发电、风力发电、生物质能、地热能的附加水平，确保转型期资金补贴需求。二是建立可再生能源电力配额制度，实施强制性和自愿性相结合的绿色证书交易制度。三是采取竞争性拍卖形式降低太阳能和风能的发电价格。

（5）加大对污染防治实施区域联防联控的监管力度

一是加强京津冀、长三角、汾渭平原大气污染防治的区域协作机制。实现七大河流和近岸海域的水污染联合治理，尤其是对长江中下游、珠三角等的内源协同治理。二是深度参与全球环境治理，提升区域环境保护合作的输出力度，落实联合国2030年可持续发展议程。

（二）促进绿色发展的政策建议

绿色发展是21世纪中国最大的战略机遇之一，鼓励绿色发展，不仅可以提高社会福利水平和实现经济可持续增长，也有助于应对日益严峻的环境挑战，通过制定产业政策促进绿色发展对我国经济社会具有重要意义。产业政策的制定首先是要有利于提升绿色技术的拓展，其次要有助于转变传统的高投入、高消耗、高污染、低成本、低效率的经济发展方式，再次能够实现经济欠发达地区的经济增长机遇，最后也是体现中国对全球实现《巴黎协定》应对气候变暖所担当的责任和作出的贡献。

具体有以下几个方面。

（1）深化生态环境污染治理，服务经济高质量发展

支持"一带一路"倡议与京津冀、长江经济带、粤港澳大湾区等国家经济发展大战略，坚持"绿水青山就是金山银山"的发展理念，推进污染源全面达标排放计划，提高重点行业的排放标准水平，建立资源综合利用效率标准，深化生态环境的污染监管，夯实经济高质量发展的基础。

（2）推进能源转型战略，聚焦能源新技术

全面推进能源系统向可持续和低碳方向转变，重点布局节能与提升能源效率、化石能源清洁开发、非常规油气开发、智能电网与储能等能源新技术产业，完善能源管理体制改革，促进能源市场培育，做好能源新技术构建环节的改革创新，提高清洁高效低碳能源技术等重大工程的研发投入，增强能源新技术领域战略性新兴产业的国际竞争力。

（3）控制煤炭消费，加快节能减排效应

停止新建燃煤电厂，努力实现煤炭消费占能源消费总量比重由 2020 年的 56% 下降到 2025 年的 40%。加快燃煤电厂的灵活性改造，取消燃煤电厂的年度发电计划，依赖煤炭工业发展的地区要加快制定能源升级计划。推动电力市场化改革，实施有效的碳排放权交易制度，制定能够实现碳减排效应目标的碳交易定价。

（4）更加积极地投资可再生能源领域

污染防治、能源转型、可再生能源产业培育本身都需要大量的投资，短期内会导致绿色发展的经济成本上升，但是这些额外的成本会带来一些收益，一是改善空气质量，降低污染水平，提升生态文明建设质量；二是进行能源转型的部门可以享受到更低的能源价格；三是能源新技术领域和可再生能源产业可以新增大量的高质量就业岗位。

（5）建立多元化生态保护修复补偿机制

加大对重点生态保护区的转移支付力度，提升补偿标准，向生态敏

感脆弱区域进行倾斜，推进转移支付分配和生态保护成效挂钩，探索资金、政策、技术和产业的多元化互补方式。扩大补偿范围，逐步实现对森林、草原、湿地、荒漠、河流、海洋、耕地等领域和生态功能区的生态修复补偿全面覆盖。

第六章

开放发展：文明成果
交流互鉴的现代化

面对世界经济的复杂形势和风险挑战，中国不断提升对外开放水平，促进国内外经济高质量发展。把世界的机遇转化成中国的机遇，中国的机遇转化成世界的机遇。

一 贸易平衡促进结构优化

在实现"两个一百年"奋斗目标的历史交汇点上，以习近平同志为核心的党中央根据我国发展阶段、环境、条件变化，特别是基于我国比较优势变化，审时度势作出了"加快构建以国内大循环为主体、国内国际双循环相互促进的新发展格局"的重大决策。其中，国内国际双循环要处理好"贸易平衡"问题。实际上，贸易平衡在世界经济体系中已成气候，更将在长期影响中国的经贸格局。纵观贸易平衡发展的成就，可以归纳为内外平衡、进出口平衡、地区平衡、货物服务平衡等四个方面。这四个平衡，也是内外经济、进出口、地区和贸易种类的结构优化。

（一）内外平衡，降低对外依存度

从经济史来看，中国处于一个难得的战略机遇期，这就是中国人常说的"天时"。就像美国 1870—1913 年、日本 1950—1973 年、韩国 1965—1995 年期间享有的机遇一样，现在历史同样给了中国经济发展、民族复兴的机遇。这个机遇在 1978 年改革开放后开始，在 2001 年加入世界贸易组织后放大。这一机遇期的重要体现就是，对外贸易的不断扩大和提质。

然而，过犹不及，中国这样的世界第二大经济体不能过度依赖对外贸易，不仅国际社会承受不起巨量产能输出，国内经济质量也不一定能够同步提升。因此，更好统筹"国内国际两个市场"一直是中国发展的重要方针，讲究内外平衡。麦肯锡测度了各国经济的对外依赖程度，并将全球 7 大经济体（美国、中国、日本、印度、德国、英国、法国）对外依赖程度的加权平均数标准化为 1，研究发现中国对外依赖程度不断降低，在 2017 年仅为 0.6，而世界对中国的依赖程度显著提高，从 2000 年的 0.4 提高到 2017 年的 1.2，如图 6 - 1 所示。

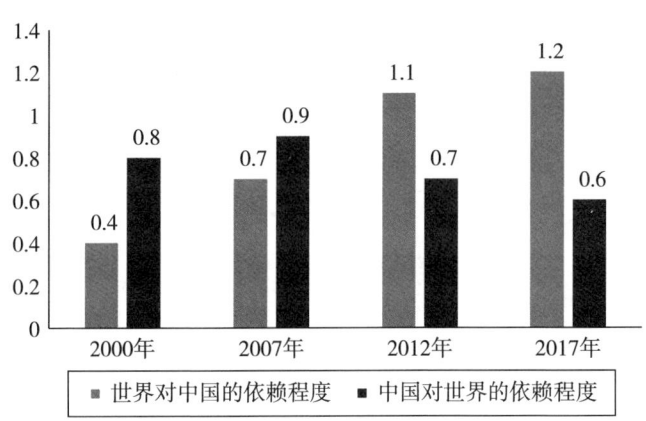

图 6 - 1 中国与世界的经贸依存关系

数据来源：McKinsey Global Institute, *China and the World*：*Inside the Dynamics of a Changing Relationship*, July 2019.

在 2020 年新冠疫情的冲击之下，内外平衡更加必要。新冠疫情暴发后，美欧各国进一步封锁了国门[①]，重新审视高度依赖"中国制造"的问题，对 5G、高科技、稀土、石油之外的其他重要物资的进出口加强了管

---

① 在 2020 年 4 月的《世界经济展望》中，国际货币基金组织（IMF）将此称为"大封锁"（Great Lockdown）。

制，如欧盟采取"防护设备出口授权计划"实施出口限制。

中国推动内外平衡，降低对外依存度的同时，继续保持全球第一大贸易国地位，对全球经济贡献也保持全球第一，依然是世界经济增长的主要引擎。根据世界银行的测算，2013—2022 年，中国对世界经济增长的年均贡献率高于 30%，超过七国集团（G7）国家贡献率的总和，其中 2020—2022 年中国对世界经济增长的年均贡献率达 40% 左右。中国在全球产业链的重要地位没有改变，从产业链看，2022 年中国制造业增加值为 4.89 万亿美元，稳居世界首位，中国制造业增加值占全球制造业比重为 30.5%；从价值链来看，2021 年中国在全球价值链总产出中的份额为 27.7%。需要指出的是，中国在全球贸易中的地位有所下降但保持第一。据世界贸易组织（WTO）数据显示（见图 6 - 2），2023 年第一季度，中国出口额占全球出口额的比重约为 14%，低于 2021 年全年的 15.1% 和 2022 年全年的 14.7%。

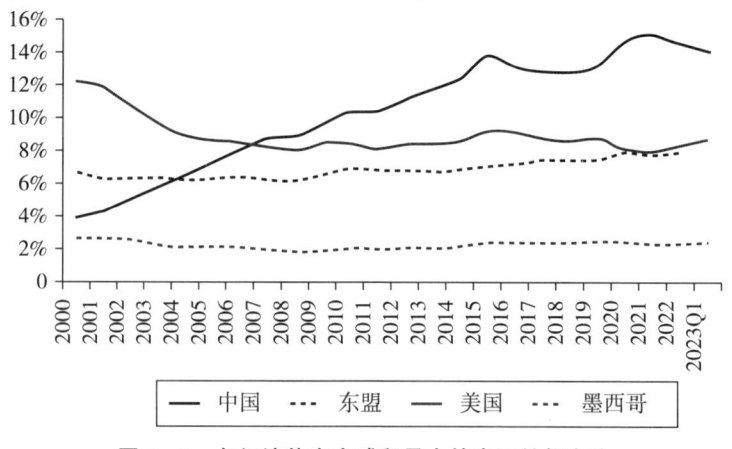

图 6 - 2　各经济体在全球贸易中的出口份额占比

数据来源：世界银行。

中国正构建新发展格局，扩大内需，并促进高质量发展。一方面，市场资源是中国的巨大优势。充分利用和发挥这个优势，不断巩固和增强这个优势，可以形成构建新发展格局的雄厚支撑。中国正牢牢把握供给侧结构性改革这条主线，提升供给体系对国内需求的适配性，扭住扩大内需这个战略基点，使生产、分配、流通、消费更多依托国内市场，形成需求牵引供给、供给创造需求的更高水平动态平衡。各级政府正着力优化内需的结构和质量，对消费和投资进行结构上的引导，扩大居民消费，提升消费层次，释放内需潜力，使建设超大规模的国内市场成为一个可持续的历史过程。另一方面，内循环强化了中国产业链供应链韧性。近年来，中国通过扩大内循环，并建设高效规范、公平竞争、充分开放的全国统一大市场，不断发挥超大规模市场优势，促进商品要素资源在更大范围内畅通流动，极大提升了中国产业链供应链的韧性。一些企业通过数字化、扁平化等方式构建敏捷组织、理性管理模式，一些数字平台从"电商"跨度到"以供应链为基础的技术与服务企业"，一些地方则在都市圈、城市群和各类区域发展战略基础上建立跨省市产业链供应链协作机制，以提高应对外部环境不确定性的响应能力。与此同时，部分外资积极融入中国关键产业链。近年来，外商投资主动与中国发展战略领域相契合。2023 年上半年，新设外商投资企业 2.4 万家，增长 35.7%；高技术产业引资增长 7.9%，占比提升 3.9 个百分点达到 39.4%；高技术制造业引资增长 28.8%。

（二）进出口平衡，扩大进口

进出口平衡，缩减贸易逆差，已成为全球趋势。美国政府将贸易逆差看成是美国经济的最大现实问题，把贸易逆差看成是贸易伙伴"占美国便宜"，作为美国主要逆差来源国的中国首当其冲。受此影响，欧洲也提出"对等贸易"说法。尽管欧洲仍坚持全球化，不认同特朗普时期的关税手段，但也认为中国在贸易顺差、准入门槛、发展中国家优惠待遇等方面需要做出相应改革，即他们认为特朗普"找对了问题，用错了方法"。2021 年，拜登上台后，美国外贸政策依然延续收紧态势。

事实上，中国一直在努力扩大进口，尤其是高质量产品及其零部件的进口。2018—2022 年连续举办五届中国国际进口博览会，并已成为年度常态化的全球贸易盛会，成为国际采购、投资促进、人文交流、开放合作的四大平台，成为全球共享的国际公共产品。但由于美欧对芯片、计算机软件、军用物资等进行严格管制，中国进口增长缓慢。2022 年，中国货物贸易进出口总值 42.07 万亿元，比 2021 年增长 7.7%。其中，出口 23.97 万亿元，增长 10.5%；进口 18.1 万亿元，增长 4.3%。

（三）地区平衡，优化贸易区域结构

面对中美贸易摩擦以及产业链本地化和区域化趋势，中国外贸"朋友圈"出现微妙变化。过去中国对美国贸易依赖较大，贸易形势较多受到美国国内政治的影响，一定程度上受到美国"长臂管辖"的制衡，这无疑加大了中国贸易的不确定性。但在疫情期间，我国生产组织有序，复产复工远远快于发达国家，各国物资供应不足也加大了对华物资进口力度。疫情结束之后，美欧日等发达国家生产能力逐步恢复，全球供应链调整加快，我国对发达国家出口比例有所下降，但对越南、墨西哥等国出口比例上升。

中国对美贸易比重下降。2019 年，美国从中国的商品进口减少 16.2%、出口下降 11.3%，中国不再是美国第一大贸易伙伴；对美贸易顺差占中国总顺差的比例从 2018 年的 91.92% 大幅下降到 2019 年的 70.18%，下降 21.74 个百分点。2020 年，受新冠疫情影响，各国供应链面临普遍性短缺，中国完备的产业链和生产能力使其国际贸易地位有所提高，成为全球唯一实现货物贸易正增长的主要经济体，对美贸易下滑趋势暂时缓解。然而，相对其他区域而言，中国对美贸易依然在下滑，2020 年美国已降至中国第三大贸易伙伴，位于东盟和欧盟之后；2023 年上半年美国进口来源国中，中国仅排第四位，如图 6-3 所示。2017 年，中国商品占美国进口总额的 21.6%，美国对中国商品出口占美国出口总额的 8.4%；5 年后的 2022 年，中国商品在美国市场的占比下降到 16.5%，占比减少了接近 1/4。麦肯锡研究表明，美国跨国公司将中国视为三大投资重点之一的比例从 2010 年的 77% 下降到 2022 年的

45%①。对美贸易下滑、产业脱钩的同时，对欧经贸形势也愈发严峻。据统计，2022 年美国成为欧盟第一大贸易伙伴，超过此前占据该位置的中国。2023 年 7 月，中国对美国出口同比下降 23.1%，对欧盟出口同比下降 20.6%。除美欧外，对其他发达国家的经贸形势同样不乐观，一些发达国家对华贸易减少、对美贸易增加，出现明显的选边站队倾向。根据日本财务省数据，2023 年 7 月，日本对中国的出口同比减少 13.4%，降至 1.5433 万亿日元，连续 8 个月下降；对美国出口为 1.7912 万亿日元，增长 13.5%。

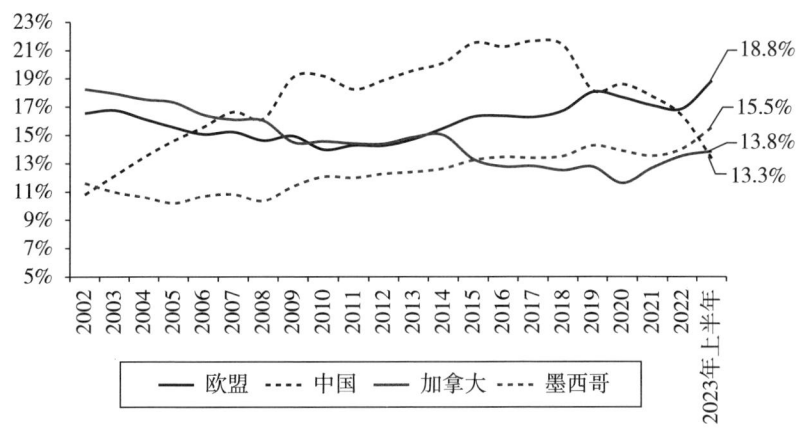

图 6 - 3　美国进口中各经济体份额

数据来源：世界银行。

尽管中国与美欧之间的直接贸易联系似乎减少，但通过第三国的参与，国际贸易网络中的间接联系或将不断增加。虽然中国在美国进口中所占的份额有所下降，但中国近年来加强了在越南和墨西哥的贸易与对外直接投资。这意味着，通过与第三方国家的贸易与投资，或将逐渐形成更多边、更多维的全球贸易联系，而这将深刻影响全球经济格局以及供应链的演变。也有观点认为，中国企业在东南亚、印度等地加工后运

---

① See Woetzel J. , J. Ngai, et al. , *The China Imperative for Multinational Companies*, McKinsey Global Institute, January 15, 2023.

往美国和其他国家的"迂回出口"正在增加。

特别是，中国与东盟和东亚的区域性合作不断深化。2020年，东盟首次成为中国第一大贸易伙伴。东盟取代欧盟成为中国第一大贸易伙伴，体现了以中国为中心的东南亚产业链的联系加强。中国还与东盟、日本、韩国在 RCEP（区域全面经济伙伴关系协定）、CPTPP（全面与进步跨太平洋伙伴关系协定）等区域合作协定上加强合作，以中日韩为中心的东亚产业链逐渐成为中国对外发展的重要倚靠力量①。2022年，中国对东盟中间品进出口总额为4.4万亿元，比上年增加16.2%；对 RCEP 其他成员国中间品进出口总额为8.7万亿元，比上年增加8.5%。2023年1—6月，中国对美国出口同比下降17%，而对东盟出口增长2%，后者成为中国最大出口目的地。

需要注意的是，一些跨国公司把中国作为生产据点，向全球市场出口的战略出现改变。企业开始重新审视生产系统，其供应链策略加速由"All in 中国"转为"中国＋N"，结果导致越南、印度等作为中国的潜在替代者，吃上了"风险分散"的红利。美国苹果公司正在鼓励其在中国台湾和其他地区的承包商将生产中心从中国大陆转移到东南亚和印度。苹果的策略很简单，一定比例的订单必须转移向海外，谁在海外有厂，订单就给谁。这就导致，中国公司跟随苹果等跨国公司的全球生产策略往越南等东南亚国家迁移。美国主要服装供应商 Gap 将扩大在墨西哥和其他国家的采购。代表性的企业还有特斯拉，其正在积极动员中国的供应链企业向墨西哥投资建厂，以复制其在上海的生产工厂和供应链体系②。

（四）货物与服务贸易平衡，做大做强服务贸易

服务业成为经济增长的一个稳定且强劲的动力因素。从增长动力和

---

① 根据 WTO 发布的《2019 年全球价值链发展报告》，全球大致存在三大生产网络：美墨加为核心的北美产业链，英法德为核心的欧洲产业链，中日韩为核心的东亚产业链。

② 参见柳书琪：《果链外迁，一场豪赌》，载《财经》2023 年第 11 期。

生产效率来看，服务业将成为高质量发展的重要动力源泉。社会各界在谈及"高质量""高科技"等概念时，往往直接与高端制造业挂钩。但实际上，当我们讨论高端制造业时，很大程度上是在讨论高端服务业，比如知识产权、研发、数字经济等。从产品价值链上看，服务部分所占比重越来越大，商品最终价格中服务环节"加价"增加，甚至超过"制造环节"或"农业生产环节"。在中国经济服务化过程中，服务业成为稳增长、调结构和稳就业的重要抓手，中国将进入高标准的"服务经济时代"。

根据国家外汇管理局公布的国际收支数据分析，长期以来，中国服务贸易处于逆差，我国贸易整体竞争力与世界服务贸易大国还有一定差距。1995 年之前，中国服务贸易一直保持顺差。1995 年，中国服务贸易首度出现逆差，之后呈现逐渐扩大趋势，在 2018 年达到 2582 亿美元。

2019 年，在服务贸易创新发展试点等政策的激励下，中国服务贸易总体保持平稳向上态势，逆差明显下降，结构显著优化，高质量发展成效初步显现。全年服务进出口总额 54152.9 亿元，同比增长 2.8%。其中，出口总额 19564.0 亿元，同比增长 8.9%；进口总额 34588.9 亿元，同比减少 0.4%。

2020 年，中国服务贸易逆差下降、结构优化。受疫情等多种因素的影响，出国旅游大幅减少，2020 年中国服务进出口总额 45642.7 亿元，同比下降 15.7%。其中，服务出口 19356.7 亿元，下降 1.1%；进口 26286 亿元，下降 24%。服务出口降幅小于进口 22.9 个百分点，带动服务贸易逆差下降 53.9%，至 6929.3 亿元，同比减少 8095.6 亿元。2020 年，中国服务贸易结构显著优化，知识密集型服务进出口 20331.2 亿元，增长 8.3%，占服务进出口总额的比重达到 44.5%，提升 9.9 个百分点。其中，知识密集型服务出口 10701.4 亿元，增长 7.9%，占服务出口总额的比重达到 55.3%，提升 4.6 个百分点；出口增长较快的领域是知识产权使用费、电信计算机和信息服务、保险服务，分别增长 30.5% 和

12.8% 和 12.5%。知识密集型服务进口 9629.8 亿元，同比增长 8.7%，占服务进口总额的比重达到 36.6%，提升 11 个百分点；进口增长较快的领域是金融服务、电信计算机和信息服务，分别增长 28.5% 和 22.5%。

2022 年，中国服务进出口规模总额达到 8891 亿美元，再创历史新高，连续第 9 年位居全球第二。服务贸易国际竞争力持续提升，可数字化服务出口占服务出口的比重将近 50%，离岸服务外包规模稳步扩大，转型升级的成效明显。在利用外资方面，2023 年上半年，服务业利用外资占到中国全部利用外资的 70% 以上。

与此同时，中国高端制造业贸易结构也在优化。2020 年中国首次成为世界上最重要的机械设备和系统供应商。据德国《世界报》报道，2020 年全球机械设备外贸总额约为 1.05 万亿欧元，比上一年减少了近 10%。其中，中国在国际销售额中的占比约为 15.8%，首次超过德国的 15.5%，占据世界第一。而在 2019 年德国领先中国 1.4 个百分点。根据世界经济论坛在全球工厂中所选出的"灯塔工厂"（即具有榜样性的尖端制造工厂），截至 2023 年 1 月，共有 132 家工厂入选。美国有 18 家企业 36 个基地入选，位居全球首位；其次是中国大陆，有 14 家企业 25 个基地入选；德国位居全球第三，有 8 家企业 14 个基地入选；日本仅有 2 家企业 2 个基地入选。特别是，以电、光、锂这"新三样"为代表，即以电动汽车、光伏产品、锂电池的出口为代表，中国高技术、高附加值、引领绿色转型的产品成为出口新增长点。2022 年，电动汽车出口增长了 131.8%，光伏产品增长了 67.8%，锂电池增长了 86.7%。

（二）制度建设促进外资质量提升

近年来，中国利用外资理念由规模向效益转变。通过制度改革，取消特殊优惠、减低准入限制，逐步接轨国际通行规则，以提升引资质量。

一方面，经过税收优惠等政策调整，逐步取消了对外资企业的超国民待遇。目前，外资企业即便享受优惠政策，这种优惠也不是来自其"外资"身份，而是来自其独特技术优势或对中西部地区的经济拉动作用。另一方面，实施国际通行的"负面清单＋准入前国民待遇"管理模式，放宽外资在汽车、金融等领域的准入限制。在制度改革的推动下，外资投资逐渐向价值链高端攀升，由纺织、电子等传统优势行业转向新能源、工业机器人等新兴行业，由最终消费品生产转向高附加值零部件生产。

（一）中国不断改善外资营商环境

资本是逐利的，决定外商直接投资（FDI）走向的根本因素是所在国家的盈利能力[①]。而企业盈利能力很大程度上取决于当地的营商环境。中国对外商投资环境的改善，主要表现在针对所有企业的一般性的营商环境、专门对外商的制度安排以及针对部分国家和地区的投资协定。

第一，一般性营商环境的改善。近年来，中国政府大幅减少和下放行政审批事项，放宽工商登记条件，优化事后监管服务，为各类市场主体提供平等、便捷的制度环境。毫无疑问，这些改革措施对中国经济增长带来了积极影响，而且也获得了国际社会的高度认可。世界银行每年对全球大约 190 个经济体的营商便利度进行全面调查和排名，统计显示，中国营商环境持续改善，如表 6 - 1 所示。截至 2019 年，中国位列世界银行"全球营商环境排名"第 31 位，比 2013 年跃升 65 位，已超越法国、瑞士和荷兰等发达国家。仅 2019 年，中国就作出了将公司印章发放纳入企业注册登记"一站式"服务、提高办理破产便利度等 8 项重大改革措施。2020 年之后世界银行未发布全球营商环境报告，但于 2020 年 7 月专门发布《中国优化营商环境的成功经验》，向全球推介中国改革经验。

---

① 2020 年 3 月 10 日，中国美国商会发布《2020 年中国商务环境调查报告》发现，37％的美国在华企业表示将延迟 2020 年追加的投资计划，甚至会缩减投资；实现财务盈利的企业占比从 2017 年的 73％降到了 2019 年的 61％，这是近 20 年来的最低点（AmCham China，2020）。

表6-1 十年来中国营商环境变化

	2009	2010	2011	2012	2013	2014	2015	2016	2017	2018	2019
营商环境排名	89	87	91	91	96	90	84	78	78	46	31
重大改革数量	1	1	0	2	2	2	1	3	2	7	8

数据来源：世界银行《全球营商环境报告》。

第二，优化外商投资环境。中国在加入 WTO 后，取消对外商投资企业的"当地含量""外汇平衡""外销比例"三大政策壁垒，并着手修改2000 条不符合 WTO 规则的法律、法规及政府法令，以适应参加 WTO 和国际化市场规则，废止了 20 多万部地方法律法规[①]。自 2020 年 1 月 1 日起，中国实施新的《外商投资法》，为外商提供更为规范、良好的投资环境。这次《外商投资法》把它以法律法规的形式落到实处，用法律的形式来约束非国民待遇的行为，约束歧视性政策制定和出台，用法律的形式保障外商投资者在中国享有国民待遇。这次《外商投资法实施条例》回答了外资普遍关注的问题。法律规定中增加了很多重要的法律条款。而这些法律规定是美国、欧盟、日本，包括印度塔塔这样的外资企业进入中国最关注的问题，比如知识产权保护、参与制定标准、外汇自由汇入汇出，将来在开放的金融市场上可以全部开放外资企业进入不设障碍等，这些都是特别重大的政策安排。自 2023 年 1 月 1 日起，施行《鼓励外商投资产业目录（2022 年版）》，持续鼓励外资投向制造业，新增或扩展元器件、零部件、装备制造等条目；持续鼓励外资投向生产性服务业，新增或扩展专业设计、技术服务与开发等条目；持续鼓励外资投向中西部和东北地区，根据各地劳动力、特色资源等优势，新增或扩展了"中西部地区外商投资优势产业目录"有关条目。

第三，持续扩大制度型开放。在建设国内统一大市场的同时，中国正不断扩大制度型开放水平，维护和延长战略机遇期。何为制度型开放？

---

① 参见陈文玲：《中国将走向更高水平的制度性开放》，载《经济要参》2020 年第 14 期。

一方面，制度型开放要让市场在跨境资源配置中发挥重要作用①。外贸、外资、内资和外资企业的不断竞争，使得全球投资在海外市场上不断流动，在跨境配置资源问题上，我们要更加重视让市场在跨境资源配置中发挥重要的作用。海外市场配置资源本质上和国内市场配置资源是一样的，无论是进口还是出口，吸引外资还是对外投资，国内企业还是外资企业的发展，最后都是通过竞争，形成最优效率的资源组合方式。另一方面，要有稳定、透明、可预期的国际贸易规则，这和国内市场需要交易规则是一样的。稳定、透明、可预期的制度性开放是高水平开放的必然要求。自 2020 年公募行业取消外资股比的限制以来，截至 2023 年 9 月，境内外商独资公募已增至 9 家。这些机构也正在积极布局新产品，加速融入中国市场。美国路博迈集团的中国子公司发行了中国绿色债券基金，这是迄今为止国内最大规模的主动管理型绿色债券主题公募基金。同期，已有 47 只外商独资公募产品正式成立，合计发行规模超过 160 亿元。

（二）自贸区、自贸港加大制度改革

2013 年 9 月 29 日，中国第一个自贸试验区在上海揭牌运行。10 年来，我国已先后设立 21 个自贸试验区，形成了覆盖东西南北中、统筹沿海内陆沿边的改革开放创新发展格局，以不到千分之四的国土面积，贡献了全国 18% 的外商投资和进出口总额，累计向全国复制推广 302 项制度创新成果，成为新时代改革开放新高地。外商投资准入负面清单制度不断完善，制度创新与差异化改革持续推进。如果说中国加入 WTO 的时候，是货物和部分服务业的对外开放，那么设立自贸区则是更加注重投资和金融等服务业领域的更深层次的开放，是全方位、各领域的对外开放。需要特别指出的是北京自贸区和海南自贸港。

---

① 参见江小涓、孟丽君、魏必：《以高水平分工和制度型开放提升跨境资源配置效率》，载《经济研究》2023 年第 8 期。

在继承已有自贸区全面对外开放改革试点的已有做法基础上，北京自贸区以"服务贸易"为特色。北京于 2015 年获批了服务业扩大开放综合试点，并且在北京召开的"中国国际服务贸易交易会"已成为与广州"广交会"、上海"进博会"齐名的在国内举办的三大国际化的贸易盛会，分别主打服务贸易、商品出口、商品进口。2021 年 4 月，天津、上海、海南、重庆经国务院批复同意，顺利开展服务业扩大开放综合试点，这也是自北京外的首次扩围。

依托地理上封关的便利性，海南自贸港则区别于内地省市设立的自贸区，在税收、进出口等环节进行了更大程度的制度突破。2018 年 4 月 13 日，习近平总书记在庆祝海南建省办经济特区 30 周年大会上宣布，"党中央决定支持海南全岛建设自由贸易试验区，支持海南逐步探索、稳步推进中国特色自由贸易港建设，分步骤、分阶段建立自由贸易港政策和制度体系"。按照中央部署，海南要努力成为中国新时代全面深化改革开放的新标杆，建设自由贸易试验区和中国特色自由贸易港，着力打造成为中国全面深化改革开放试验区。当前，海南正锚定 2023 年底前具备硬件条件、2024 年底前完成封关各项准备工作、2025 年底前实现全岛封关运作的目标任务，不断扩大开放、提升开放水平。

（三）中国吸引外资保持稳健增长

2020 年，中国跃居全球最大外资流入国。受新冠疫情影响，2020 年全球出现了大范围停产停工，甚至供应链局部中断现象，全球外国直接投资缩水 42%。2020 年发达经济体外国直接投资下降 69%，其中美国缩水近一半；发展中经济体下滑 12%。中国较快遏制疫情大范围传播并进行常态化防控，中国吸引外资逆势上扬 4%，占全球外国直接投资比重达 19% 份额，占全球榜首。

2022 年，全国实际使用外资金额 12326.8 亿元人民币，按可比口径同比增长 6.3%（折合 1891.3 亿美元，增长 8%），保持稳定增长。引资结构持续优化。制造业实际使用外资 3237 亿元人民币，同比增长

46.1%，占全国26.3%，较2021年提升7.8个百分点。高技术产业实际使用外资增长28.3%，占全国36.1%，较2021年提升7.1个百分点，其中电子及通信设备制造、科技成果转化服务、信息服务分别增长56.8%、35%和21.3%。大项目带动作用增强。合同外资1亿美元以上大项目实到外资6534.7亿元人民币，增长15.3%，占全国实际使用外资的53%，为稳定外资提供了重要支撑。

2022年6月，中国欧盟商会发布《商业信心调查2022》。调查结果表明，欧洲企业的中国业务正在加强本地化，计划本地化供应链的企业数量是计划转移供应链的企业的8倍。在过去5年间，众多企业的员工职位——从初级员工到董事会成员——实现了显著的本土化。由于"安全可控"的技术指导方针和日益严格的数据治理法规，有75%的受访企业已将信息技术基础设施和数据存储基础设施本地化。

三 "一带一路"倡议推动海外投资高质量发展

（一）中国对外投资稳健增长

2022年中国对外直接投资流量1631.2亿美元（见图6-4），为全球第2位，连续11年位列全球前三，连续7年占全球份额超过一成。2022年末，中国对外直接投资存量达2.75万亿美元，连续6年排名全球前三。同一时期，中国境内投资者共在全球190个国家和地区设立境外企业4.7万家，北美洲占13%，欧洲占10.2%，拉丁美洲占7.9%，非洲占7.1%，大洋洲占2.6%。

图 6-4　中国对外直接投资流量（亿美元）

数据来源：商务部：《中国对外投资合作发展报告 2020》《2020 年度中国对外直接投资统计公报》。

（二）"一带一路"共建国家成为中国对外投资增长极

以"一带一路"倡议的提出为标志，中国参与双边、区域合作和全球经济治理的方式从以往的被动参与向主动构建转变。"一带一路"共建国家正逐渐成为中国对外直接投资的重要目的地。

2022 年，我国企业在"一带一路"沿线国家非金融类直接投资 1410.5 亿元人民币，较上年增长 7.7%（折合 209.7 亿美元，增长 3.3%），占同期总额的 17.9%，与上年同期持平，主要投向新加坡、印度尼西亚、马来西亚、泰国、越南、巴基斯坦、阿拉伯联合酋长国、柬埔寨、塞尔维亚和孟加拉国等国家。对外承包工程方面，2022 年我国企业在"一带一路"沿线国家新签对外承包工程项目合同 5514 份，新签合同额 8718.4 亿元人民币，增长 0.8%（折合 1296.2 亿美元，下降 3.3%），占同期我国对外承包工程新签合同额的 51.2%；完成营业额 5713.1 亿元人民币，下降 1.3%（折合 849.4 亿美元，下降 5.3%），占同期总额的 54.8%。

从 2013 年"一带一路"倡议提出至今已有 11 年，"一带一路"贸易在中国对外贸易中的占比已从不足 26% 提升到 2023 年上半年的 34.3%；中欧班列开行数量也大幅增长，截至 2023 年上半年，中欧班列累计开行已超过 7.3 万列，发送货物 690 万标准箱。中国企业在"一带一路"沿线国家的非金融类直接投资在对外投资中的占比也从最初的不足 12% 提升至 2023 年上半年的 18.6%。"一带一路"新签承包工程合同额与完成营业额，在对外承包工程新签合同与完成营业额中的占比长期超过 50%。目前，"一带一路"经贸合作已成为驱动中国对外经贸合作快速发展的重要力量。

截至 2023 年 8 月，我国已与 152 个国家、32 个国际组织签署了 200 多份共建"一带一路"合作文件，覆盖我国 83% 的建交国。

（三）"一带一路"助力全球分享中国增长红利

中国正在走一条有别于传统大国的和平发展道路，在"一带一路"建设项目为代表的海外投资不断将中国资金、人才以及制度经验向全球分享（尤其是共建国家、非洲等地）。

"一带一路"建设让海外分享中国"经济增长"的红利。美国威廉玛丽学院"援助数据"（AidData）项目团队认为，近几年中国的对外援助经费与美国相当，但经费的具体用途却不尽相同，中国的援助会让被援助国得到切实的经济增长红利。世界银行数据也显示，"一带一路"建设可为世界经济带来 2.87% 的增长，并将全球贸易成本降低 1.1%—2.2%。据统计，仅蒙内铁路一项工程就可为肯尼亚每年贡献约 1.5% 的经济增速。

"一带一路"建设让海外分享中国经济"高质量发展"的红利。以前，中国缺乏资源、劳动力富裕，而共建国家、非洲等地资源富余、劳动力相对缺乏，中国从海外进口资源等初级产品，向其出口各类工业制成品。但如今，中国经济形势发生新变化，特别是产能过剩、劳动力人口下滑，增长模式从数量型转向质量型，对海外资源需求明显下降，对产品进口层次要求提高，投资质量显著提升，向海外转移的制造供应链层次也相应提高。中国对外合作立足于当地经济基础并推动产业升级，设立多个工业园区进驻整套产业链，着重推介中国最先进的高铁、核电、金融科技等产业。当地获得中国技术,可以促进自身要素禀赋结构的提升,进而推动以产业链发展为基础的投资、价值延伸,并最终实现多层次、高附加值的合作。

2020 年新冠疫情期间,高质量共建"一带一路"供应链成为新增长点。疫情蔓延过程中,中国为共建"一带一路"合作伙伴抗击疫情作出独特贡献,合作复工,保障民生,带动供应链进入南亚、非洲、拉美等地区。包括公共卫生和健康、生态建设和环保、减少贫困和可持续发展等方面合作,也包括推动贸易投资自由化便利化、拓展供应链产业链分工协作、创造更多本地就业改善民生等领域合作。

专栏:"一带一路"促进全球共享中国 5G 技术

如果说中美贸易战倒逼中国 5G 练好内功,那么"一带一路"倡议则给 5G 插上了腾飞的翅膀,让世界各国尤其是落后地区使用到最先进的中国科技。中国正以 5G 和人工智能这样的技术标准为基础,专注于建设有利于中国经济的全球价值链,而不仅仅是在海外建设港口和铁路。

据英国《金融时报》报道,中国 5G 标准和技术已成为"一带一路"倡议重要组成部分,欧洲正被拽入中国的技术轨道。实际上,美国对华为的制裁效果是非常有限的。尽管有华盛顿方面的多次施压和游说,华为在争取 5G 国际客户方面已经取得了相当大的进展。欧洲国家采用中国 5G 技术和设备的主要原因是"一带一路"倡议下全球数字基础设施建设的浪潮所推动。华为的设备已经嵌入到英国、德国和其他欧洲国家的现有电信系统中,把它拆除或替换将是昂贵的和破坏性的。

中国在"一带一路"建设中采用先进的 5G 及相关技术,助力非洲等地区"弯道超车"。随着中非贸易往来的日趋便利化,跨境电子商务为中非商贸合作带来新机遇。非洲互联网用户众多,是潜力巨大的市场。中国在电商市场培育、数字支付和物流管理方面积累了大量经验,可以帮助非洲国家更好构建电商生态系统。未来中非贸易将共享电商发展红利,实现互利共赢。卢旺达是世界电子贸易平台（eWTP）落地的第一个非洲国家，该平台是由阿里巴巴集团为全球中小企业提供的电子商务交易数字化基础设施。受新冠疫情影响，非洲许多国家线下零售业受到较大冲击，线上购物则呈现逆势增长势头。中国商品或当地生鲜食品，最快可在 24 小时内到达消费者手中。由中国投资者创办的电商平台 Kilimall，目前已成为东非地区最大的电商平台，吸引数千家供应商入驻。除把中国商品销往非洲外，鲜花、红酒、可可豆、咖啡豆等非洲产品也通过平台上线，让中国消费者可以直接购买。

中国正在走一条有别于传统大国的和平发展道路，在"一带一路"共建国家、非洲及全球打造人类命运共同体，为各国人民谋福利。其中，重要内容就是将中国的 5G 等最好的东西输出到他国，当地获得中国 5G 技术和设备，可以促进自身要素禀赋结构的提升，进而推动以产业链发展为基础的投资、价值延伸，并最终实现多层次、高附加值的合作。因此，"一带一路"倡议下的 5G 合作，是真心实意地致力于提升有关国家的自主和可持续发展能力。例如，过去几年里，中国的数字基础设施已遍及南非、安哥拉、津巴布韦等多个地区。

（四）"债务陷阱"子虚乌有

中国"一带一路"倡议在共建国家、非洲等地区深得人心，大量基础设施项目不断落地，国际影响力大幅提升。与此同时，西方政界及媒体开始大肆渲染"债务陷阱论"，一方面试图削弱中国积极正面的国际形象；另一方面欲在具体项目上"扯后腿"[①]。2018 年 5 月，哈佛大学肯尼迪政府管理学院发布《账本外交》，报告认为，中国设定了包括斯里兰

[①]　"债务陷阱论"导致一些项目被取消、推迟或缩减规模，其背后就有欧美力量。例如，缅甸皎漂港项目由最初的修建 10 个泊位调整为 2 个泊位，初期投资额也由最初的 73 亿美元缩减到了 13 亿美元，据报道，其背后"得到了美国专家团队的支持"，美国国际开发署派出团队帮助缅甸检查了与中方的合同条款。

卡、菲律宾在内的若干"目标国",向他们提供"明知无法偿还"的债务,届时中国就会利用这些债务换取其他战略资源①。这些说法受到《纽约时报》《金融时报》等媒体的大肆宣传。西方社会质疑中国为什么愿意将大量资金投入到贫穷落后的国家,为什么帮助他们改善基础设施?显然这是"以小人之心度君子之腹"。

中国"一带一路"建设看中的是当地发展前景,为的是双方经济利益。第一,从发展历程来看,向海外输出投资和产能是国家发展壮大的必然阶段。随着中国经济崛起,企业"走出去"开拓国际市场将更加普遍。第二,从区位选择来看,向发展中国家产业转移、扩大投资是客观规律。资本是逐利的、技术是流动的,国际上存在着分地区、分层次的产业转移"雁阵模式",中国、印度的发展正是受益于此;在未来,东南亚、非洲等地将加快承接产业转移。第三,从具体项目来看,向基础设施建设投资可以获得较大的乘数效应。基础设施对私人投资的挤出效应小,可以拉动更多民间投资,具有较好的长期效益和社会整体效益,而且越是在经济落后、基础设施较差的国家,其带动效应越强②。考虑到项目周期长、风险大等问题,中国企业与有关国家商定 BOT(建设—经营—移交)、PPP(公私合作)等具体合作形式,在是否拥有长期股权、占比多少、是否签有长期租赁合同、是否获得长期运营权等问题上达成一致协议,是由行业性质决定的,完全符合通行的国际规则。美国在中国以及其他国家的大型基建投资项目也普遍采用这一做法,法国、日本在全球的一些核电站建设也持有长期产权。把获得长期股权或经营权当作"侵蚀"当地主权,显然是违背国际投资规律的。

"一带一路"建设实际上是提升了当地抗风险能力。中国提供的贷款

---

① See S. Parker & G. Chefitz, Debtbook Diplomacy, *China's Strategic Leveraging of Its Newfound Economic Influence and the Consequences for U. S. Foreign Policy*, Harvard University, 2018.

② 参见张艳艳、于津平、李德兴:《交通基础设施与经济增长:基于"一带一路"沿线国家铁路交通基础设施的研究》,载《世界经济研究》2018 年第 3 期。

大多是还款期限长、低利率的优惠贷款，旨在为当地实现经济起飞提供动力和促进长期发展，而不是为了追求短期高额回报。"一带一路"项目本身是有效投资和有价值资产，增加债务对应的是增加有效资产，可以获得长期回报的资产①。同时，中国的投资降低了当地引入外资的困难，避免了因外资突然大量撤离而发生系统性金融风险，盘活了当地未开发的矿产、土地、港口等"僵化"资产，并提高了资产的可抵押、可担保性及融资能力。为有效地降低当地债务负担，"一带一路"倡议还致力于打造新型合作平台，创新投融资机制，成立了亚洲基础设施投资银行，积极引导各类资本参与。因此，"一带一路"建设改善了当地财政税收状况，大幅提升了当地的融资能力和还贷能力，降低了其陷入债务危机的可能性。

需要指出的是，虽然中国与"一带一路"共建国家、非洲、俄罗斯、中东以及中亚等地区经济合作取得较大进展，但美欧日发达国家在全球贸易、对华贸易的占比和结构上占优，后者的贸易地位短期内难以取代，"一带一路"市场仍需长期战略推进。客观地说，外国对华投资无论是从投资额还是投资企业数量看，主要都来自相对发达国家。根据《中国外资统计公报 2022》的"截至 2021 年外商直接投资分国别（地区）情况"，除了中国港澳台地区和英属维尔京群岛、美属萨摩亚外，累计设立企业数前 10 名分别是美国（75624 家）、韩国（71867 家）、日本（54631 家）、新加坡（28673 家）、加拿大（17169 家）、澳大利亚（13723 家）、德国（11836 家）、英国（11199 家）、意大利（6918 家）、法国（6687 家）。如这些国家的企业大量外移，对中国经济和就业将造成严重影响。从人员来看，根据中国国家移民管理局的数据，今年上半年，内地移民管理机构共查验出入境人员 1.68 亿人次，按年增长 169.6%，是 2019 年

---

① 参见龚婷：《一带一路"债务陷阱论"可以休矣》，载《一带一路报道（中英文）》2019 年第 4 期。

同期的48.8%。其中，单从外国人出入境数据来看，今年上半年843.8万人次与2019年全年9767.5万人次相差甚远。

四 开放发展的国际比较

美欧发达经济体以及印度等新兴市场国家在开放发展战略上出现不同的倾向，对外贸易格局出现较大分化。知己知彼方可百战不殆，关注这些国家和地区的最新对外政策，可为中国开放发展提供应对策略和借鉴意义。

（一）美国推行供应链"去中国化"战略

美国的国家利益要通过国际领导力来实现，是1950年杜鲁门总统时期一份代号NSC-68的文件所确立的美国现代外交政策的指导思想。当时总体政策可以被描述为打造一个可以促进美国生存和繁荣的世界环境，反对孤立主义，积极参与国际社会。然而，特朗普已用大锤砸碎这个基石。2021年，拜登上台没有改变"美国优先"的逆全球化姿态。拜登也在推行与特朗普时期类似的民族主义、内向型贸易政策，推出了更严格的"购买美国货"的采购政策和将关键的制造业部门转移到国外的工业政策。拜登称中国是21世纪"最大地缘政治考验"，在贸易、技术、数据、信息和未来产业方面，更广泛的中美脱钩和争夺主导权的竞赛仍在继续。

近年来，美国等地推动所谓的"友岸贸易"和"近岸贸易"，并寻求供应链的"去中国化"。如果说特朗普的政策转向较为随意和突然，那么拜登政府上台之后美国贸易政策的转变则更具系统性和"设计感"。拜登政府的《2022年通胀削减法案（IRA）》《芯片与科学法案》极大促进了高技术企业扩大对美国投资。两大法案利用税收抵免、财政补贴等措施吸引半导体、汽车及电池等高技术企业赴美建厂。2023年3月，美国国会众议院通过了剥夺中国发展中国家地位的法案，剥夺中国作为一个发展中国家在国际组织中应该享受的优惠待遇。2023 年 8 月，美国总统拜登签署行政令，限制美国主体对中国半导体和微电子、量子信息技术和人工智能领域进行投资。

2022 年，科尔尼美国制造业回流指数迎来了疫情之后首次上涨，并上升至 39，制造业回流为美国创造就业岗位 35 万个，增长 52.8%。麦肯锡的研究报告指出，目前美国的制造业已经到了一个拐点，扭转了工作岗位流出的趋势，在全球制造业产值、产出和出口中的份额也趋于稳定；2023—2030 年，如果美国持续恢复关键制造业增长和竞争力，将使美国的 GDP 增长 15% 以上；强劲的制造业经济提供了重要的就业和晋升机会，美国制造业员工一般不需要本科学位而其收入是从事同等服务业工作人员的两倍，因此，美国重振制造业将增加多达 150 万个工作岗位，尤其是中等技能岗位，这将有助于重整美国劳动力市场并稳固中产阶层[①]。美国制造业的回流和强劲发展，对中国在全球产业链供应链的地位提升形成了较大的冲击。

（二）欧盟坚持以规则为基础但要修订现行规则

在全球第四次工业革命、中美贸易摩擦、新冠疫情的背景下，欧洲企业受到竞争对手的挤压，如何在夹缝中生存，成为欧洲各国政府和企业迫切关注的问题。欧洲国家正面临一个十字路口：在一个变化中的、充满挑战的世界中，该如何重新确立自身的位置。

欧洲在坚持全球化的同时，收紧了对华经贸审查。近年来，欧盟一改市场自由化和政府不干预的立场，打造积极的产业政策，力求与中美科技企业、战略产业、技术标准等领域分庭抗礼，具体政策包括培育"欧洲冠军"企业、保护技术主权、征收数字税、加强规则制定权等。欧

---

① See T. Carr et al. , *Delivering the US Manufacturing Renaissance*，McKinsey & Company，V. 29. 8. 2022.

洲在中美贸易战等问题上，表现出"对美国不敢得罪，对中国不愿放弃"的矛盾心理。一些欧洲外交官和企业高管还指责美国利用制裁机制将欧洲企业挡在中国市场之外，与此同时，却对美国公司提供豁免。2021年9月，欧盟委员会主席冯德莱恩发表了2021年度国情咨文，将中国定性为竞争者、对手及合作伙伴，声称"希望建立联系而不是依赖性"。实际上，欧盟产业链对华依赖较强。中国是欧盟最大的原材料供应国，提供了欧盟98%的轻稀土元素和重稀土元素、93%的镁、99%的铈、49%的铋、47%的天然石墨、26%的钨丝等10种关键原材料，并且欧盟对中国稀有金属材料的加工高度依赖，因此，短期内欧盟与中国仍"难舍难分"。欧盟统计局发布的数据显示，2020年中国不仅首次取代美国成为欧盟最大贸易伙伴，而且在欧盟前十大贸易伙伴中一枝独秀，是唯一实现与欧盟货物出口额与进口额"双增"的国家。从微观企业实际情况来看，中欧合作也逐渐深化。例如，华为在英、法、德等国家的电信设备市场份额较高，且华为的大部分全球研发均立足欧洲，2020年欧盟将华为列为全球三大创新者之一。

总体上，欧洲的做法不像美国那样"赤裸裸"，而是在坚持所谓普世价值的基础上，通过修改规则的方式来评判对华经贸活动，反对美国的单边主义和逆全球化做法。受美国的影响，欧洲对华态度趋紧，但透露出与美国完全不同的评判标准。这为中欧合作留下了充足空间。

（三）新兴市场增速下滑，工业化窗口期关闭

21世纪的前10年，新兴市场国家的成就是极为辉煌的。经济上，成为世界经济的"火车头"，2001年美国高盛公司首席经济师吉姆·奥尼尔首次提出"金砖四国"，很快就成为风靡全球的概念。2010年，IMF和世界银行分别通过改革方案，由发达国家向新兴经济体转移部分投票权。可以说，这个时期以中国和印度为代表的新兴市场国家在集体性崛起。

然而，随着发达经济体从2008年金融危机中逐渐复苏，发展中国家的增长势头却在下降，双方增速向中间收敛，集中在1%—6%区间。尤

其是，中国、印度、俄罗斯、巴西、南非、阿根廷、土耳其等发展中国家全面失速，部分国家还出现了负增长和金融危机。昔日的"金砖国家"已经失色不少，IMF 和世行改革也基本停滞，二十国集团、世贸组织、联合国等多边机构的地位也已被弱化。

新冠疫情进一步恶化了发展中国家的发展形势，除中国之外普遍陷入不同程度的增长困境。面对新冠疫情冲击，全球复苏出现分化，发达国家的复苏快于发展中国家。更严重的问题是，一些发展中国家深度返贫。世界银行、IMF 等国际机构研究都发现，在全球经济复苏的背景下，贫困国家经济并未获得同等程度的复苏，面临深度且长期的贫困危机和社会不平等持续扩大的挑战。世界银行预测，2021 年位于全球收入分配最底层40%的人口，其平均收入较疫情前降低6.7%，而排名前40%的人口平均收入仅降低2.8%。如图 6－5 所示，按照贫困程度五等分后，2021 年越是贫困人群收入下滑幅度越大。

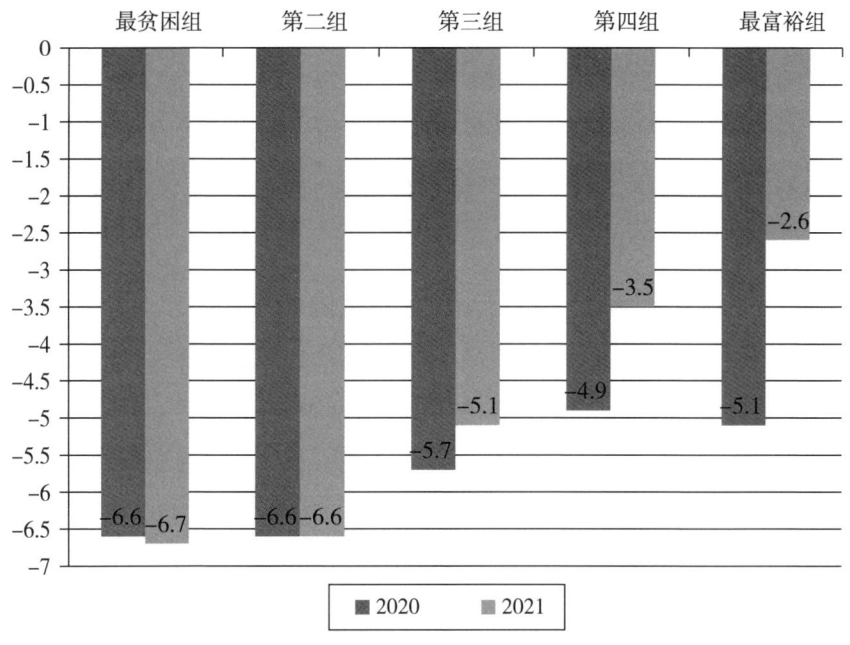

图 6－5　2020 年和 2021 年全球不同收入群体的收入下滑情况

数据来源：Sánchez-Páramo C.，Hill R.，et al.，*COVID－19 Leaves a Legacy of Rising Poverty and Widening Inequality*，World Bank，October 7，2021.

从全球产业发展趋势来看，发展中国家一直以来依靠的廉价劳动力不再构成其参与全球分工的核心竞争优势，工业化窗口期关闭。几十年来，促进出口的劳动密集型制造业被视为低收入国家攀登经济阶梯的最佳战略[①]，但现在发展中国家依靠廉价劳动力推动出口增长的窗口正在关闭。简单的模仿式追赶的增长来源已被耗尽，低端制造业中能够被轻易摘取的果实已经被摘走了，高科技行业追赶的难度则更大。联合国工业发展组织于 2021 年 10 月发布《2021 年第二季度全球制造业生产报告》显示，2021 年第二季度全球制造业产出同比增长 18.2%，但各行业复苏速度不同加剧了地区不平等，其中，高科技行业增长了 20% 以上，而技术含量较低的行业产出增速仅为 13%。

新兴市场借力第四次工业革命弯道超车的愿望很难实现。根据联合国工业发展组织发布的《2020 年工业发展报告》，美国、日本、德国、中国大陆、中国台湾、法国、瑞士、英国、韩国和荷兰 10 大经济体占据全球先进数字化制造技术 91% 的专利 70% 的产品出口，另有 40 个追赶型经济体占全球数字化制造技术 8% 的专利份额，世界其他地区在这一领域的活动较少或极少，甚至完全没有。先进数字化制造技术的应用在中国以外的发展中国家非常有限，利用数字技术实现第四次工业革命的弯道超车的这一想法显然是不切实际的。

(四) 中国外部环境趋紧但仍处于战略机遇期

与 20 世纪 90 年代日本面临的全球经济格局不同，当前中国与美欧等发达经济体脱钩问题更加严峻。美欧对华的脱钩策略，不仅是技术、设备、零部件的出口限制，也包括已出售设备的运营、维修、产品更新换代等服务中断，更延伸到合资企业或项目的撤资、人员撤回或减少、观

[①] 例如，Glaeser 认为在开放经济中，城市居民可通过进口粮食来满足生存需要，对本国农业经济依赖性下降，这促使发展中国家可以跳过 "先发展农业再缓慢城镇化" 的一般规律，直接进行大规模的工业化。参见 E. L. Glaeser, *A World of Cities: The Causes and Consequences of Urbanization in Poorer Countries*, Journal of the European Economic Association, Vol. 12: 5, p. 1154 – 1199 (2014)。

念和舆论的差异拉大等领域。

亟待关注的问题是，发达国家对中国的高科技产品和核心技术实施限制和禁运，这对中国科技产业的发展带来了很大的不确定性。一方面，西方对于中国的技术封锁不是设备、零部件、材料、技术等问题，而是整个产业生态（或者说产业链）的问题。要打造整个产业链，突破难度比局部突破一个链条更难①。有的国内企业生产缺少关键零部件，而生产这些零部件的国内企业缺少生产设备，拥有相应设备的国内企业已很难享受国外供应商对设备的技术服务，生产这些设备的国内企业缺少核心技术，这就是一个低效率循环。以光刻机为例，荷兰的光刻机制造商ASML一直以来都在半导体行业占据着重要地位，其高端光刻机技术被广泛用于芯片制造，但荷兰政府于 2023 年 6 月发布了一项新的出口管制法规，其中包括了对半导体设备的出口进行限制。这项法规要求 ASML 在向中国客户出口其最先进的浸润式光刻系统之前，必须向政府申请出口许可证。这意味着 ASML 的出口到中国的光刻机交付可能会受到延迟或限制。ASML 的浸润式光刻系统被视为最先进的光刻技术，具有高精度和高效率的特点，广泛用于生产高性能芯片，包括处理器和存储器芯片。作者在北京调研时发现，国内集成电路自主技术比国外低一代，但因为缺少设备导致实际低了两代。一般来说，一些关键零部件都可以提前存货，或者使用工艺技术上略低一级的国产零部件来替代，以保障整个产业链至少可以正常运转。然而，一些小众的材料面临"曲高和寡"问题，用途窄、市场需求小、利润低、技术壁垒高，企业缺乏足够的市场激励去自主研发创造。另一方面，大国重器大多被全球寡头垄断，我国自主研发难度大。例如，邮轮建造被德国、意大利、法国、芬兰四国

---

① 例如，光刻胶保存期限短、不能自给的特征导致国内芯片断裂风险较大。作为一个芯片产业链，很难说哪个链条更重要，但如果从断链速度和自给率来看，光刻胶可能是芯片产业风险最大的一个链条，它难以自给且保存期限只有 3 个月左右，一旦遭遇断供则 3 个月后将导致整个芯片产业停产。

的部分企业垄断，邮轮运营主要被嘉年华等美国企业垄断，飞机发动机被美欧少数企业垄断。企业较难进入垄断行业是经济学基本规律，这在涉及大国重器的产业领域尤为突出。例如，芯片领域一些关键的专利早已被台积电等企业布局了，中芯国际等国内企业只是跟随者，在技术上实现"弯道超车"的可能性很小。此外，量产线比试验线更难，举国体制在"高精尖"技术产业化发展道路上的效力不及预期。人们往往认为集中力量攻克一个技术、一个产品就能快速大规模推广，从而解决我国相关产业链"卡脖子"问题。但实际上，即便是通过试验线实现了 0 到 1 的突破，也很难转化为量产线。试验线侧重能力达成，不计成本地生产出一个或少量几个即可，往往是政府或国有企业主导；量产线侧重能力优化，需要投入批量的设备、材料、人才和资本，更需要低成本、多样化满足多变的市场需求，往往依靠市场自发力量来培育和壮大。如果市场对试验线产品的质量和成本不满意，则将不会有量产线。仅从技术上看，试验线可以产出一个产品时，不能保证可以同批次产出一模一样的多个产品。

以往，随着全球化的推进，企业寻求在全球范围内重新分配生产环节，以最大程度地降低成本并实现利润最大化。例如，大型跨国汽车制造商（如丰田和福特），通过将零部件制造外包到低成本国家（如中国、墨西哥），然后将这些零部件在其他国家的装配厂进行最终组装，实现了成本效益和生产效率的提升。这种全球生产网络使产品能够以更具竞争力的价格进入市场。当前及未来，全球供应链活动的持续重新配置或将导致成本上升。一方面，产品进口成本上升。通过对 2017—2022 年美国进口数据分析发现，从中国进口份额的下降与美国从越南、墨西哥购买的商品单位价格的上升相关，表明与美国从越南、墨西哥进口采购量上升相关的成本推动或需求拉动因素导致了这些地区商品价格的上涨。另一方面，供应链转移成本上升。监管合规成本、技术投资等成本的上升将影响企业供应链转移决策，迫使企业在成本和效率之间寻求平衡。例如，欧盟对产品的化学物质限制规定十分严格，如果将生产转移到欧洲，可能需要额外的测试与认证。

可以说，美欧的技术封锁确实给中国造成了较大冲击。在商飞、中船邮轮等领域，中国过去曾吸引了大量外资和技术合作，帮助企业迅速发展和提高技术水平。然而，随着国际政治经济形势的变化，一些国家出于战略考虑，开始限制对中国高科技行业的合作和投资。这导致一些外资企业撤离中国市场，同时技术交流和合作受到限制，对中国企业的研发造成冲击。苏联曾经对中国提供重要的援助，但在特定历史时期，也曾撤出援助，给中国带来了一定的经济和技术困难。如今，随着全球经济和政治格局的变化，美欧国家也在技术领域撤出市场合作，这对中国的企业研发同样构成挑战。如图 6 – 6 所示，中国企业在高铁、数字支付、电动车等行业占据 90% 以上的市场份额，但海外市场份额不到 10%，半导体和大飞机的国内外市场份额均不高于 5%，而且所有这些高科技行业都离不开全球供应链和创新链，本土化零部件供应不足，尤其是货轮、智能手机、云服务、机器人、半导体、大飞机等行业的本地零部件占比都达不到 50%。当然，中美脱钩的美国也将产生巨大负面影响。2021 年 2 月，美国商会发布了《了解中美脱钩》报告，警告拜登"中美脱欧会导致美国 GDP 每年的损失将高达 5000 亿美元以上"，并呼吁白宫"采取缓和与克制的措施"。

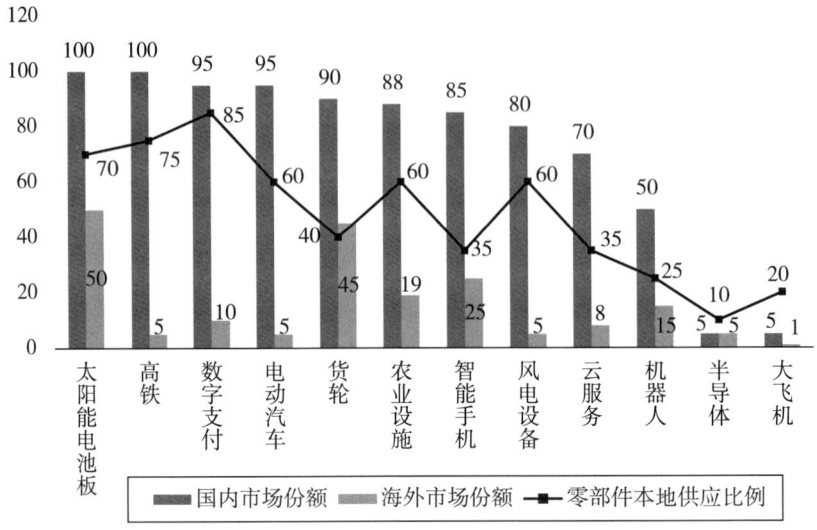

图6-6 中国科技企业在海内外市场份额情况

数据来源：McKinsey Global Institute, *China and the World*: *Inside the Dynamics of a Changing Relationship*, July 2019.

那么，中国经济奇迹终结了吗？三年疫情期间4.5%的年均增速是否意味着一个新的常态的出现？中国经济长期增长率到底是多少？我们认为，对这些问题应保持乐观，对中国经济要有信心。一个基本的事实是，中国经济增速并不低。2022年中国经济总量已超过121万亿元，占全球经济总量的比重约为18%，稳居世界第二位。2022年中国GDP增速下降到3.0%，主要是由于疫情及疫情恢复需要一定的时间周期，并非经济陷入低迷，且与主要发达国家相比，增速已然不低（2022年美国、德国、日本的经济增速分别为2.1%、1.8%和1.0%），中国经济增长对全球的贡献也并没有下降。特别指出的是，疫情期间及疫情后经济恢复期间的数据有误导性，不能用新冠疫情以来的增速来认定中国经济的长期增速。从2023年情况来看，上半年中国经济增长5.5%，预期能够实现全年5%的增长目标，重回经济稳定增长的轨道。一个基本判断是，中国可以通过技术进步避免陷入经济低增长，保持经济的长期稳定，实现高水平的经济增长，保持在全球经济中的领先地位。在人口红利、土地财政、基础设施建设、房地产等发展模式或领域出现问题的同时，中国经济发展到了新旧动能转化的长周期，在数字化、绿色化以及工业化、城镇化等领域存在较大空间。在高质量发展阶段，只要有效激活市场力量，必然会获得持续的发展动力。2023 年 9 月，习近平总书记提出"新质生产力"，并明确指出："整合科技创新资源，引领发展战略性新兴产业和未来产业，加快形成新质生产力"。新质生产力有别于传统生产力，涉及领域新、技术含量高，依靠创新驱动是其中关键。可以说，中国经济持续向好的基本面没有改变，产业发展基础稳固。

五 政策建议

第一，构建新发展格局，扩大开放力度。一是立足国内大市场优势，加强自主创新，提高产业链水平和供应链稳定性，降低核心技术和关键设备的对外依赖，适度降低外贸依存度。二是充分发挥我国综合优势，以国内大循环吸引全球资源，提升贸易投资合作质量和水平。积极引进国际研发人才、研发团队、一线技工和风险资本。优化人员出入境管理，增强人民币可兑换性，提高跨国公司在华业务的资金、人员全球配置能力，为中国经济发展提供持续动能。三是积极参与国际组织和全球治理体系，与世界各国加强合作，推动全球经济和贸易的稳定和繁荣。无论是应对逆全球化、贸易保护还是技术脱钩，中国采取的基本对策仍是扩大对外开放，包括海南自贸港、上海进博会、北京服贸会、外商投资法及配套行政法规，通过扩大对外开放成为新型全球化的推动者。四是提高海外投资与国内产业的关联性，带动国内经济发展。以海外扩表应对国内缩表的同时，增强海内外产业链供应链的经济联系，将中心节点以及跨国企业的研发中心、管理调度中心、营销中心、利润中心尽量留在国内，实现海内外投资双赢。五是关注民粹主义对经济社会的负面冲击问题，新闻报道要尊重事实，客观中性，国际评论性文章要讲究平衡，正反观点也兼而有之，兼听则明。坚持底线思维、极限思维，抓紧健全国家安全保障体制机制，着力提升开放监管能力和水平。

第二，加快扩大制度型开放，缓解美欧脱钩断链进程。一是面对复杂的国际环境，中国应灵活运用"统一战线、合纵连横"策略，缓释拖延美拉拢盟友"去中国化"的力度和步伐，为结构调整和发展模式转型赢得时间。二是加强与美欧日等发达国家的合作。有效推进中外高层对话机制，加强沟通交流，解决争端和矛盾，推动合作稳步推进。简化签证和办理手续，便利海外人员往来，增加人员交流与合作机会。三是要围绕"商"的变化而改变"营商"的环境。随着我国经济发展阶段和国际环境变化，过去靠低成本、优惠政策等为重点的营商环境不适应，且我国总体已进入大力发展知识密集型服务业，包括教育、医疗等阶段，但目前营商环境还不适应。当前全球贸易重点转向服务贸易，研发、设计、教育、医疗等是全球贸易主要增长点，这就需要我们在制度开放上及早布局。如充分利用 WTO、RCEP、G20 等国际平台，就技术进口、知识产权保护等议题发出中国声音、提出中国方案。加强知识产权保护，建立更加严格的知识产权法律体系，打击侵权盗版行为，提高海外企业在中国市场的信心，优化外商投资政策和法律法规，提供更加稳定和透明的投资环境，保护外商合法权益。通过海关"顺势"和"嵌入式"监管前置，实现国际货物 24 小时"随到随提、随到随装"。同时，主动规范各级政府的补贴行为，通过制度性改革和创新，构建更好的市场竞争环境。四是加快制定国际标准。在数字经济发展日新月异的当下，抓住标准制定权，就是抓住了未来科技和产业发展的主导权。5G、人工智能、物联网、人脸识别等领域的全球标准制定正如火如荼，中国宜进一步发挥主动权，鼓励企业、科研院所、个人参与相关事项。

第三，加强区域性务实合作。一是利用欧洲与美国在全球化、多边主义、伊核协议等问题上的分歧，为欧洲提供更多支持，换取经贸问题上的共识。以更加务实的态度与欧盟进行谈判磋商，推动中欧投资协定尽快落实。二是稳住日韩，加大科技产品的进口，签订长期采购协议。三是拓展与非洲、俄罗斯等的友好关系。加快"一带一路"建设，让更多项目落地中亚、非洲，挖掘未来市场潜力，增强国际经贸的回旋余地。四是加强与东盟及印度、墨西哥的经济合作。考虑到全球经济增长的动力会更加转向信息化和区域化，中国在东亚和南亚区域内建立更加完整的产业链条，可能更加现实和经济。加快与相关国家和地区的谈判，争取顺利加入 CPTPP（全面与进步跨太平洋伙伴关系协定）。随着美欧对印度、越南、墨西哥等国家贸易和投资的快速增长，我国可针对性增强与这些国家的贸易往来，通过与第三方国家的贸易与投资，逐渐与美欧日形成更多边、更多维的全球贸易联系。加快建设中国—金砖国家新时代科创孵化园，增强中国技术在海外的产业化辐射能力。

第四，大幅降低中间品进口关税，稳定全球供应链。在中国外贸结构中，中间品贸易占进口比重长期保持在 60%—70%，占出口比重也在 40% 以上。美国、德国、法国等国家在机械设备、汽车与船舶制造、发电设备、航空航天、精密仪器、医疗器械、医药化工等领域处于中国产业链上游，是一些重要原材料和零部件的供应来源地[1]。张茉楠认为，中国自欧盟零部件进口依赖度最高，为 8%，随后是日本为 7%，再是美国为 6%。因此，作为全球最大的中间品贸易大国，降低中间品进口关税具有重要意义[2]。特别是在电子、计算机、通信设备等知识密集型，以及汽车、机械制造等资本密集型的产品已成为中国中间品贸易大户的背景下，亟需大幅降低中间品关税，可考虑在海南自贸港和上海自贸区范围内适当提升中间品"零关税"商品比重。鼓励各地建设中试基地，利用中国

---

① 参见李雪松、汪红驹等：《应对疫情全球大流行冲击 实施一揽子纾困救助计划》，载《财经智库》2020 年第 2 期。

② 参见张茉楠：《对第三次全球经济大冲击的判断及对策》，载《国际商务财会》2020 年第 3 期。

的超大市场规模吸引外资，稳住中间产品供应，抢占先进技术使用权。

第五，降低国际交往的制度成本，减少服务贸易逆差。中国服务贸易的逆差主要来自运输服务和旅游服务。运输服务逆差很大程度上是由出口主导的货物贸易所引致，同时也反映了中国海外运力的不足。旅游贸易则主要是因为近年来居民收入增长导致境外游人数大幅增加。因此，降低对外出口的制度成本（尤其是海外运输成本）以加大海外运输服务、降低入境管制以吸引外国人赴华旅游，是增强运输服务和旅游服务以降低服务贸易逆差的"立竿见影"举措。受疫情影响，旅游、商务等国际交往活动大幅减少，在此情况下，一方面，要优化境外交往的疫情防控程序，减少刚性的限制出入境措施，继续鼓励人们走出去和引进来；另一方面，要加大海南自贸港国际消费中心建设以及浙江、北京等地的服务贸易发展，使人们在内地可以更方便地从事涉外商品和服务的消费和生产。

第七章

共享发展：全体人民共同
富裕的现代化

　　增进民生福祉是经济发展的根本目的。党的十八大以来，民生领域一大批改革举措加快推进，有力保障了发展成果不断惠及全体人民，民生福祉持续改善，为全面建成小康社会提供了坚实保障。近十年来，我国在面临较为严峻的外部环境、经济增长放缓、财力趋紧的情况下，民生保障力度继续稳步加大，为不断增进居民生活质量提供了坚实保障。新时代以来，我国城乡居民收入分配格局进一步改善，脱贫攻坚取得举世瞩目的成绩，就业态势整体平稳，全社会人力资本水平实现整体提升。医疗、养老、住房等保障力度持续加大，健康中国战略加快实施，各项社会事业蓬勃发展。党的二十大报告提出，以中国式现代化全面推进中华民族伟大复兴，指出实现全体人民共同富裕是中国式现代化的一大本质要求。面向二○三五年，在增进民生福祉，更好实现共享发展方面，清晰的阶段性目标是：人民生活更加幸福美好，居民人均可支配收入再上新台阶，中等收入群体比重明显提高，基本公共服务实现均等化，农村基本具备现代生活条件，社会保持长期稳定，人的全面发展、全体人民共同富裕取得更为明显的实质性进展。

一 共享发展的协调性：居民收支及其变化[*]

（一）城乡居民收入增长及其差异

2022 年，我国居民人均可支配收入达到 36883 元，这是继 2020 年全面建成小康社会之后，在克服新冠疫情等重重阻力之下，城乡居民收入稳步获得的新突破。回顾全面建成小康社会的历程，2020 年城乡居民人均可支配收入要比 2010 年翻一番，是其中的一个重要目标任务。2020年，在突如其来的新冠疫情冲击之下，我国城乡居民人均可支配收入32189 元，尽管在严重冲击下的实际增速比上一年明显下滑，仍然圆满实现可比价格水平下比 2010 年"翻一番"的目标。中国经济在 2012 年之后进入到增速放缓的新常态，城乡居民收入增速也随之放缓，2013—2018年全国居民人均可支配收入的实际增速高于同期人均 GDP 增速，为"翻番"目标在 2020 年的实现创造了基础性条件。但同时也应当看到，在各种外生冲击之下，城乡居民实际可支配收入的增长离"十三五"规划预期具有差距。在"十三五"规划纲要的主要目标量化指标中，提出了居民人均可支配收入年均增速不低于 6.5% 的目标，其中 2017 年超额完成年度目标，但由于 2016 年、2019 年和 2020 年的居民可支配收入增速低于预期目标，其中 2019 年和 2020 年的缺口较大，导致"十三五"时期内居民人均可支配收入实际增长与预期增长目标之间存在差距。"十四五"前半阶段，新冠疫情导致经济活动受到影响，制约了城乡居民的稳健持续增长，在各种政策举措的合力作用之下，城乡居民人均可支配收入水平继续提高。2021 年人均可支配收入达到 35128 元，可比价格下同

---

* 本章吸纳了课题组成员参与完成的前期成果《"十四五"时期我国财政运行的宏观经济环境及基本定位》中的部分内容，参见汪德华、张彬斌、侯思捷：《"十四五"时期我国财政运行的宏观经济环境及基本定位》，载《工信财经科技》2021 年第 2 期。

比增长 8.1%，与当年经济增长基本相当；2022 年人均可支配收入达到 36883 元，可比价格下同比增长 2.9%，比 2023 年 2 月初步核算的 2022 年国内生产总值增长率略低（低 0.1 个百分点）；2023 年上半年，居民收入水平整体上呈现更为积极的改善迹象，上半年全国居民人均可支配收入 19672 元，扣除价格因素后比上年同期实际增长 5.8%，高于上半年国内生产总值的增长水平。

国民收入分配状况体现了总产出如何在全体国民之间的分配，从参与分配的部门构成上看，宏观收入分配体现为总产出在企业、居民和政府三大部门之间的分配，其中居民部门收入比重及其增长直接体现了经济增长的成果如何在居民之间共享。近年来，我国国民收入向居民部门倾斜并逐步趋于稳定，例如，2016 年和 2017 年，居民部门可支配收入占国民可支配收入总额的 62.10% 和 60.85%。国家统计局自 2012 年底开始实施城乡一体化住户调查，形成了城乡及区域之间可比的统一收入指标体系，根据住户调查统计信息，我国居民可支配收入增速整体上超过经济增速（见图 7-1）。根据国家统计局数据，2022 年城镇居民人均可支配收入为 49283 元，农村居民人均可支配收入 20133 元，农村居民可支配收入增速继续高于城镇居民人均可支配收入增速，城乡之间相对差距较之前年份有所缩小但仍然较大。图 7-1 显示出，农村居民人均可支配收入各年实际增幅高于城镇居民人均可支配收入增幅，有利于逐渐缩小城乡居民收入差距。根据国家统计局 2023 年 2 月发布的初步核算数据，2022 年国内生产总值实际增长 3.0%，全国城乡居民人均可支配收入实际增长 2.9%，略低于同期国内生产总值。农村居民人均可支配收入实际增长 4.2%，高于全国平均水平和 GDP 增速，也明显高于城镇居民人均可支配收入增速（1.9%）。农村居民收入的较快增长，有利于缩小城乡居民收入差距，不断夯实全体人民共同富裕的收入分配基础。

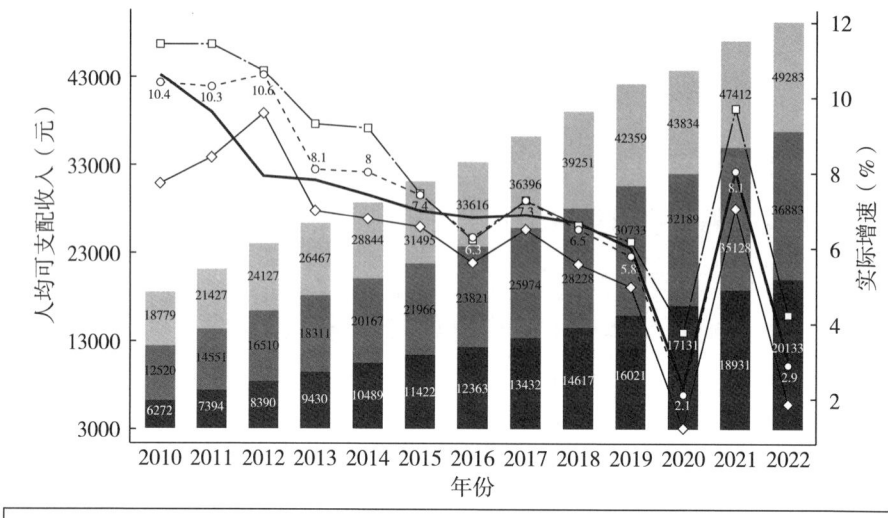

图 7 - 1 2010—2022 年城乡居民可支配收入及其增长情况

数据来源：根据国家统计局公布数据整理。

由于长期以来我国农村居民的收入水平整体上明显低于城镇居民收入水平，并且农村常住人口在总人口中仍然占据 35% 左右的较高比重，保持并继续促进农村居民收入快速增长对于实现全体居民收入水平的整体的提升和持续缩小城乡居民收入差距具有重要意义。对于农村劳动力来说，除了从事必要的农业经营之外，通过外出务工实现非农就业是实现收入增长的一大途径。近年来，随着我国劳动年龄人口数量的收缩，劳动供给总量呈现减少态势，尽管技术进步导致了技术或资本对部分劳动力的替代，但整体上对于非熟练劳动力的需求仍然较为旺盛，农村劳动力获得工资性收入的机会仍然较多，为农村居民保持收入的增长创造了条件。根据国家统计局自 2008 年开始在全国 31 省（自治区、直辖市）进行的农民监测调查，2008—2019 年的 11 年间，农民工月均收入从 1340 元上升到 3962 元，名义增长 155.15%，年均增长 9.45%，2020 年尽管受到严重的疫情冲击，但农民工月收入仍然保持了增长。"十三五"时期，农民工月均收入全面进入"3000＋"时代，即全部农民工平均月收入、外出农民工收入以及按东—中—西—东北划分务工所在地农民工收入，自 2015 年开始均达到 3000 元以上，其中外出农民工以及在东部地区就业的农民工月均收入水平已经分别于 2018 年和 2019 年超过 4000 元，全部农民工平均月收入也在 2020 年进入"4000＋"时代。"十四五"以来，外出农民工月均收入达到 5000 元以上，2022 年的月均收入达到 5240 元，外出务工仍然是农村劳动力获取就业收入的重要途径（见表 7–1）。

表 7–1 近年来农民工收入增长情况

年份	全部农民工		外出农民工		按区域分类月均收入（元）			
	月均收入（元）	增速（%）	月均收入（元）	增速（%）	东部	中部	西部	东北
2015	3072	—	3359	—	3216	2908	2964	3105
2016	3275	6.6	3572	6.3	3454	3132	3117	3063
2017	3485	6.4	3805	6.5	3677	3331	3350	3254
2018	3721	6.8	4107	7.9	3955	3568	3522	3298
2019	3962	6.5	4427	7.8	4222	3794	3723	3469
2020	4072	2.8	4549	2.7	4351	3866	3808	3574
2021	4432	8.8	5013	10.2	4787	4205	4078	3813
2022	4615	4.1	5240	4.5	5001	4386	4238	3843

资料来源：根据国家统计局历年发布的农民工监测调查报告整理。

（二）城乡居民收入构成变化

财产性收入逐渐成为我国居民收入的一大主要来源。根据国家统计局的定义，财产性收入指的是居民家庭所拥有的动产（银行存款、有价证券等）和不动产（房屋、土地等）所带来的收益，包括出让财产使用权所获得的利息、租金、专利收入，以及财产营运所获得的红利收入、增值收益等。党的十九大强调，要"拓宽居民劳动收入和财产性收入渠道"，国家发改委等部门《关于多措并举促进城乡居民收入合理增长的行动方案（2019—2020 年）》也明确指出要拓宽财产性收入渠道。近十年来，我国城乡居民财产性收入名义增速较快，2013 年人均财产净收入为1423.3 元①，2022 年达到 3075.5 元，累计名义增长 116.08%，增幅高于同期人均可支配收入增幅。近年来，我国居民财产性收入增速较快，主要是由于其在居民的可支配收入中所占的基数较小。从居民可支配收入的四大构成，即工资性收入、经营净收入、财产净收入、转移净收入来看，2013 年人均财产净收入仅占可支配收入的 7.77%，在四类主要收入源中占比最小，2022 年仍然未改变相对重要地位，但在收入构成中的比重有所提升，达到 8.7% 左右。另外，2013—2022 年，城乡居民人均可支配收入中，工资性收入所占份额由 56.86% 变化至 55.8%、经营净收入所占份额由 18.76% 变化至 16.7%、转移净收入所占份额由 16.61% 变化至18.7%，财产净收入和转移净收入在城乡居民可支配收入构成中的比重有所增加，而工资性收入和经营性收入所占比重略有下降。这说明，随着资本市场的发育，我国居民获得财产性收入的机会增加，再分配政策发挥了明显的收入调节功能。从城镇和乡村分别来看，居民财产净收入水平以及在可支配收入中所占的份额仍然存在较大的差距，以 2022 年的情况为例，城镇和农村居民人均财产净收入分别为 5238 元和 509 元，城镇居民人均财产净收入是农村居民的 10.29 倍，城镇居民财产净收入占可支配收入的 17.71%，而农村居民财产净收入仅占可支配收入的 2.53%，城乡居民之间的财产性收入差距明显高于可支配收入的整体差距。四类主要收入来源中，农村居民的人均净收入项要高于城镇，2022 年农村居民为 6972 元，城镇居民为 5584 元，这主要是由于自营农业折现所致。

一种观点认为，由于收入效应和替代效应的共同作用，如果增加居民的财产性收入，可能导致对应劳动者劳动供给的减少，尤其是在劳动力出现短缺的背景下，则不利于经济的繁荣。但基于微观层面的研究也

---

① 从 2013 年开始，国家统计局实施了城乡一体化住户收支与生活状况调查，因此，早于2013 年的数据与 2013 年之后的数据缺乏直接可比性。

发现了财产性收入对于劳动供给的激励效应，例如戈艳霞和张彬斌采用
CFPS 数据，借助倾向得分匹配的研究发现，至少在 2010—2012 年阶段，
财产性收入在整体上显著地促进了劳动者增加劳动供给，每周约增加 3 小
时，主要是通过激励农村劳动者和女性劳动者而发挥了显著地促进作
用①。事实上，对于广大低收入人群而言，财产存量较小、收益机会欠
缺，特别是绝大部分农村居民并没有获得财产性收入的市场条件和渠道，
从而阻碍了收入增长。仍然有必要进一步拓宽低收入人群获得财产性收
入的渠道，例如有序促进农村土地流转、健全农村资本市场，创造条件
让更多中低收入群体获得财产性收入，促进城乡居民收入协调增长。

（三）居民消费加快升级

我国具有强大的国内市场，居民消费是其中重要的一环，消费不仅
持续拉动经济增长，更为直接地体现为居民生活水平的改善。近年来，
我国居民消费已经告别为了满足生存和基本生活而消费的阶段，逐渐向
更好满足情感需要和精神需求而消费转变。恩格尔系数指的是食品等满
足人最基本生存的消费所占全部消费的比重，数值越高意味着收入水平
较低或者消费质量较低，因为在收入有限（或者对未来收入缺乏可靠预
期）的情况下，居民无财力将收入配置到其他品类的消费上面；反之，
恩格尔系数较低，意味着消费更加多元化，对应着更高的消费质量。恩
格尔系数的高低，除了取决于居民的可支配收入或收入预期之外，也受
到商品和服务市场发育的影响，在可支配收入持续提高以及消费品和服
务市场持续繁荣的情况下，传统意义上的恩格尔系数下降是必然趋势。
2013 年，按城乡一体化居民收支与生活状况调查口径下的全国居民人均
消费支出为 13220.4 元，恩格尔系数为 31.21%，2019 年人均消费支出增
长至 21559 元，对应的恩格尔系数下降到 28.2%，食品烟酒消费在整个

---

① 参见戈艳霞、张彬斌：《财产性收入与劳动供给新红利——对"扩大财产性收入人群"的政策效应评估》，载《劳动经济研究》2018 年第 1 期。

消费中所占的比重稳步下降。2020 年，由于新冠疫情的暴发和对疫情防控的正常需要，居民消费受到多重限制，人均消费支出下降至 21210 元，恩格尔系数有所回升，上升至 30.2%。2021 年和 2022 年，居民消费有所恢复，两个年份的人均消费支出分别为 24100 元和 24538 元，但 2022 年的人均居民消费支出如果剔除价格因素，实际比 2021 年略有下降（-0.2%），两个年份的恩格尔系数分别为 29.78% 和 30.5%。

生活改善型消费所占比重持续提升，2013—2019 年[1]，人均医疗保健消费占比从 6.9% 提高到 8.8%，人均教育文化娱乐消费占比从 10.57% 提高至 11.7%，人均交通通信消费占比从 12.31% 提高至 13.3%[2]。相关资料显示，2019 年我国电影总票房达到 642.66 亿元，是 2012 年的 3.09 倍，全国各类艺术表演团体国内观众人次从 2012 年的 8.28 亿人次增加到 2018 年的 11.76 亿人次；公共图书馆总流通人次从 2012 年的 4.34 亿人次增加到 2019 年的 8.78 亿人次；艺术表演场馆坐席数从 2012 年的 94.56 万个增加到 2018 年 192.04 万个，观众人次从 6099.7 万人次增加到 14092.8 万人次，场馆收入从 21.82 亿元增加到 132.47 亿元[3]。民以食为天，仅从食品消费来看，结构上也呈现升级趋势。2013—2019 年，全国居民年度人均主食（谷物）消费从 138.9 千克下降到 117.9 千克，相比之下，蛋类消费从 8.2 千克上升到 10.7 千克，奶类消费从 11.7 千克提高到 12.5 千克，干鲜瓜果类消费从 40.7 千克大幅上升至 56.4 千克[4]，这组数据说明我国居民食品消费模式已经从吃饱转变为吃好，更加注意营养和健康。

城乡居民对汽车、洗衣机、移动电话、空调等耐用消费品的保有量

---

[1] 由于消费受到新冠疫情的影响较大，导致 2020—2022 年的消费统计数据可能反映的并非常规情况，本部分的分析主要使用截止到 2019 年的数据。

[2] 数据来自：《中国统计年鉴》（2015），国家统计局历年全国年度统计公报。

[3] 数据来自：《中国文化及相关产业统计年鉴（2019）》，中国统计出版社，2019 年国民经济和社会发展统计公报。

[4] 数据来自：《中国统计年鉴》（2015）（2020）。

保持较快增长。2013—2019 年，城镇居民和农村居民百户均汽车拥有量分别从 22.3 辆和 9.9 辆增加到 43.2 辆和 24.7 辆；百户均洗衣机保有量分别从 88.4 台和 71.2 台增加到 99.2 台和 91.6 台；百户均空调保有量分别从 102.2 台和 29.8 台增加到 148.3 台和 71.3 台；百户均移动电话保有量分别从 206.1 部 199.5 部和增加到 247.4 部和 261.2 部。尽管 2020 年城乡居民消费受到新冠疫情的严重影响，但居民对耐用消费品的保有量仍然保持了一定程度的增长，尽管增幅略有回落。此外，商品和服务的多元化，极大地丰富了居民的消费范围。智能手机、可穿戴设备、各类智能家电等不断进入居民家庭，网络游戏、视频定制等依托互联网和现代通信设施的消费也越来越普及。得益于平台经济和网络配送行业的规范发展，居民消费方式也呈现出更加多元化的趋势，尤其是在大型城市，出行、餐饮、购物、健身等领域可供消费者选择的消费方式层出不穷。2013—2019 年，国内游客从 32.6 亿人次增加到 60.01 亿人次，国内居民因私出境人次数从 9197 万增加到 16211 万，表明旅游越来越成为居民提升消费的重要方面。

二 脱贫攻坚：发展成果更好惠及全体人民

（一）简明历程和显著成就

新中国成立以后，妥善解决贫困问题一直被党和政府作为重要的民生任务。改革开放以来，中国经济社会进入快速发展通道，应对贫困的物质条件更加牢固，以我国 1986 年成立专门的扶贫工作领导机构为标志，我国扶贫开发事业全面进入组织化、规模化发展时代。党的十八大前后，随着农村扶贫标准的调整和扩面，我国农村扶贫开发进入到面向实现全面小康的时代。汪三贵认为，改革开放之后中国的扶贫开发工作呈现出阶段性特征，1978—1985 年为体制改革主导的扶贫开发，1986—2000 年是以解决温饱问题为主要目标的扶贫开发，2001—2010 年为巩固温饱水平的农村扶贫开发，2011 年之后为以实现全面小康为目标的扶贫开发。2015 年 11 月以《中共中央 国务院关于打赢脱贫攻坚战的决定》的颁布实施为标志，党中央和国务院明确提出了脱贫攻坚的目标任务，即到"十三五"期末实现现行标准下的贫困人口全部脱贫，贫困县全部摘帽，区域性整体贫困得到妥善解决。2017 年，党的十九大将脱贫攻坚战确定为必须在近期内打赢的三大攻坚战之一，扶贫力量和针对性扶贫举措空前强化。

本轮大规模农村脱贫计划实施以来，尤其是党的十八大以来，在中央的集中统一领导之下，农村扶贫力度持续加大，形成了政府主导、社会广泛参与、扶贫合力持续强化的扶贫格局，脱贫成效持续显现。

第一，按照现行贫困标准（2010 年不变价的人均年收入 2300 元标准）下的农村贫困人口快速减少，贫困发生率持续降低。根据国家统计局的数据，农村贫困人口从 2012 年末的 9899 万人减少到 2019 年末的 551 万人，2013—2019 年各年当年度减贫规模均超过 1100 万人，年均减贫 1335 万人，贫困发生率从 2012 年的 10.2% 下降到 2019 年末的 0.6%，减贫速度加快。连片特困地区农村贫困发生率从 2012 年内的 24.4% 下降到 2018 年的 4.5%，其中，四省藏区从 38.6% 下降到 5.6%。2019 年，"三区三州"建档立卡贫困人口减少到 43 万人，贫困发生率下降到 2%。2020 年，现行标准下的农村贫困人口全部脱贫。图 7-2 显示了最近十年来现行农村贫困标准下的农村贫困发生率变化情况，包括全国和初始贫困发生率较高（2012 年末农村发生率超过 20%）省份的情况。可以看出，伴随全国农村贫困发生率的稳步降低，农村贫困高发省份体现出了更加快速地下降。尤为显著的是，"十三五"时期以前，西藏自治区农村贫困发生率全国居首，2010 年高达 49.2%，即便到 2012 年也仍然以 35.2% 的贫困发生率远远高于其他地区，但经过本轮精准扶贫之后，西藏的农村贫困发生率在 2019 年末已经下降到 2% 以内，绝对贫困现象基本清零。甘肃、贵州、新疆、云南、青海等省区在党的十八大以来的贫困发生率下降速度也明显快于全国，为 2020 年末实现全部脱贫创造了条件。

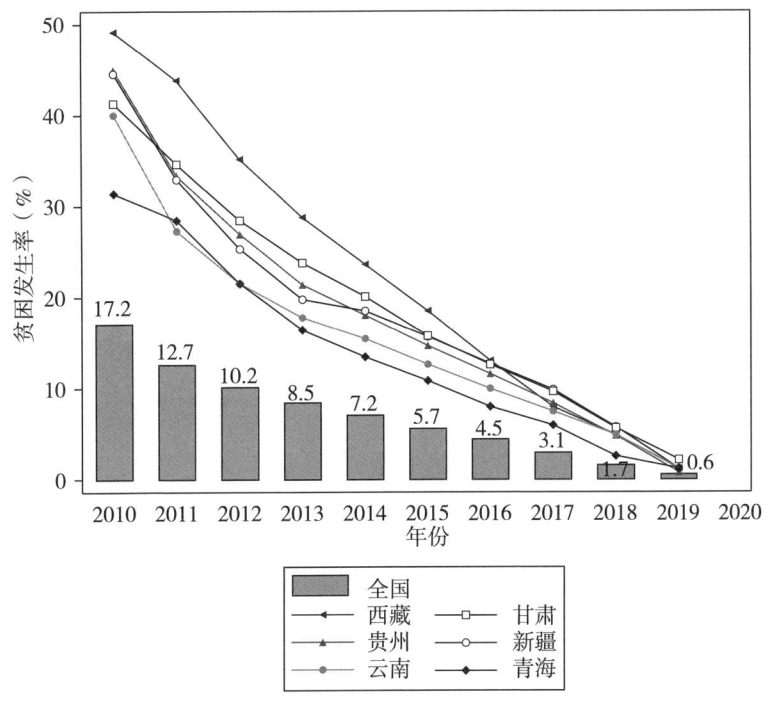

图 7 - 2　近十年来全国及部分省份农村贫困发生率衰减情况

资料来源：根据国家统计局住户收支与生活状况调查数据以及对应地区统计公报数据绘制。

　　第二，重点贫困县有序摘帽。以认定扶贫重点县的方式，识别出高贫困发生率区域，给予政策倾斜，是我国扶贫政策的一大显著特征。本轮大规模农村扶贫过程中，一共认定 832 个重点贫困县，进入"十三五"时期之后，随着扶贫成效逐渐显现，重点贫困县逐步摘掉"贫困县"的帽子。根据国务院扶贫开发领导小组办公室的信息公开事项，2016 年全国首批摘帽贫困县 28 个，其中，重庆、西藏和新疆分别摘帽 5 个，是摘帽县数量最多的三个省区。2017 年当年摘帽贫困县数量大幅增加，达到125 个，其中西藏 25 个，云南 15 个，贵州 14 个。2018 年当年摘帽贫困县数量再创新高，达到 283 个，"十三五"时期前三年，重点贫困县超过半数（52.3%）已经实现摘帽。2020 年末，832 个贫困县全部摘帽，12.8 万个贫困村全部出列，区域性整体贫困得到解决，完成了消除绝对贫困的艰巨任务。

第三，贫困地区农村居民收入持续快速增长。2020 年末，全国贫困地区农村居民人均可支配收入达到 12588 元[①]，比 2012 年（5212 元）名义增长 141.52%，年均名义增长 11.65%。2013—2020 年，贫困地区农村居民人均可支配收入与对应收入指标下的全国农村居民平均水平之间的差距持续收窄，2013 年贫困地区农村居民人均可支配收入与全国农村居民人均可支配收入之间的相对缺口为 35.53%（全国平均水平与贫困地区平均水平的差距占全国平均水平的相对份额），到 2020 年这一缺口收窄至 26.52%。这说明贫困地区农村居民收入状况逐渐向全国农村平均水平收敛，其主要途径是贫困地区农村居民收入具有更高的增长率，例如，2020 年贫困地区农村居民人均可支配收入比上年增长 8.8%，扣除价格因素，实际增长 5.6%，比全国农村居民平均水平高出 1.9 和 1.8 个百分点。到 2022 年，全国脱贫县农村居民人均可支配收入达到 15111 元，比上年增长 7.5%，扣除价格因素，实际增长 5.4%，增长速度继续高于全国农村居民人均可支配收入的整体水平。

第四，贫困地区生活质量显著改善。党的十八大以来，贫困地区农村居民百户均传统耐用消费品拥有量快速增加，与全国农村平均水平之间的差距不断缩小，汽车、计算机等现代耐用消费品拥有量成倍增长。居住条件明显改善，竹草土坯房比重不断下降，替代以更多的钢筋混凝土或砖混材料住房，厕所革命深入贫困农村地区，2018 年末 93.6% 的贫困地区农村居民告别了饮水难问题。交通、电力、有线电视、宽带、垃圾无害化处理等基础设施覆盖水平不断加大，学前教育、义务教育、医疗卫生、文化活动等公共服务水平加快提升。

---

① 数据来自《中华人民共和国 2020 年国民经济和社会发展统计公报》。

（二）脱贫攻坚战的主要经验

第一，制度优势发挥了决定性的推动作用。在扶贫场域通过"五级书记挂帅"的精准脱贫攻坚机制，形成了中国治国理政的新实践（李小云等，2019）。党中央集中统一领导部署，形成省负总责市县抓落实的工作机制，从中央各部门到地方各级党委政府坚决贯彻中央决定，基层扶贫责任分工直接下沉到村到户，有力保证了脱贫攻坚各项举措的实施。注重动员全社会力量，形成大扶贫格局。深入实施东西部扶贫协作，行业部门扶贫联动，企事业单位定点帮扶，扶贫资源总投入持续加大，不断蓄积扶贫攻坚新动能。第二，精准脱贫理念贯穿全过程，极大地提高了扶贫资源利用效率。强化对贫困地区整体推进的同时，精准识别贫困人口，根据致贫原因精准施策，提供精准帮扶，针对深度贫困地区和深度贫困人口，采取超常规措施重点攻克难点，加快了贫困人口脱贫增收的进程。根据贫困地区和贫困人口的特征差异，有针对性地打出脱贫"组合拳"，通过发展生产、易地扶贫搬迁、生态补偿、发展教育、社会保障兜底等多种方式，分类施策。第三，坚持开发式扶贫方针，将扶志和扶智融入到扶贫过程中，注重培育贫困人口摆脱贫困的内生动力。一方面促进贫困地区依托资源禀赋的比较优势，不断壮大脱贫产业，优化农业内部结构，发展扶贫车间，适当培育乡村旅游等新兴产业，以产业发展带动脱贫增收；另一方面注重培育和强化贫困人口就业能力，促进非农就业和劳务输出，增加贫困人口工资性收入；再一方面大力发展贫困地区基础教育，阻断贫困代际传递根源，逐步将扶贫目标从保障基本生存需要调整到更好满足人的发展需要。第四，确保宏观经济形势总体平稳。我国经济进入发展新常态轨道以来，增速放缓，尤其是向高质量发展阶段的转变过程中，结构性调整会继续制约经济增长，但近年来一系列宏观经济政策有效确保了宏观经济在合理区间运行，为动员脱贫资源、为脱贫产业打开市场、为贫困人口增加就业等扶贫通道提供了支撑。第五，重视扶贫成果的验收和巩固。这些经验中的不少方面，仍然有望适用于推进全体人民共同富裕的发展进程。

三 稳就业：改善民生的重要基础

中国经济发展进入新常态以来，随着经济增长减速和结构调整，国民经济逐步从高速增长向高质量发展转变，就业领域面临的整体形势较为严峻。尽管人口年龄结构的变化，导致全社会劳动力数量减少，在劳动力需求旺盛的情况下，可以增加劳动者求职的机会。然而，近年来我国就业领域的矛盾已经从主要以数量为主，演变为以结构性矛盾为主，主要表现为地区之间就业机会不均等、劳动者技能结构与岗位技术需求之间存在偏差、年龄偏大劳动者人力资本储备不足以适应生产技术和产业结构的变迁、产业结构调整过程中释放的剩余劳动力再就业难度较大等形式，与此同时，就业的数量压力尽管不占主要但仍然较大程度地存在，每年都需要足够的岗位以满足规模庞大的大中专院校毕业生等重点群体就业。就业压力持续存在，但中国经济的强劲韧性以及强大的国内市场有力地支撑了就业。

（一）历年城镇新增就业目标得以较好实现

从近10年的城镇新增就业的数据（见图7-3）来看，各年均超额完成年初政府工作报告提出的当年城镇新增就业目标指标。2013年政府工作报告提出城镇新增就业900万人的建议目标，当年实际实现1300万人；2014—2016年政府工作报告提出的城镇新增就业目标为当年实现1000万人，2017—2019年各年目标均为1100万人，从实际完成额来看，均超额完成预期目标，且连续7年保持了城镇新增就业超过1300万人的成绩。2020年，受到新冠疫情的影响，部分吸纳就业的主要行业受到较大的负面冲击，在较大程度上冲击了就业，调查失业率出现了一定程度的跃升，就业压力再次加大，政府工作报告将年度城镇新增就业目标调整至900万人以上，实际实现城镇新增就业 1186 万人的结果。在"十四五"以来的前两年，政府工作报告均提出以 1100 万人城镇新增就业作为预期目标，而 2021 年和 2022 年实际实现的城镇新增就业均超过 1200 万人。尽管城镇新增就业指标并不能反映劳动力市场运行的全貌，一些深层次的结构性矛盾有所掩盖，但仍有助于观察我国就业情况的一般态势，城镇劳动力市场提供就业机会的空间整体较大。

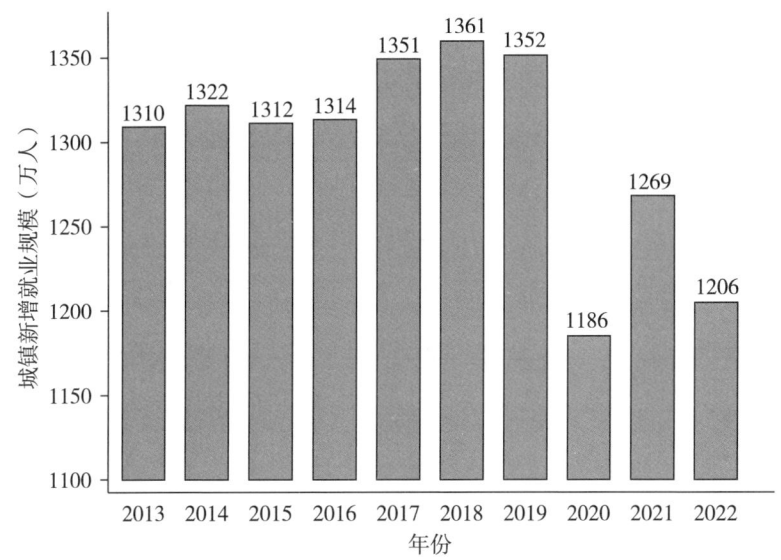

图 7 - 3 近十年城镇新增就业规模

资料来源：根据国家统计局历年国民经济和社会发展统计公报就业数据绘制。

整体上看，过去一段时期我国在较严峻的宏观经济环境和形势下，就业优先政策持续发力，调查失业率被纳入政府年度工作预期目标管理，将就业政策纳入宏观政策层面，以及在经济下行压力加大的情况下，开展实施一系列"稳就业"举措，全方位就业服务体系不断健全，较好地实现了就业目标。2020—2022 年，面对疫情等多重超预期因素影响，在一系列政策措施带动下，就业形势保持总体稳定。

（二）宏观经济整体平稳确保就业态势稳定

第一，经济增速保持在合理区间，有力地支撑了就业稳定。以党的十八大为标志，我国经济发展逐渐进入到新常态，增速有所回落，但稳中求进的总基调指引下，直至 2020 年出现不可预期的疫情因素冲击之前，经济增长未出现严重下滑，为完成"十三五"时期以及各年度的城镇新增就业目标提供了增长率保障。第二，服务业部门加快发展，成为吸纳就业的主要领域。与农业和工业部门相比，服务业具有更强的就业吸纳能力，从 2011 年开始以服务业为代表的第三产业在三次产业中成为就业最多的产业，2021 年第三产业就业份额达到 48%。目前，我国服务业部门涉及的细分行业较多，既有对技能和人力资本要求较高的现代服务业，也包括劳动密集型的传统生活性服务业，近年来，服务业领域新业态不断涌现，不仅能够为高端人才提供就业机会，也能为一般劳动力提供充足的就业机会。第三，数字经济不断发展壮大，互联网、现代信息技术与实体经济不断融合，工业互联网、制造业数字化、服务业数字化、5G 商用等加快推进，产生大量新的劳动力需求，在支持就业数量的同时，引发了就业变革，提高了从业人员劳动报酬。根据中国信息通信研究院发布的《中国数字经济发展与就业白皮书（2023 年）》数据，我国数字经济增速连续多年保持高位运行，过去十多年来，数字经济增速明显高于同期 GDP 增速，成为稳定经济增长的重要途径，数字经济在国民经济中的地位不断提升。根据中国信息通信研究院的测算，2022 年我国数字经济总规模已经达到 50.2 万亿元，同比名义增长 10.3%，增速连续 11年高于 GDP 同比名义增速，全国数字经济占 GDP 的比重达到 41.5%，大致相当于第二产业在国民经济中的比重[1]。数字经济快速发展，产生了大量与之相关的新就业机会，成为稳定就业的重要渠道。例如，中国信息通信研究院 2019 年的测算指出，2018 年我国数字经济领域就业岗位达到 1.91 亿个，占全年总就业人数的 24.6%[2]；马晔风和蔡跃洲的测算指

---

[1] 参见中国信息通信研究院：《中国数字经济发展研究报告（2023 年）》。

[2] 参见中国信息通信研究院：《中国数字经济发展研究报告（2019 年）》。

出，由数字经济催生的新就业形态，在2020年的就业规模达到5463万—6433万人，在总就业中的占比达到7%—8%[①]。特别是在疫情导致接触型服务业等领域就业严重受限的背景下，数字经济发挥了重要的就业稳定器功能。

失业监测系统更加完善。2017年以来，调查失业率指标作为反映劳动力市场运行质量的综合指标之一定期向社会发布，有利于决策者及时主动把握就业形势并提供针对性管理。在此之前，我国反映社会失业率状况的统计指标主要是城镇登记失业率，由于登记失业率对就业形势的响应缺乏灵敏性，不能及时反映就业形势的整体状况，因此，与国际统计方法接轨的调查失业率指标呼之欲出。2014年，国家统计局首次向社会发布了主要城市调查失业率，但直至2017年之前，调查失业率数据并不作为经济运行的常规数据发布，公众只能从新闻报道中得到较为模糊的信息，例如多采用"2016年9—11月，31个大城市调查失业率连续三个月保持在5%以下"等表述，尚未形成规范的定期公开机制。随着调查机制的成熟，2018年政府工作报告首次将调查失业率作为年度目标之一，当年设定为"城镇调查失业率5.5%以内"，国家统计局从2018年1月开始将调查失业率及其同比变化情况作为月度公布的指标，从而为观察劳动力市场运行状况提供了更加完备的统计数据支持。2018年1月—2019年12月，各月城镇调查失业率保持在4.8%—5.3%的水平。在新冠疫情冲击之下，劳动力市场固有的结构性矛盾更加凸显，2020年2月出现有数以来的较高调查失业率数值，全国城镇调查失业率上升至6.2%，疫情期间的城镇劳动力市场不平坦运行，整体韧性较强，就出现过调查失业率低于5.0%的较好情形（如2021年9月、10月），但也在2022年的3—5月重新出现高失业率的情形，其中2022年4月城镇调查失业率重新

---

① 参见马晔风、蔡跃洲：《数字经济新就业形态的规模估算与疫情影响研究》，载《劳动经济研究》2021年第6期。

升至 6.1% 的较高水平。自 2023 年以来，就业形势伴随经济修复逐步向好，尽管截至第三季度末尚未出现劳动力需求强劲的信号，但调查失业率整体走势呈下行态势，2023 年 8 月的数值为 5.3%。

（三）劳动者素质提高有利于适应劳动力市场新要求

劳动者自身的人力资本提升，有利于更好适应劳动力市场需求的变化。产业结构的变化、技术升级、消费市场需求变化等方面的调整，都会引致劳动者岗位和工作内容的变化，劳动者唯有具备良好的学习新技能、适应新要求的能力以应对或引领，必然要求劳动者具备更高的人力资本水平。从就业人员具备的学历教育构成上来看，初中及以下一阶段受教育水平的就业构成稳步下降，具有高中及以上受教育水平的就业人口占就业比重继续提升。国家统计局 2015 年开始实施了"全国月度劳动力调查"，根据这项调查数据，2021 年我国就业人口中未上过学的人口比重从 2015 年的 2.8% 下降到 2.3%，就业人口中具有小学学历者占比从 2015 年的 17.8% 下降到 15.8%，具有初中学历者占比从 43.3% 下降到 41%。相比之下，在就业人员中，具有大学专科及以上学历者（大专、本科、研究生）占比从 2015 年的 17.4% 提高到 2019 年的 23.1%，其中，北京和上海 2021 年的就业人口中具有大学本科以上学历的比例已经分别达到 43.8% 和 34.1%[①]。从劳动年龄人口的平均受教育年限来看，2021 年已经达到 10.9 年，比 2015 年提高约 0.68 年。

（四）教育及民生领域其他方面

教育是蓄积人力资本的重要途径。我国在教育领域的投入持续加大，2022 年全国财政性教育经费投入约 48478 亿元，占 GDP 的比重继续保持在 4% 以上。各级各类学校数量和在校生人数稳步增加，在基础教育方面，大力推进义务教育均衡发展，推广小班额教学，师资水平和教学质量也不断提升，尤其是西部农村地区办学条件持续改善。在高等教育和

---

① 数据根据国家统计局《中国人口和就业统计年鉴》（2016）（2018）对应指标数据计算。

高等职业技术教育方面，我国高等教育向普及化阶段快速迈进。2022 年，我国高等教育在学规模 4655 万人，比 2012 年增加 1330 万人，十年间增长了 40%；高等教育毛入学率高于中高收入国家平均水平，达到 59.6%，比 2012 年末提高 29.6 个百分点。高中阶段毛入学率从 2012 年的 85% 提高到 2022 年的 91.6%，十年时间提高 6.6 个百分点①。

近年来，民生保障的覆盖面和政策支持力度继续加大。以"十三五"时期的基本养老保险、基本住房保障和医疗卫生条件的变化为例，可得到直观体现。"十三五"时期，基本养老保险覆盖面持续扩大，2020 年全国基本养老保险参保人数达到 99865 万人，提供住宿条件的养老机构数达到 3.8 万个，比 2015 年末增加 1 万个。2020 年末，养老服务机构床位数达到 823.8 万张，比 2015 年末增加 154 万张。城镇保障性住房建设、城镇棚户区和农村老旧危房改造等安居工程持续推进，一大批住房困难家庭圆了安居梦，"十三五"城镇棚户区改造目标超额实现。居民医疗卫生条件持续改善，平均每千人拥有医疗卫生机构床位数从 2015 年的 5.15 张增加到 2020 年的 6.46 张，同一时期，平均每千人对应的执业（助理）医师数量从 2.18 人增加到 2.90 人。公立医院综合改革不断深化，基本建立起大病保险制度，居民基本医保补助标准和大病保险报销比例继续提高，城乡居民健康水平不断改善，平均预期寿命达到 77.3 岁，达到预期进度。面向中长期，出台《"健康中国 2030"规划纲要》《国务院关于实施健康中国行动的意见》并稳步推进实施，促进医疗卫生服务从以治病为中心向以健康为中心转变，形成防治结合新机制，持续提高全民健康生活水平。

---

① 数据来自中华人民共和国教育部《2022 年全国教育事业发展统计公报》和《2012 年全国教育事业发展统计公报》。

四 持续绘就全体人民共同富裕现代化的民生底色

促进民生持续改善，促进发展成果更好地被全民共享，是以人民为中心的发展思想的实践，"十四五"和之后一段时期应当继续坚持在发展中不断改善民生。民生涉及居民生活的方方面面，总体思路是要持续推动基本公共服务均等化，更好满足人民对美好生活的向往，持续增强居民的获得感、幸福感、安全感。

（一）以中低收入群体为重点，持续提高居民收入

坚持就业优先战略，升级积极就业政策举措，从战略高度通盘考虑稳就业。当前和未来一段时期，保就业就是保最大的民生。把促进就业作为政府政策的直接目标任务和工作重心，持续将就业政策置于宏观政策层面，增强就业政策的针对性。继续开展不同形式的创新创业活动，给予必要的要素帮扶，以创业带动就业，更加注重创业项目的市场适应能力。实质性破解制约民营企业、中小微企业和个体部门发展的要素瓶颈，降低运行成本，扩大就业岗位供给。扩大积极就业政策对零工就业平台、无固定经营场所个体经营、无固定雇主等就业方式的覆盖。提高失业保险覆盖范围和统筹层次，提升失业保险基金使用效率。加大对低收入家庭的就业帮扶，完善劳动报酬支付保障。深入推进资本市场改革，拓展城乡居民财产性收入来源。全面发力乡村振兴和新型城镇化，完善基础设施、壮大富民产业，促进农村居民和都市圈新市民收入持续增长。

（二）强化人力资本投资，提高居民生活质量

注重提高人口受教育水平和健康水平。政府政策应立足于促进基础教育、医疗卫生服务、接受更多教育的机会均等，加大对相对落后地区的公共投入，着力改善基础教育相对薄弱农村地区的教育条件，提升相对落后地区医疗卫生条件。无论是为建设人力资本强国、创建创新型国家服务，还是提高居民自身在劳动力市场上的竞争力，以及脱贫人口实

现持续增收，都需要居民具备更高水平的人力资本，尤其是接受良好的教育。一方面，要持续实施《中国教育现代化2035》制定的各项举措，将各项政策落到实处，促进各级各类教育高质量协调发展，加快构建服务全民的终身学习教育体系，创造良好的教育强国条件。另一方面，要加大对学龄人口接受更多正规教育的鼓励和支持力度，尤其是对低收入家庭的学生提供完备的奖学助学支持体系，继续通过个税抵免、技能提升补助等形式，鼓励各种形式的在职学习，提高居民提高受教育水平的自觉性和积极性。深入实施健康中国战略，持续强化健康人力资本投资。

（三）加大再分配政策力度，优化收入分配格局

经济增长、技术进步和全球化都不能自动解决收入分配问题，效率与公平之间也并非注定是非此即彼、不可兼得的取舍关系。在中国经济迈向高质量发展阶段，继续保持经济发展的充分分享性需要应对一系列崭新的挑战，要求政府承担更多的支出责任，通过一系列制度建设加大实施再分配政策[①]。应当重视不同工具选择对特定人群具有的效应差别性，发挥养老保险、医疗保险、生育保险等社会保险的再分配功能。有必要持续完善个人所得税制度，提高征管系统对居民劳动及经营所得与财产性所得的区分识别力，大力提高劳动及经营收入的所得税额起征点，扩展相对较低阶段税距，增加劳动者可支配收入的同时，强化扩大劳动供给和创新活动的积极性。以精准识别为前提，保障重点群体政府转移性所得。以境内外高收入人群、优秀企业为重点，健全参与社会慈善事业的激励机制，壮大第三次分配的社会力量，同时防范以套取政策优惠为目的的伪慈善资源关联性转移。

（四）健全解决相对贫困问题的政策体系

全面建成小康社会之后，扶贫重点转向相对贫困的治理。建立健全

---

①　参见蔡昉：《创造与保护：为什么需要更多的再分配》，载《世界经济与政治》2020年第1期。

低收入人口动态监测体制机制，开展分层分类救助和帮扶。一方面要为全面建成小康社会初期，新脱贫的人群提供一定时期和必要强度的扶持缓冲，按照几个"不脱"的要求，巩固脱贫人口自身发展的能力。另一方面，随着人口城镇化的推进，也要对城市贫困问题给予更多的关注。统筹城市和乡村，健全以解决相对贫困问题为主的社会扶助长效措施，整合农村扶贫和各类社会政策资源，构建具备动态调整机制的城乡居民基本生活保障制度。实施全民参保计划，提高基本保障统筹层次，拓展社会性支柱构成，增强获得服务的便利性，减缓居民因失业、退休、疾病、意外伤害等收入源因素变化对生活水平的冲击。

五 小结

我国人均国民收入与世界银行标准下的高收入国家最低标准已经十分接近。然而，即便顺利进入高收入国家行列，民生并不会在更高水平上自动地持续改善，与西方发达国家相比，我国人均劳动生产率、人均受教育年限、人均收入水平仍然偏低，一部分脱贫人口仍然具有返贫风险，经济社会发展不均衡不协调等矛盾。未来一段时期，要加大各项旨在促进居民增收的各类项目的实施力度，尤其是以中等及中等收入以下群体为重点，增强政策项目的针对性，不断扩大中等收入群体规模。要继续实施就业优先政策，深入推进劳动力市场改革，加快解决就业领域结构性矛盾，持续加大人力资本投资，提高劳动报酬在初次分配中的份额。全面建成小康社会之后，下一步有必要关注新脱贫人口改善收入及生活质量的持续性，在一定时期内给予政策缓冲，让新脱贫人口真正实现依靠自身发展能力，不断巩固脱贫成果。以城乡低收入群体为重点，逐步将扶贫工作重心转移到解决相对贫困问题上，协同推进城乡相对贫困问题治理，整合现行扶贫政策、城市低保和其他社会保护政策，形成更加完备的政策体系，逐步形成解决相对贫困问题长效机制，并更好体现社会扶助和兜底功能。量力而行，不断加大民生领域投入，加大再分配力度，更好实现经济发展成果全民共享。

第八章

安全发展：中国式现代化的
安全保障

统筹好发展和安全这两件大事，关系到实现中华民族伟大复兴中国梦这一宏伟目标。安全是发展的前提，任何一个领域出现安全隐患，都有可能损害群众切身利益，甚至影响到国家根本利益。发展是安全的保障，在新时代的伟大征程上，破解突出矛盾和问题，防范化解各类风险隐患，归根结底要靠发展。本章按照双循环新发展格局的要求，从国防和公共安全、宏观经济安全、财政安全、金融安全、外部经济安全等方面简要评估"十三五"时期我国控制经济风险、保障经济安全的主要成就。我国已经实现第一个百年奋斗目标，为实现第二个百年奋斗目标，我国应充分发挥自身优势，主动作为，将新的赶考路上存在的重大风险化解于无形，避免风险暴发。

一 国防和公共安全

我国国防和公共安全支出稳定增长，国防支出占 GDP 比重处于世界较低水平[①]。我国人均国防支出和公共安全指出持续增长，2020 年分别为915 元和 982 元，比 2010 年分别增长 230% 和 239%。2010 年以后，我国国防支出占财政支出比重较为平稳，2020 年国防支出占财政支出比重为

[①] 本章所有图表数据来源于 CEIC、WIND 数据库。

5.2%；国防支出占 GDP 比重为 1.3%。2018 年我国公共安全支出占财政支出比重提高至 6.2%，2020 年降至 5.6%；同期公共安全支出占 GDP 比重从 1.5% 降至 1.36%（见图 8 - 1，图 8 - 2）。

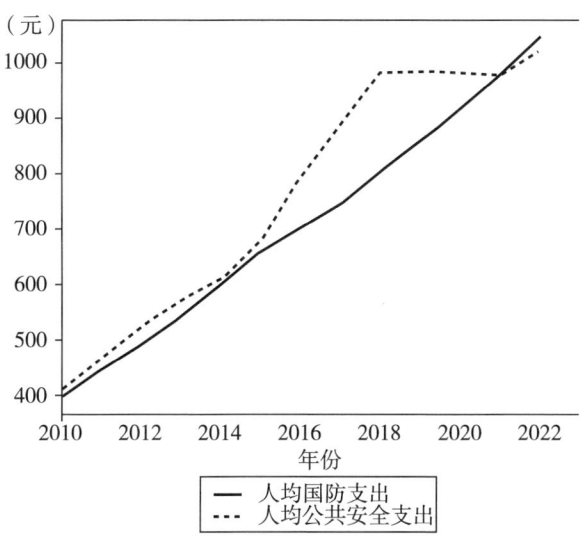

图 8 - 1　中国人均国防支出和公共安全支出

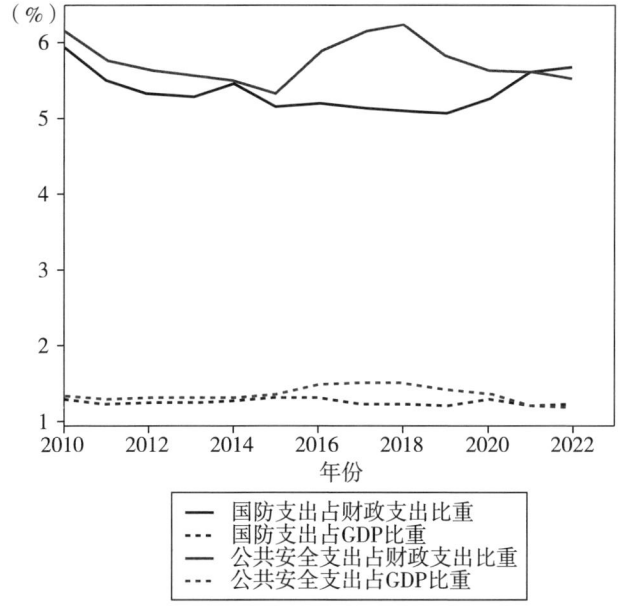

图 8 - 2　中国国防支出和公共安全支出占 GDP 和财政支出比重

与世界各国比较，我国国防支出占 GDP 比重处于较低水平（见图 8-3）。自 2010 年以来，我国国防支出占 GDP 比重一直保持在 1.7% 左右，长期较低水平。2022 年，美国和高收入国家国防支出占 GDP 比重分别为 3.5% 和 2.6%，中低收入和中高收入国家平均水平分别为 1.8% 和 1.6%，全世界平均水平为 2.3%，我国只有 1.6%，日本虽处于相对低位，但保持上升态势，2022 年已升至 1.1%。

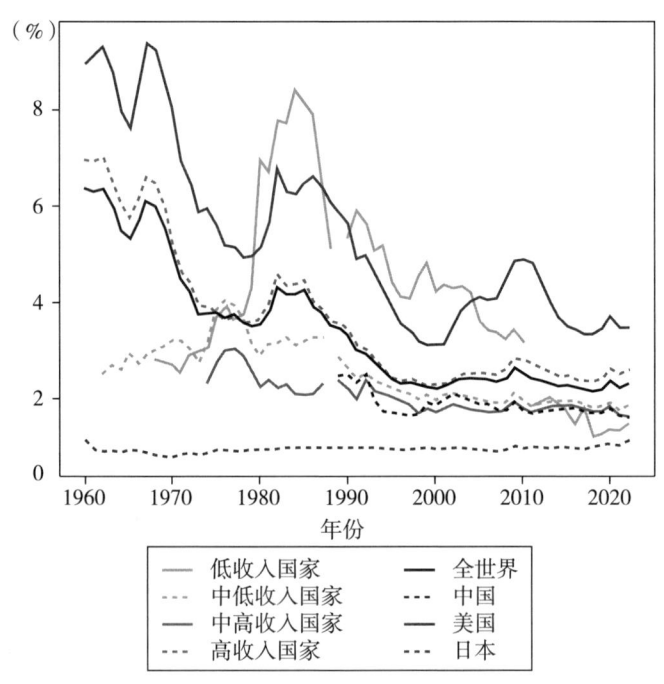

图 8-3 国防支出占 GDP 比重国际比较

自 2000 年以来，从全球来看，共经历过马其顿武装冲突、阿富汗战争、伊拉克战争、黎巴嫩战争、俄罗斯格鲁吉亚战争、科特迪瓦内战、利比亚战争、叙利亚内战、乌克兰冲突和第二次卡拉巴赫战争等 10 次比较典型的地缘政治冲突事件。

2022 年 2 月 20 日，俄罗斯和乌克兰战争爆发产生了深远影响。一是俄罗斯遭经济制裁，损失惨重。美国、英国、日本和欧盟等国家对俄罗斯采取严厉的经济制裁，包括冻结相关人员资产、禁止多家俄罗斯银行使用环球银行金融电信协会 SWIFT 系统、冻结俄罗斯中央银行外汇储备。德国停止与俄罗斯合作的石油天然气输入管线建设——北溪 2 号项目，美国取消俄罗斯最惠国待遇，停止从俄罗斯进口石油和天然气。经济制裁导致俄罗斯卢布一度暴跌 50%，俄罗斯股市暴跌 30%，迫使俄罗斯暂停证券交易，限制外汇交易，多家国际大企业从俄罗斯撤出。二是部分国家增加国防预算。俄乌冲突之后，德国在 3 月 14 日公布预算草案，希望在 2022 年将其国防开支占 GDP 比重提高到 2% 以上。日本也希望增加国防预算。

联系世界地缘冲突的国际影响，我们看到国防实力与经济安全存在密切联系。我国需要保持与经济发展相适应的国防支出规模，提高国防支出占 GDP 比重。

二　宏观经济安全

2010—2022 年，国内外宏观经济环境跌宕起伏。2010—2015 年，中国经济处于经济增速的换挡期、结构调整阵痛期、前期刺激政策消化期"三期叠加"的过程，经济进入"新常态"。2016 年以后，为了应对一系列新的突出矛盾和问题，中国政府围绕去产能、去库存、去杠杆、降成本、补短板"五大重点任务"，深入推进供给侧结构性改革。2017 年以后，随着美国展开对中国贸易调查，中美贸易战逐步升级，双方互加关税；2021 年拜登上台后，美国没有取消特朗普政府对华贸易战的遗产，反而升级了科技战。

国内宏观经济环境的转变，反映在宏观经济安全指标的变化上。自 2010 年以来，我国经济增长速度出现较大幅度下移，2012—2016 年，我国国内生产总值（GDP）增长出现负缺口，2017—2019 年转正，2020—2021 年受疫情影响再次出现负缺口（见图 8-4）。价格方面，2012—

2016 年工业品出厂价格指数缺口出现负值，2019—2022 年受中美贸易摩擦和新冠疫情冲击，工业品出厂价格指数再次出现负值，2021 年全球疫情防控取得显著成效，全球经济不平衡复苏，需求快速恢复和供应短缺不匹配导致供应链受阻，全球大宗商品涨价，我国工业品出厂价格也出现明显上涨，扭转了前期负缺口态势。消费品价格指数波动幅度远小于工业品出厂价格指数，2010—2012 年，我国消费品价格指数出现分别与 2011—2012 年和 2019—2022 年出现两次较大的正缺口，都与两次猪肉价格上涨有关（见图 8 − 5）。

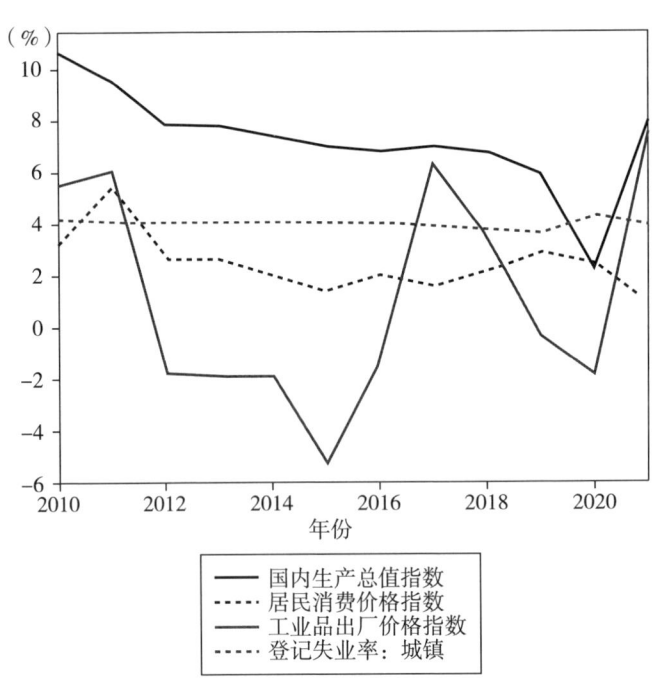

图 8 − 4　中国国内生产总值指数、价格指数和失业率缺口

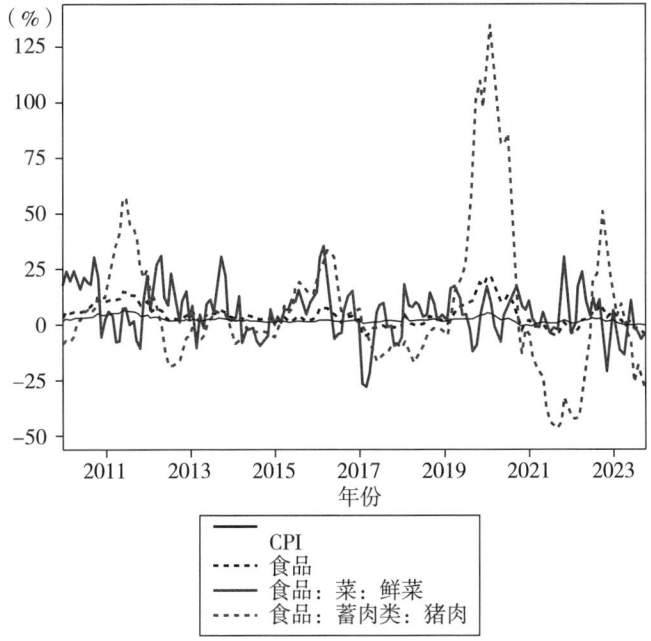

（%）

2011　2013　2015　2017　2019　2021　2023

年份

CPI
食品
食品：菜：鲜菜
食品：蓄肉类：猪肉

图 8 – 5　中国食品价格与 CPI 指数同比

从工业增加值、消费品零售、固定资产投资和出口增长率等指标观察，2010—2022 年我国工业生产经历了长期调整，工业增加值增速从 2010 年的 15.7% 降至 2020 年的 2.8%；同期消费品零售增长从 18.4% 降至 – 3.9%，固定资产投资增速从 24.5% 降至 2.9%。2022 年工业增加值增速回升至 3.6%，消费品零售负增长 0.2%，固定资产投资增长 5.1%，一方面反映了我国经济增长的下行趋势和疫情冲击带来的波动；另一方面也反映了我国产业结构中第二产业比重下降、第三产业比重上升的趋势。服务业比重上升导致居民消费中商品零售比重降低，固定资产投资增速也降低。出口增速受国际环境影响较大，2015—2016 年全球经济萎缩，我国出口（美元计价）同比增长率分别为 – 2.8% 和 – 7.7%；2019—2020 年中美贸易战导致我国出口增速处于较低水平；2021 年因新冠疫情冲击全球供应链，我国复工复产好于世界其他国家，全球供应链冲击将一部分国际需求转移至中国，使得我国 2021 年出口大幅增长 29.9%，增速接近 2010 年的出口增速；2022 年我国出口增速回落至

7.0%（见图8-6）。

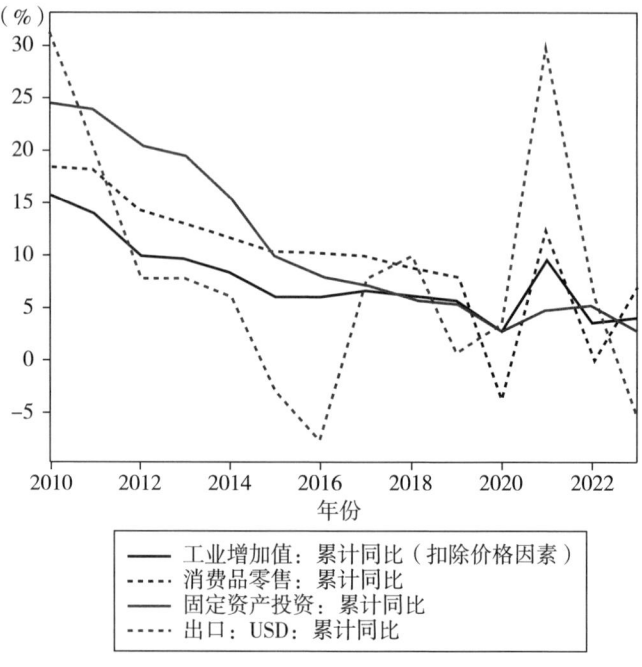

图 8-6　中国工业增加值、消费、投资、出口增长率

我国仍处在经济转型阶段，体制性、结构性问题与周期性问题交织，金融与实体经济严重失衡，经济下行压力与外部不利冲击共振，这些因素使得"十四五"时期发展的不确定性增加，宏观经济安全和金融稳定面临严峻挑战。

"十四五"时期的高质量发展，意味着新时代经济发展的全面转型。原有的发展方式、经济结构、增长动力等平衡关系将被打破，整个国民经济特别是金融与实体经济之间将建立起新的平衡。从根本上而言，最大的发展风险在于未能实现发展方式的转型，特别是未能真正让市场在资源配置中发挥决定性作用，政府干预作用仍然过强，但监管预警和宏观治理却不到位。这一方面制约了实体经济效率的提升，另一方面让政府背上了各种显性和隐性负债，并加剧了各类经济主体的道德风险。从根本上守住风险底线、避免金融危机，关键在于推进供给侧结构性改革，突出市场在风险配置中的决定性作用，提升宏观经济治理能力，提高经济发展韧性和实体经济效率，实现经济高质量发展，保持宏观经济主要指标稳定，纠正金融与实体经济的失衡，使金融更好地服务实体经济。

三 财政安全

根据不同时期宏观经济面临的风险挑战，我国中央和地方政府实施积极的财政政策，总体上保持了财政收支顺畅，财政风险可控，充分发挥了国家治理的基础和重要支柱性作用。

（一）综合财政收入总体稳定，一般公共预算收入占 GDP 比重回落

将一般公共预算、政府性基金预算、国有资本经营预算、社会保险基金预算（以下简称"四本账"）综合考虑，2010—2022 年，我国"四本账"的汇总收入①占 GDP 比重总体稳定，2018 年达到高点 37.0%，2022 年回落至 32.2%。

"四本账"收入结构此消彼长。其中，一般公共预算收入占 GDP 比重在 2015 年达到阶段性高点 22.1%，2022 年降至 16.8%；政府性基金收入占 GDP 比重在 2015 年达到阶段性低点 6.1%，2020 年升至阶段性高点 9.2%，2022 年出现地产销售低迷，政府卖地收入锐减后，政府性基金收入占 GDP 比重降至 6.4%；国有资本经营收入占 GDP 比重基本上保持平稳上升，从 2010 年的 0.14% 上升至 2022 年的 0.47%。社保基金收入占 GDP 比重也保持平稳上升态势，2018 年达到阶段性高点 8.6%，2020 年受疫情影响，社保基金收入减少 6788.6 亿元，导致当年社保基金收支逆差 2008 亿元，社保基金收入占 GDP 比重也降至 7.5%；2022 年社保基金收入占 GDP 比重回升至 8.5%（见图 8-7）。

---

① "四本账"汇总收入未扣除社保基金账户中的财政补贴。

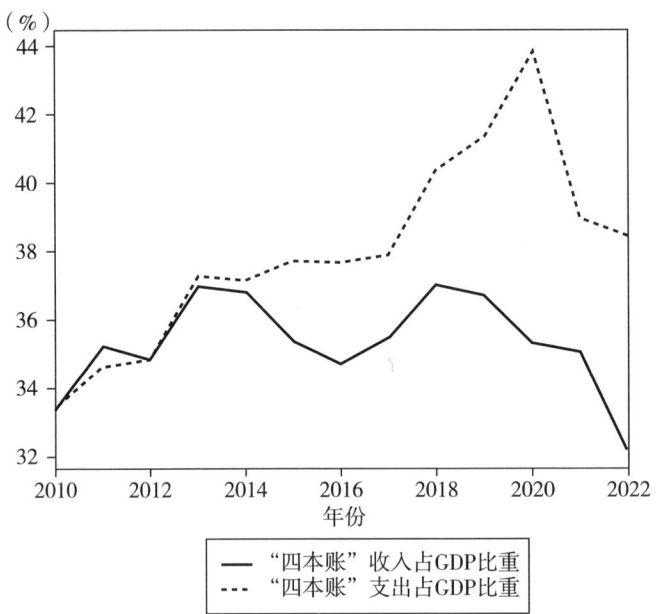

图 8-7　中国财政"四本账"收支占 GDP 比重

从收入方面来看，需要重点关注 2015 年以来我国一般公共预算收入占 GDP 比重持续降低的风险（见图 8-8）。导致我国一般公共预算收入占 GDP 比重持续下降的原因包括：（1）主动减税降费。"十三五"时期，因为我国经济增速下降，中小企业经营困难，每年都执行减税降费政策。2016—2020 年新增的减税降费累计将达 7.6 万亿元左右，特别是 2019 年实施更大规模减税降费，全年新增减税降费达到 2.36 万亿元，占 GDP 的比重超过 2%，拉动全年 GDP 增长约 0.8 个百分点[1]；2020 年我国公布实施了 7 批 28 项减税降费政策，新增减税降费规模超过 2.6 万亿元。2021年我国新增减税降费约 1.1 万亿元，占 GDP 的比重为 0.96%，超过年初确定的目标，有效减轻市场主体负担。2021 年因经济增长恢复至 8.1%，名义 GDP 增速达到 12.8%，拉动一般公共预算、政府性基金预算、国有

---

[1]　参见国家税务总局办公厅：《减税降费促发展 利企惠民添动能——"十三五"时期我国减税降费成效综述》，2020 年 10 月 20 日，载国家税务总局网站，http：//www.chinatax.gov.cn/chinatax/n810219/n810724/c5157596/content.html。

资本经营预算、社会保障预算账户全面超收，但是一般公共预算收入占GDP比重仍然下降0.3个百分点，如果补上减税降费的部分，一般公共预算收入占GDP比重将上升0.66个百分点。（2）税收收入弹性下降（见图8-9）。我国经济增速下降，但经济结构正在优化升级，数字经济快速发展，伴随着数字技术创新、融合、扩散所带来的变革，新产品、新业态、新模式不断涌现，与新业态相适应的税收体系还不完善。2010年我国税收收入弹性为1.2，2019年大幅下降至0.14，表明中长期存在税收收入增长滞后于经济增长的问题。（3）税收增长率与经济增长率高度相关，经济增长率大幅下降常常伴随着税收收入弹性大幅下降。2010—2021年我国税收增长率与经济增长率相关系数为0.97，但是税收弹性波动较大。在经济增长率大幅下降时，一方面新增税源减少，另一方面减税降费力度加大。2015年和2016年我国名义GDP增长分别增长7.0%和8.4%，同期税收弹性为0.68和0.52；受新冠疫情影响，2016—2022年一般公共预算财政收入占GDP比重持续下行。

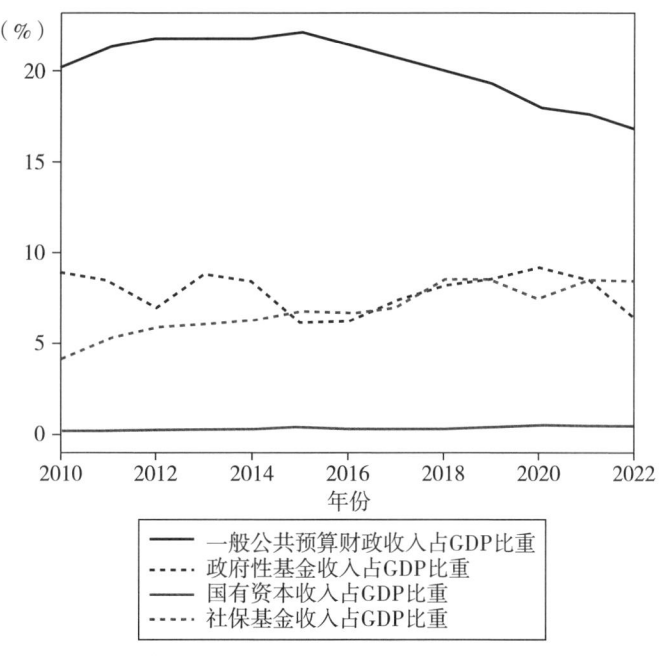

图8-8　中国"四本账"收入占GDP比重

中国名义 GDP 累计增长率与一般公共预算收入累计增长率

图 8 – 9 中国经济增长率、税收和非税收入增长率及税收收入弹性

（二）"四本账"支出规模扩大，社保基金支出占 GDP 比重上升

从"四本账"的支出端来看，汇总支出占 GDP 比重持续上升，2010 年我国"四本账"汇总支出占 GDP 比重为 33.4%，2017 年上升至 37.8%，此后快速上升，2020 年升至高点 43.9%，2022 年降至 38.4%（见图 8 – 10）。分类别看，（1）我国一般公共预算支出占 GDP 比重在"十二五"时期略有上升，在"十三五"期间基本稳定在 24.2% 左右，2022 年回落至 21.5%。（2）"十三五"期间我国政府性基金支出占 GDP 比重保持上升态势。2020 年比 2016 年提高 5.3 个百分点，达到 11.6%，2022 年回落至 9.1%。在"房住不炒"的原则下，考虑到人口增长放缓因素，今后积极财政政策的财政支出力度不能依靠政府性基金支出来拉动。（3）社会保险基金预算支出占 GDP 比重持续上升，2022 年比 2010 年提高 4.3 个百分点，达到 7.5%。我国人口老龄化正在加快，今后社会保险基金支出占 GDP 比重还会继续上升，提高社保基金预算可持续性是提高我国财政安全的重要举措。（4）国有资本经营预算支出占 GDP 比重

基本稳定，2022 年占比为 0.28%。我国国有资本是经济运行的重要组成部分，在财政收支上还经常为一般公共预算和社会保险基金预算提供资金，做大做强国有资本是提高我国财政安全的基石。

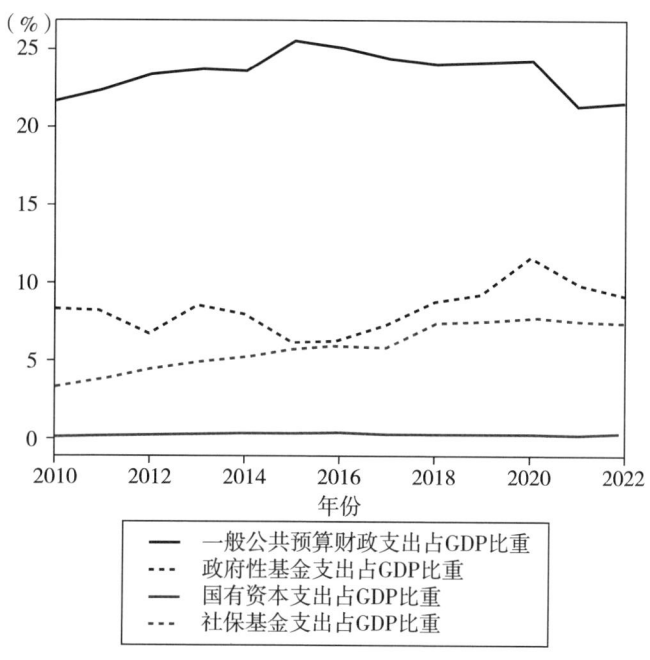

图 8-10   中国"四本账"支出占 GDP 比重

（三）"四本账"收支差额扩大，政府债务规模不断提高的风险

"十三五"期间我国"四本账"汇总收支缺口大幅扩大，导致我国政府债务规模不断扩大。疫情发生之后，2020 年一般公共预算收支逆差扩大，实施阶段性减免社会保险费政策导致社保基金预算出现逆差，双逆差导致我国"四本账"汇总收支逆差占 GDP 比重达到 8.6%（见图8-11）；2021—2022 年经济增长恢复，一般公共预算收支逆差占 GDP 比重缩小至 4.0% 和 6.2%；同期社会保险基金预算收支恢复顺差，占 GDP 比重分别为 0.5% 和 1.0%。2010—2022 年社会保险基金滚存结余占 GDP 比重稳定上升，2022 年占比为 9.6%，基本恢复至疫情发生之前的比重。财政收支逆差赤字率指标恢复至较为安全的区间。

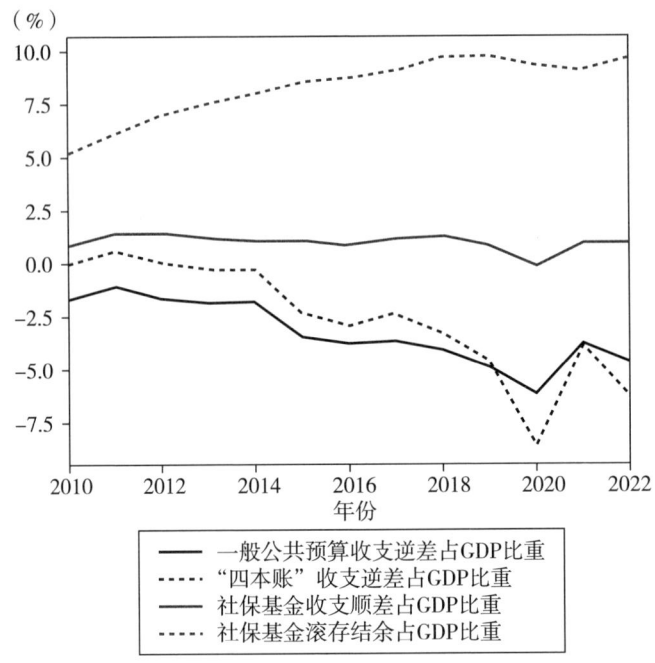

图 8 – 11　中国"四本账"收支差额占 GDP 比重

　　政府债务规模扩大导致债务率提高，但仍处于安全区间。2022 年全国政府债务率（宽口径）上升为 156.4%，偿债率（宽口径）上升为 21.3%。全国政府债务负债率①上升至 50.4%。2021—2022 年新增债务规模收窄，有效控制了全国政府债务规模扩张速度。虽然"十三五"期间我国政府债务规模持续扩大，但与发达国家相比，我国政府债务规模仍相对较低，处于合理安全区间。2012 年美国联邦政府债务总额占 GDP 比重②首次超过 100%，至 2019 年，上升为 106.8%，2020 年疫情冲击导致美国联邦政府债务占 GDP 比重上升至 127.7%，2022 年回落至 123.4%。我国全国政府债务（包括中央和地方财政合计的政府债务余

---

　　① 全国政府债务率（窄口径）＝全国政府债务余额/"三本账"收入，全国政府债务率（宽口径）＝全国政府债务余额/"四本账"收入，全国政府偿债率（窄口径）＝财政债务还本付息支出/"三本账"收入，全国政府偿债率（宽口径）＝财政债务还本付息支出/"四本账"收入，政府负债率＝政府债务余额/国内生产总值。

　　② 资料来源：美国总统预算办公室。

额）负债率仍大大低于美国联邦政府债务率，疫情之后，随着经济增长恢复和财政收入好转，我国政府负债率有望回落（见图8-12）。

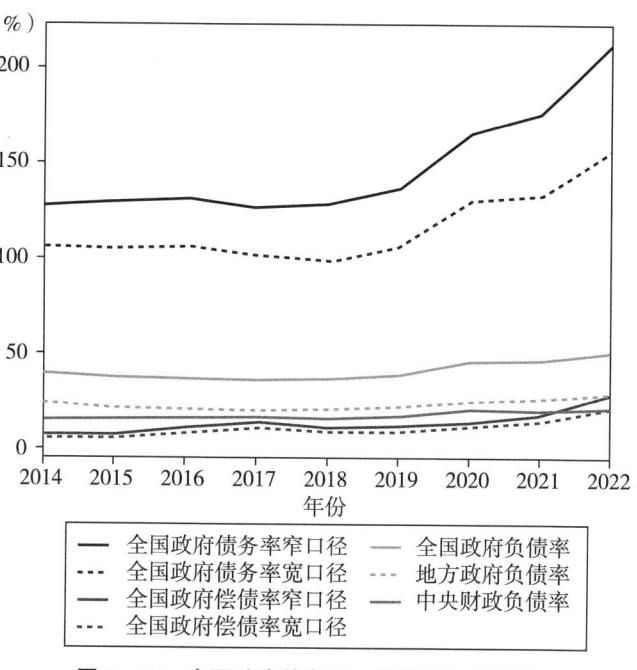

图 8-12　中国政府债务率、偿债率和负债率

四 金融安全

"十三五"期间，我国金融发展与实体经济发展严重失衡，加剧了潜在风险积累，增大了经济金融风险的关联性和复杂性。

一是金融业快速膨胀之后，金融业占 GDP 比重居高不下，金融部门金融资产占 GDP 比重从高位回落。21 世纪以来，我国金融业经历了一个快速增长时期。在经济增速加快下行的过程中，小微企业经营困难，利润减少，亏损面扩大，金融业依靠相对集中的金融资源获得相对有利的地位，使金融业增加值占比被动提高。金融增加值占 GDP 比重，从 2005 年的低点 4% 增长到了 2015 年的高点 8.2%，超过同期英美等发达经济体的占比。2015 年开始的供给侧结构性改革和随后的金融去杠杆政策，使得我国的金融业规模出现明显下降，2018年金融业增加值占GDP比重下降到7.68%，但是在疫情冲击下，2020年金融业增加值占比再次冲高至8.2%，2021—2022年没有实施大水漫灌的货币扩张，金融业增加值占GDP比重降至8.0%。

我国金融部门金融资产在2010—2016年急剧扩张，2014—2016年互联网金融某些业态偏离正确创新方向，互联网金融风险案件高发频发，造成巨大损失和社会不良反应，通过互联网金融风险专项整治清理整顿互联网金融业务，在"十三五"期间金融去杠杆政策成效显著，影子银行规模得到有效控制；2020—2022年，受疫情影响，金融部门金融资产占GDP比重从2016年的4.9倍降至2022年的3.6倍（见图8–13）。尽管如此，我国影子银行规模仍然较大，风险犹在。

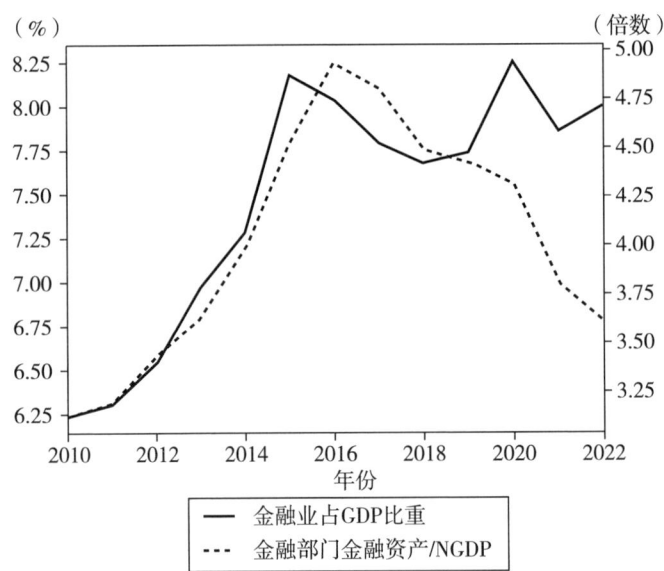

图8–13 中国金融业增加值和金融部门金融资产占GDP比重

二是部分商业银行风险指标好转。"十三五"期间，我国商业银行资本充足率稳定上升，外汇出口头寸比例持续降低。不良贷款比率和不良贷款拨备覆盖率基本稳定。除了不良贷款比率和人民币超额备付金率，2021—2022年商业银行风险指标普遍好于2020年（见表8–1）。

表8-1 商业银行经营风险指标

单位:%

年份	不良贷款比率:银行业	资本充足率:商业银行	商业银行:累计外汇敞口头寸比例	商业银行:人民币超额备付金率	不良贷款拨备覆盖:商业银行:拨备覆盖率
2010	2.43	11.49	6.7	3.2	217.66
2011	1.77	12.25	5.32	3	278.1
2012	1.56	12.98	4.5	2.98	295.51
2013	1.49	12.23	3.86	2.55	282.70
2014	1.64	12.66	3.78	2.52	232.06
2015	1.94	13.17	3.29	2.3	181.18
2016	1.91	13.27	3.39	2.11	176.41
2017	1.85	13.35	2.96	1.68	181.42
2018	1.97	13.8	2.34	2.06	186.31
2019	1.98	14.37	2.53	2.16	186.08
2020	1.92	14.46	2.48	2.12	184.47
2021	1.92	14.73	1.74	1.76	196.90
2022	1.7	15	1.4	1.8	205.8

三是金融市场基本稳定。"十三五"期间，我国股票流通市值不断扩大，2020年股票流通市值占GDP比重上升为105.2%，2022年进一步上升至115.4%；沪深股市市盈率平稳回落，股市趋向健康发展。受益于我国经济平稳增长和低通胀的宏观环境，国债收益率基本稳定。人民币兑美元汇率稳中有升，2018—2019年中美贸易摩擦导致人民币汇率一度贬值，但2021—2022年在经济增长恢复的背景下，人民币对美元汇率趋向稳定（见表8-2）。

表8-2 股市债市汇市收益

年份	市盈率：深圳证券交易所：股票	市盈率：上海证券交易所：股票	股票流通市值/NGDP（百分比）	国债收益率：银行间：即期：1年	国债收益率：银行间：即期：10年	人民币兑美元（期末）
2010	39.7	22.5	48.3	1.9	3.6	6.8
2011	31.3	17.6	50.6	3.2	3.9	6.4
2012	22	12.5	44.3	2.7	3.5	6.3
2013	25.6	11.5	46.5	3.4	3.9	6.2
2014	28.6	11.3	50.9	3.4	4.1	6.1
2015	46.6	18.1	77.9	2.5	3.4	6.2
2016	40.4	15	77.9	2.3	2.9	6.7
2017	37.4	17.4	84.4	3.3	3.6	6.7
2018	26.3	15.2	81.8	3	3.6	6.6
2019	24	14.1	87.2	2.6	3.2	6.9
2020	29.6	14.9	105.2	2.2	3	6.9
2021	31.9	17.2	113.5	2.4	3	6.4
2022	25.0	14.0	115.4	2.0	2.8	6.8

四是房地产与实体经济失衡。我国城镇化过程中，房地产业得到了迅猛的发展。房地产业占GDP比重在"十三五"期间持续上升，2020年房地产增加值占比升到高点7.2%，2022年降至6.0%。房地产市场风险在持续累积，呈现出高价格、高杠杆、高度金融化和高度关联性的风险特征。房地产业的发展是负债率持续上升的过程，现在负债率已经达到较高风险水平。在此过程中，中国经济地产化、地产高度金融化。其中，房地产贷款仍然在金融机构贷款中占有较大比重，2019年达到29%，随后连续回落，2022年降至24.8%（见图8-14）。从2015年以后开始房地产去库存，有效降低了房地产库存，但是也产生了负面影响。房地产发展与地方政府的土地财政有紧密相关；同时，房地产走势还是居民杠杆率变动的重要影响因素。地产业的金融关联性可见一斑。一线城市及部分二线城市房地产市场呈现出较强的金融属性，并带来巨大的虹吸效

应，使得经济进一步脱实向虚。房地产融资需求的很大一部分是通过影子银行体系获得，这是一个跨界的高度关联的地产金融生态体系，房地产的风险可能导致金融机构资产质量恶化、引发地方财政风险甚至系统性金融风险。中央提出"房住不炒"，房地产销售低迷。2021—2022年房地产企业债务违约增加，地方政府土地流拍增多，这充分反映了房地产业高风险。

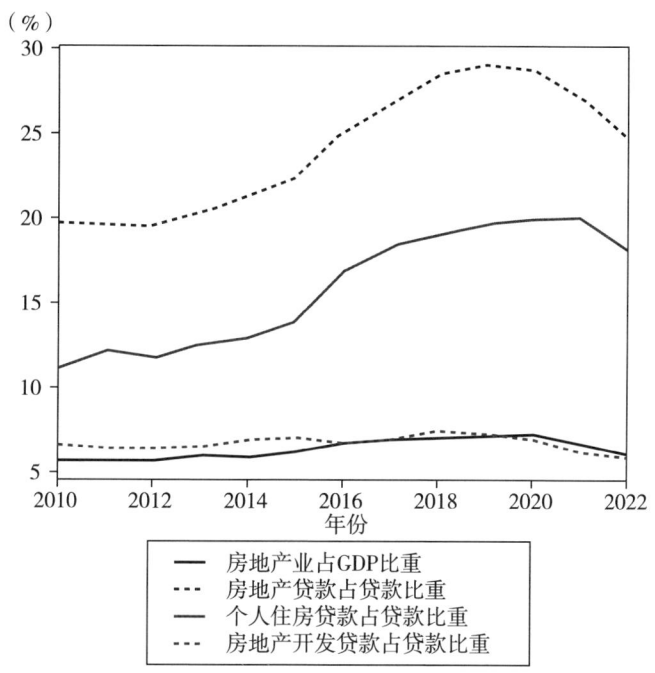

图8-14　中国房地产业增加值占GDP比重和房地产贷款比重

"十三五"期间，我国房价收入比①上升。全国综合的房价收入比从2016年的8.1升至2019年的8.7，2022年回落至7.7。图8-15显示，房价收入比与房地产库存占比存在明显负相关关系。

---

① 房价收入比＝城镇人均住宅建筑面积×商品房价格/城镇人均可支配收入。

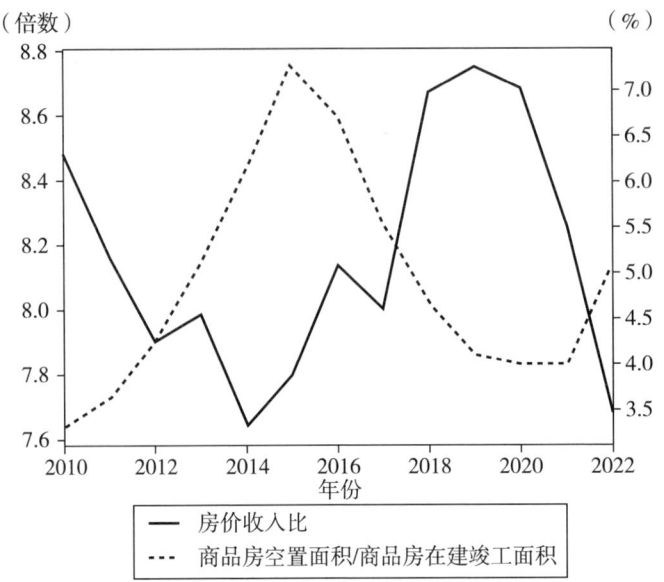

图 8 – 15　中国房价收入比和商品房空置面积比例

五是保险业发展仍相对滞后。2011—2021 年，中国保险行业资产总规模持续扩张，由 6.0 万亿元增长至 24.8 万亿元，年均复合增长率达到 15.2%。增速方面，自 2017 年起中国保险行业资产总额增长速度明显放缓，至 10% 左右，2021 年中国保险行业资产增速放缓至 6.8%（见图 8 – 16）。

保险密度，是指按照地区人口计算的人均保费，它标志着地区保险业务的发展程度，也反映了该地区经济发展的状况与人们保险意识的强弱。2022 年，全国保险密度（人均保费）为 3326 元/人，相比 2020 年全国保险密度的 3204 元，增加 122 元。保险深度，是指保费收入占国内生产总值（GDP）的比例，反映了该地保险业在整个国民经济中的地位，取决于地区经济总体发展水平和保险业的发展速度。2021—2022 年全国保险深度有所下降。2022 年，全国保险深度为 3.9%，暂未达到 5% 的预期目标（见图 8 – 17）。

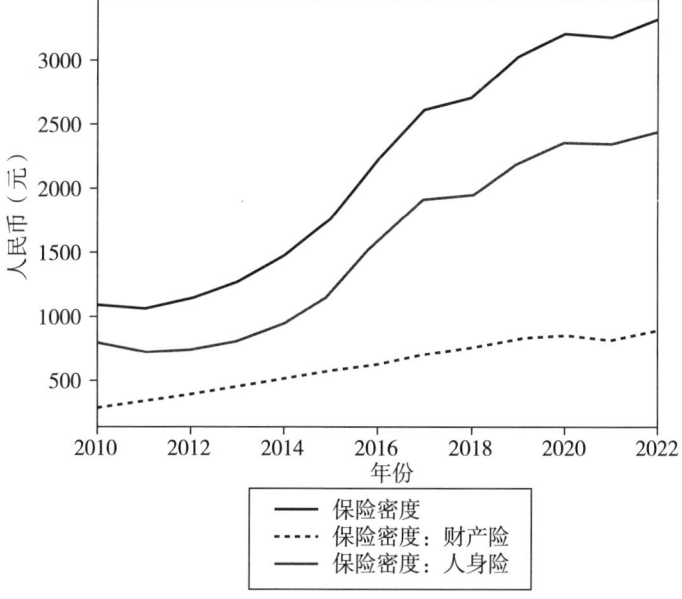

图 8 – 16　中国保险密度持续上升

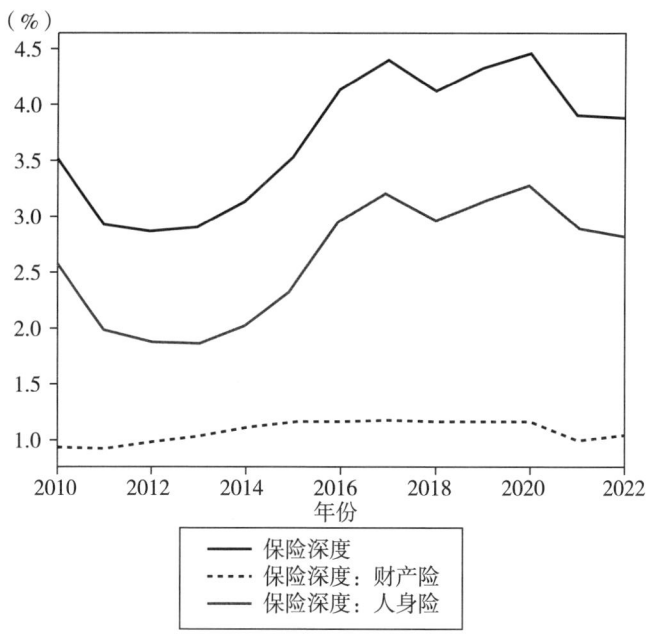

图 8 – 17　"十三五"时期中国保险深度高位回落

六是宏观杠杆率居高难下。高杠杆是宏观金融脆弱性的总根源，在实体部门体现为过度负债，在金融领域体现为信用过快扩张。可以从水平、增速与结构三个维度来分析宏观杠杆率的风险。我国企业杠杆率基本上位列全球之冠。表面上问题和风险都在企业部门，但深入分析，发现症结在公共部门。在企业债务中，国企债务占比超过六成；而国企债务中，又有一半左右是所谓的融资平台债务。如果扣除掉融资平台债务，企业部门杠杆率风险也就不那么凸显了。中国公共部门杠杆率的高企主要是因为国企与地方政府债务扩张缺乏硬约束，从而反映出中国债务积累的"体制特色"。高杠杆率风险的核心在于债务风险在公共部门的积累与集聚。

总之，"十四五"时期金融领域仍处在风险易发高发期。这体现在：(1) 过去高速增长掩盖下的一些体制性、结构性矛盾和问题正在"水落石出"，风险暴露；(2) 经济增长速度"换挡期"、结构调整"阵痛期"、前期刺激政策的消化期的"三期叠加"，使得多种风险交织叠加；(3) 世界大变局加速深刻演变，全球动荡源和风险点增多，外部风险加剧。从近期来看，当前金融领域的风险点主要集中在房地产、地方政府隐性债务、不良资产反弹，影子银行存量仍然较高，外部冲击不确定性因素增多等方面；从中长期来看，主要是宏观杠杆率偏高、金融与实体经济结构性失衡、社保欠账、财政风险与金融风险相互交织和转化，尤其要关注进一步扩大金融开放所带来的跨境资本流动加剧等问题所引发的金融风险。

五 外部经济安全

(一) 国际贸易和国际收支安全

构建"双循环"格局，必须考虑外部经济安全。在开放经济中，国际贸易互惠互利，进口依存度高只能说明产品供应链受国际市场影响较大；同时，如果出口规模也很大，本国经济对国际市场就具有较大影响力，本国深度参与国际经济循环，反而增强了本国经济的安全性。"十三五"时期，我国进口占世界比重持续上升（见图 8 – 18）；2016—2019 年我国商品和服务出口占世界比重基本平稳，2020 年疫情冲击导致世界生产供应吃紧，中国出口逆势上涨。我国强劲的出口制造能力为疫情冲击下全球经济稳定和复苏作出了重要贡献；2021—2022 年，随着世界经济增长持续放缓，欧、美、日、印、澳等国家相继放开封控措施，供应链缓慢修复后，我国进出口占世界比重略有回落。

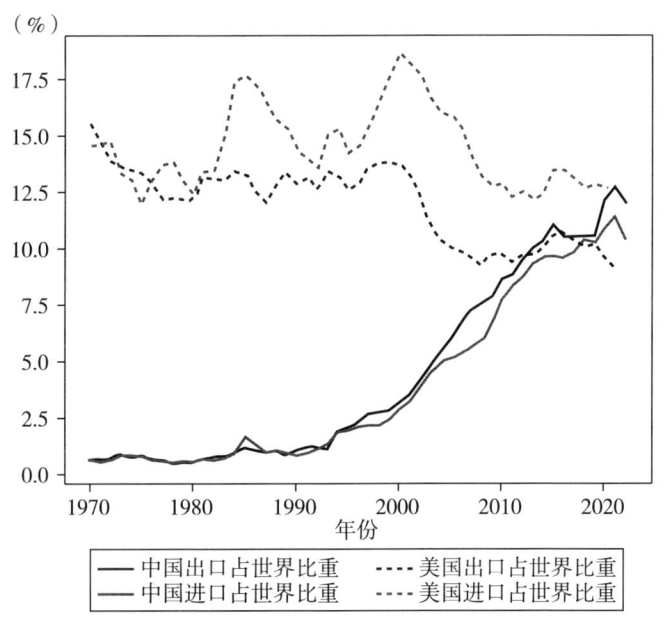

图 8 – 18　中国进出口占世界比重持续上升

　　分指标看，我国外部经济安全指标基本处于可控范围（见表 8 – 3）。

表 8 – 3　外部经济安全指标

单位:%

	2010	2011	2012	2013	2014	2015	2016	2017	2018	2019	2020	2021	2022
粮食进口占比	10.7	9.8	11.6	12.1	13.6	15.9	14.7	16.5	14.9	14.4	17.6	19.4	17.6

续表

	2010	2011	2012	2013	2014	2015	2016	2017	2018	2019	2020	2021	2022
稻谷大米进口占比	0.2	0.3	1.1	1.1	1.2	1.6	1.7	1.9	1.4	1.2	1.4	2.3	2.9
小麦进口占比	1	1	2.9	4.3	2.3	2.2	2.5	3.2	2.3	2.6	5.9	6.7	6.7
玉米进口占比	0.6	0.6	1.6	2.2	1.2	1.1	1.3	1.7	1.2	1.3	3.1	3.2	3.3
大豆进口占比	74.5	73.9	77.6	80.4	82	84.4	83.4	83.8	82.1	80.6	81.4	83.1	79.5
能源进口占比	15.8	16.8	16.9	17.6	18.3	18	20.8	22.2	23.5	24.1	–	23.4	–
原油进口占比	54.5	55.8	56.9	57.5	59.4	61.3	65.9	69.2	71.2	72.6	73.7	72.3	71.5
天然气进口占比	–	–	–	–	–	–	36.1	39.9	44.6	44	43.1	45.8	41.9
铁矿砂进口占比	36.6	34.1	36.3	36.1	38.1	40.8	44.5	46.8	58.6	56.4	57.9	54	53.9
经常项目顺差/GDP	3.9	1.8	2.5	1.5	2.3	2.6	1.7	1.5	0.2	0.7	1.9	2	2.2
外汇储备/GDP	46.8	42.1	38.8	39.9	36.7	30.1	26.8	25.5	22.1	21.8	21.8	18.2	17.4
外汇储备/进口	203.9	182.5	182.1	196	196.1	198.3	189.6	170.3	143.9	149.5	155.7	121.3	115.6
外汇储备/短期外债	757.9	635.1	612.2	564.8	296	375.3	347.6	274.2	238.4	257.9	244.3	224.7	233.8
外债：偿债率	1.6	1.7	1.6	1.6	2.6	5	6.1	5.5	5.5	6.7	6.5	5.9	10.5
外债：负债率	9	9.2	8.6	9	17	12.5	12.6	14.3	14.3	14.3	16.3	15.5	13.6
外债：债务率	29.2	33.3	32.8	35.6	69.9	58.6	64.4	72.6	74.8	77.8	87.9	77.3	66

1. 从粮食安全来看，我国始终坚持把饭碗牢牢端在自己手中的原则，推动农业高质量发展。"十三五"期间，粮食进口占比有所提高，2021年达到19.4%，2022年回落至17.6%。我国稻谷大米、小麦、玉米等进口占比较低；大豆进口占比处于高位，"十三五"期间大豆进口占比稳定在83%左右。粮食安全始终不能掉以轻心。

2. 能源安全是经济发展的命脉。我国本土油气储藏量低，煤炭资源丰富，总体的能源进口占比在2019年为24.1%，但是原油和天然气进口依存度持续上升，2021年分别为72.3%和45.8%；2022年略有回落。

3. 铁矿砂进口占比也处于较高水平，2018年达到历史高点58.6%，至2022年持续回落至53.9%。

4. 我国经常账户顺差占GDP比重已经处于合理区间，外汇储备占GDP比重合理回落，以进口和短期外债相比，我国外汇储备规模处于较高水平。

5. 我国外债规模较低，"十三五"时期外债规模增长，外债负债率2020年只有16.3%，外债债务率为87.9%，外债偿债率只有6.5%；2022年外债负债率和外债债务率分别降至13.6%和66%。

（二）构建人类命运共同体面临的风险和挑战

党的十八大以来，习近平总书记在多个具有重大影响的外交场合发表主旨演讲，积极倡议与国际社会共建人类命运共同体，这是我国推动高水平对外开放的目标。从国际环境来看，构建人类命运共同体仍面临风险和挑战。

中美长期博弈激化的风险上升。中美大国竞争具有长期性。日本教训殷鉴不远，1995年日本占美国GDP比重曾经达到71.3%，日本经济经过长期低增长后，日本占美国GDP的比重持续降低，2022年降至16.6%。2021年中国经济规模相当于美国的76.4%，而2010年中国经济仅为美国的40.6%，2016年中美经济比例已经达到60%（见图8-19）。这迫使美国对中政策作出调整，从特朗普的中美贸易摩擦到拜登的全面围堵，中美博弈日趋激烈。受疫情冲击影响，2022 年中国 GDP 占美国比重降至 70.5%。

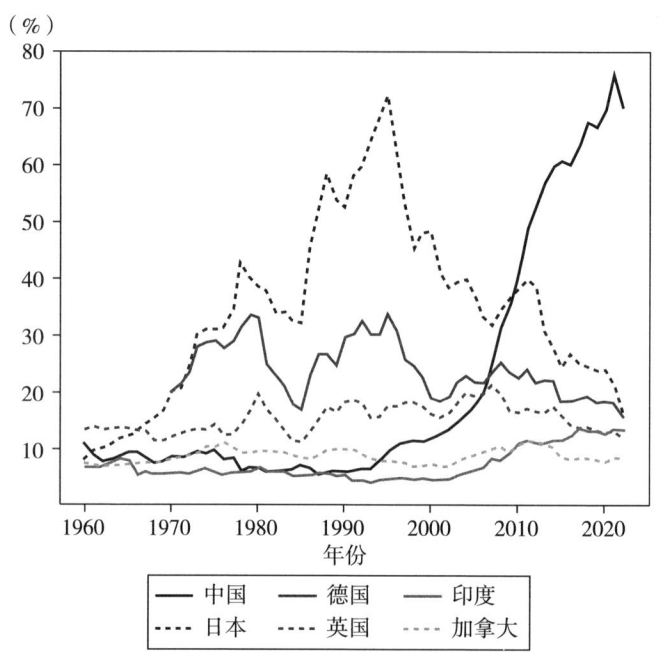

图 8-19 主要国家 GDP 占世界 GDP 比重

政治上，美国激化新疆、香港、台湾问题。

军事上，美国把战略重心从中东转向亚太，利用乌克兰危机逼迫中国选边站，加大了东西方融合发展的难度。

经济上，美国和其他 G7 国家主导供应链"去风险化"。一是美国以产业链供应链安全为由，组织盟友重整国际产业链。通过伙伴制造、近岸制造重新布局产业链，减少对中国制造的依赖。典型的产业是半导体行业，一方面控制对中国的高端半导体设备和芯片出口；另一方面加强台湾、日本和韩国以及美国本土的合作生产。二是美国加强了对在美上市外国公司的信息披露要求。2020 年 12 月特朗普签署《外国公司问责法案》（Holding Foreign Companies Accountable Act，HFCAA）最终修正案，要求在美国证券交易所上市的公司向美国证券交易委员会披露有关外国司法管辖区的信息。根据萨班斯 – 奥克斯利法案，在美上市公司的审计报告必须由在 PCAOB 注册的会计师事务所审计。而在 PCAOB 注册的会计师事务所，无论是美国还是其他国家的会计师事务所，都必须接受 PCAOB 监管，包括接受检查和监督，以评估会计师是否遵纪守法、是否符合会计师行为标准。如果 PCAOB 连续三年无法审核指定报告，此类公司将被禁止在交易所交易和除名。截至 2021 年 7 月 22 日，中国在美上市的中概股总共 286 家，获得发售募资净额 241 亿美元，总市值 2.1 万亿美元。《外国公司问责法案》签署实施后并未完全阻止中概股在美上市，2020 年 12 月至 2021 年 7 月，在美新上市 41 家[①]。如果中国不允许 PCAOB 的常规检查可能会导致在美国上市的中国公司被迫回归 A 股或港股市场，造成中美资本市场的完全脱钩，损害中国企业的国际评级，打击国际投资人对中国企业的信心。

科技上，美国企图保持其科技领先地位。一是加大其国内科研投入力度，美国参议院通过的《2021 年美国创新与竞争法案》提议政府增加 520 亿美元支持半导体和 5G 行业发展，以扭转美国半导体行业市场份额下降的趋势，该法案明确提出与中国向半导体行业投入 1500 亿美元的计划展开竞争；二是对中国实施技术封锁，将中国部分高科技企业列入"实体清单"，阻止新技术向中国转移，减少中国理工类在美留学生。特朗普政府执政时期，美国政府扩大了对中国部分企业和单位的制裁，拜登上台后，继续实施技术封锁。这些措施包括技术禁运、限制投资、军事出口管制三大类。从 2018 年 8 月 1 日至 2024 年 4 月 11 日，美国商务部工业与安全局（BIS）共发布涉华"实体清单"37 次，其中 2018 年 2 次，2019 年 5 次，2020 年 7 次，2021 年 6 次，2022 年 2 次，2023 年 12 次，2024 年 3 次；将 776 家中国单位列入清单，其中包括中国科研机构（研究/院/中心）117 家、人员 16 名、高校 9 所、国家机关 19 个，相关

---

① 数据来源：WIND 金融数据库。

企业617家。其具体制裁领域涵盖了中国制造战略中强调的"十大领域"：新一代信息技术、高档数控机床和机器人、航空航天装备、海洋工程装备及高技术船舶、先进轨道交通装备、节能与新能源汽车、电力装备、新材料、生物医药及高性能医疗器械、农业机械装备。美国政府的这些制裁措施严重干扰两国乃至全球正常的科技交流和贸易往来，全球产业链、供应链面临重大冲击。

（三）"一带一路"建设存在的潜在风险

"一带一路"倡议也是全球进入风险社会的一项长期、复杂而艰巨的系统工程，在推进实施过程中必然面临诸多不容忽视的风险和挑战。

1. 地缘政治风险。部分"一带一路"沿线国家和地区属于地缘政治热点区域，共建"一带一路"有利于改善我国与共建国家的地缘政治环境，但同时也面临着更为突出的地缘政治风险。一是"一带一路"倡议可能会遭到其他大国的抵制。美国加速重返亚太的步伐，加速实施"亚太再平衡"战略，并运用其广泛的资源和手段对"一带一路"倡议进行抵制。同时，由于历史和地理原因，"一带一路"沿线的国家往往被部分大国所影响，或者在政治经济上依附于这些国家，例如俄罗斯对其周边国家、印度对南亚国家都有着较强的影响力。二是一些别有用心的大国散布"中国威胁论"，使得一些国家对中国在"一带一路"倡议中"战略企图"产生了猜忌。三是"一带一路"的推进在政治方面还面临一些不可预料的非传统安全因素的威胁。据美国全球恐怖主义数据库显示，有25%的"一带一路"沿线国家处于危险状态，有15%的国家处于高危状态[①]。

2. 经济风险。"一带一路"项目在投资与开发过程中也面临着各种经济风险。首先，投资结构不对等可能带来投资成本高而收益小的问题。

---

① 参见李原、汪红驹：《"一带一路"沿线国家投资风险研究》，载《河北经贸大学学报》2018年第7期。

由于"一带一路"沿线很多国家都是发展中国家，经济实力相对比较弱，在投资开发过程中很少能拿出实实在在的资源来积极参与"一带一路"的共建，许多国家还寄希望于通过项目实施能够带来直接收益，比如在"一带一路"沿线国家中，有个别国家有着长期且经常的主权违约记录①。其次，大部分"一带一路"沿线国家的产业结构单一导致经济不稳定、财政赤字较大，政府负债较高、偿债能力较差导致经济信用风险较高，可能会对我国经济发展造成不良影响。最后，"一带一路"相关投资项目在开展过程中还面临着由沿线国家自身诸多不确定因素带来的营商环境风险，包括气候变化、市场规则、宗教冲突乃至恐怖主义威胁，等等②。

3. 文化与社会风险。"一带一路"沿线不同国家间的宗教信仰、风俗习惯存在很大差异，"一带一路"倡议的内涵强调发展、开放、交流、合作等特质，可能在推进过程中与共建国的本土文化价值产生冲突。另外，"一带一路"沿线由于国家政治、经济和文化等背景的不同，还面临着各种各样的法律风险，特别是在涉及知识产权保护、劳工权益保障、环境保护等方面可能存在着较大的分歧，直接影响"一带一路"倡议的可持续性。

六 统筹发展与安全的对策建议

我国已经实现第一个百年奋斗目标，为实现第二个百年奋斗目标，我国应充分发挥自身优势，主动作为，将新的赶考路上存在的重大风险化解于无形，避免风险暴发。

---

① 参见李原、汪红驹：《"一带一路"沿线国家投资风险研究》，载《河北经贸大学学报》2018 年第 7 期。
② 参见马昀：《"一带一路"建设中的风险管控问题》，载《政治经济学评论》2015 年第 7 期。

（一）提高人均收入水平，确保我国经济增长率高于美国

我国提高人均国民收入还有很大空间。为实现中美长期博弈的胜利，需要确保我国经济增长率高于美国。虽然我国未来 30 年面临经济增长速度回落的风险，只要我国能实现高于美国的经济增长，中美长期博弈的过程就能避免日本的后果，实现第二个百年的目标就有保障。

（二）以战略性合作缓和战略性竞争，争取和平发展机遇

中美之间的战略竞争是长期的，美国凭借绝对优势实施军事围堵和压制政策，目的是将中国军事力量限制在内陆和内海，防止中国突破第一岛链，成为亚太地区的领导者。当前及未来一段时间，应把中美竞争的主战场锁定在经贸、科技、网络、金融领域，防止矛盾扩大化。即使在中美长期博弈加剧的国际环境下，中美仍存在诸多共同利益。2023 年 11 月亚太经合组织第三十次领导人非正式会议期间，国家主席习近平出席会议并发表题为《坚守初心 团结合作 携手共促亚太高质量增长》的重要讲话。习近平总书记在旧金山深入阐述中国对深化亚太合作、促进地区和世界经济增长的主张，为谱写亚太合作新篇章、建设更加美好的世界注入了强大正能量。在新冠疫情防控、气候变化和绿色发展、核武器防扩散、太空开发应用、人工智能等领域，我国可以发挥显著的影响力，通过加强务实合作，避免中美关系走向极度恶化。针对《外国公司问责法案》关于中概股信息披露问题，中美双方可以在数据保护、审计监督方面约定合理的、符合双方利益的条件、程序与标准。参考中美在其他领域的监管合作推进，也可以参考 PCAOB 与其他 40 多个国家的合作框架，PCAOB 对境内相关会计师事务所的常规检查可以在平等互惠的前提下进行会计监管合作。

（三）完善现代化国家治理制度，争取中美制度竞争的新优势

健全依法治国的制度建设。改革收入分配制度，缩小收入分配差距，促进共同富裕。完善垄断行业和企业的监管，改善中小企业竞争环境。深化国企改革，推进公平竞争审查制度，降低市场准入的制度成本，推

动竞争中性原则落地。完善港股和 A 股市场制度建设，吸引越来越多的中概股企业通过第二上市回归港股或通过科创板回归 A 股。扭转金融与实体经济发展失衡，提高创新回报，降低创新风险，大力推进技术自主创新，加快建设创新型国家，打破美国技术封锁。建立和完善房地产市场发展的长效机制，增加土地供应，征收房地产税，打破地方政府对土地财政的依赖和炒房暴富的预期，让住房回归居住本原，降低居住成本，提高创新回报，引导资金流向创新领域，促进提高供给体系质量，显著增强我国经济质量优势。加大国防投入，增强国防科技实力，提高战略威慑能力，从网络安全、产业链供应链安全、能源安全、粮食安全等方面健全国家安全保障体系。

（四）加大对外开放力度，积极参与国际治理

进一步开放市场，完善负面清单管理，改善营商环境，为美国企业提供更多市场机会，争取美国商界对中美经贸关系的支持。加大金融开放力度，吸引更多美国金融资本投资于中国。深化金融对外开放，稳妥推进人民币国际化。进一步深化与东亚、欧洲等地区国家经贸合作，推进"一带一路"倡议高质量发展，更加有效地推进出口和投资市场多元化，最大程度地规避美国贸易和投资保护主义带来的风险。积极谋划如何在联合国、国际货币基金组织、世界银行、世界贸易组织、二十国集团等框架内积极参与国际治理。

（五）用好我国财政赤字和国债政策，应对潜在的重大风险

我国实施财政赤字和国债政策仍具有较大空间。从系统性宏观经济风险指标看，过去欧盟把赤字率警戒线定为 3%，政府债务率不高于 100%。我国财政赤字口径与发达国家不同，如果用中央政府和地方政府一般公共预算和政府性基金预算收支逆差数计算，2022 年"两本账"收支差额合计占 GDP 比重为 7.4% 左右。我国政府债务占 GDP 比重较低，2022 年我国中央地方政府债务余额合计占 GDP 比重为 50.4%，美国联邦债务总额占 GDP 比重为 123.4%。虽然 2020 年我国财政赤字规模扩大，

疫情结束之后，我国财政赤字率得到控制，我国政府债务总体风险可控，债务率处于合理上升期，距离国际警戒线还有较大距离，这也为未来 15 年我国运用财政赤字和国债政策应对重大风险提供了财力保障。面对前述重大风险，我国财政政策需要更加突出两方面功能：一是促进潜在经济增长率保持在合理水平，把着力点放在促进改革开放、人力资本积累和创新驱动等方面；二是对总需求进行跨周期调控，完善财政管理的制度建设。

参考文献

［1］蔡昉：《创造与保护：为什么需要更多的再分配》，载《世界经济与政治》2020 年第 1 期。

［2］陈进华：《治理体系现代化的国家逻辑》，载《中国社会科学》2019 年第 5 期。

［3］陈诗一、陈登科：《雾霾污染、政府治理与经济高质量发展》，载《经济研究》2018 年第 2 期。

［4］陈诗一：《能源消耗、二氧化碳排放与中国工业的可持续发展》，载《经济研究》2009 年第 4 期。

［5］陈文玲：《中国将走向高水平的制度性开放》，载澎湃新闻。

［6］段文斌、张文、刘大勇：《从高速增长到高质量发展——中国改革开放 40 年回顾与前瞻》，载《学术界》2018 年第 4 期。

［7］戈艳霞、张彬斌：《财产性收入与劳动供给新红利——对"扩大财产性收入人群"的政策效应评估》，载《劳动经济研究》2018 年第 1 期。

［8］龚婷：《一带一路"债务陷阱论"可以休矣》，载《一带一路报道（中英文）》2019 年第 4 期。

［9］郭克莎等：《迈向高质量发展之路》，科学出版社 2020 年版。

［10］郭庆旺、贾俊雪：《中国潜在产出与产出缺口的估算》，载《经济研究》2004 年第 5 期。

［11］国际货币基金组织：《世界经济展望》，2021 年 10 月。

［12］何德旭、苗文龙：《财政分权、金融分权与宏观经济治理》，载《中国社会科学》2021 年第 7 期。

［13］黄茂兴、叶琪：《马克思主义绿色发展观与当代中国的绿色发展——兼评环境与发展不相容论》，载《经济研究》2017 年第 6 期。

［14］黄跃、李琳：《中国城市群绿色发展水平综合测度与时空演化》，载《地理研究》2017 年第 7 期。

［15］江小涓、孟丽君、魏必：《以高水平分工和制度型开放提升跨境资源配置效率》，载《经济研究》2023 年第 8 期。

［16］江小涓：《创新管理方式完善宏观经济治理体制》，载《经济日报》2020 年 6 月 2 日，第 8 版。

［17］金碚：《论经济发展的本真复兴》，载《城市与环境研究》2017 年第 3 期。

［18］李稻葵、石锦建、金星晔：《"十三五"时期中国经济增长潜力和前景分析》，载《投资研究》2015 年第 12 期。

［19］李钢、董敏杰、沈可挺：《强化环境管制政策对中国经济的影响——基于 CGE 模型的评估》，载《中国工业经济》2012 年第 11 期。

［20］《李克强作的政府工作报告》，载《人民日报》2019 年 3 月 6 日，第 2 版。

［21］李涛、周业安：《中国地方政府间支出竞争研究——基于中国省级面板数据的经验证据》，载《管理世界》2009 年第 2 期。

［22］李小平、朱钟棣：《国际贸易的技术溢出门槛效应——基于中国各地区面板数据的分析》，载《统计研究》2004 年第 10 期。

［23］李小云、吴一凡、武晋：《精准脱贫：中国治国理政的新实践》，载《华中农业大学学报（社会科学版）》2019 年第 5 期。

［24］李晓西、刘一萌、宋涛：《人类绿色发展指数的测算》，载《中国社会科学》2014 年第 6 期。

［25］李雪松、陆旸等：《未来 15 年中国经济增长潜力与"十四五"

时期经济社会发展主要目标及指标研究》，载《中国工业经济》2020 年第 4 期。

［26］李雪松、汪红驹等：《应对疫情全球大流行冲击 实施一揽子纾困救助计划》，载《财经智库》2020 年第 2 期。

［27］李原、汪红驹：《"一带一路"沿线国家投资风险研究》，载《河北经贸大学学报》2018 年第 7 期。

［28］梁泳梅、董敏杰：《中国经济增长来源：基于非参数核算方法的分析》，载《世界经济》2015 年第 11 期。

［29］林伯强、牟敦国：《能源价格对宏观经济的影响——基于可计算一般均衡（CGE）的分析》，载《经济研究》2008 年第 11 期。

［30］林伯强：《电力消费与中国经济增长：基于生产函数的研究》，载《管理世界》2003 年第 11 期。

［31］刘斌、张怀清：《我国产出缺口的估计》，载《金融研究》2001 年第 10 期。

［32］刘鹤：《必须实现高质量发展》，载《人民日报》2021 年 11 月 24 日，第 6 版。

［33］刘鹤：《加快构建以国内大循环为主体、国内国际双循环相互促进的新发展格局》，载《人民日报》2020 年 11 月 25 日，第 6 版。

［34］柳书琪：《果链外迁，一场豪赌》，载《财经》2023 年第 11 期。（核实文献名作者有争议）

［35］龙志和、陈芳、林光平：《中国区域经济收敛的空间面板分析——基于 2000—2008 年 1271 个县的实证研究》，载《中国科技论坛》2012 年第 1 期。

［36］吕光明：《潜在产出和产出缺口估计方法的比较研究》，载《中央财经大学学报》2007 年第 5 期。

［37］吕健：《地方债务对经济增长的影响分析——基于流动性的视角》，载《中国工业经济》2015 年第 11 期。

［38］吕炜、靳继东：《始终服从和服务于社会主义现代化强国建设——新中国财政 70 年发展的历史逻辑，实践逻辑与理论逻辑》，载《管理世界》2019 年第 9 期。

［39］马晔风、蔡跃洲：《数字经济新就业形态的规模估算与疫情影响研究》，载《劳动经济研究》2021 年第 6 期。

［40］马昀：《"一带一路"建设中的风险管控问题》，载《政治经济学评论》2015 年第 7 期。

［41］［美］约瑟夫·熊彼特：《经济发展理论》，何畏、易家详译，商务印书馆 1990 年版。

［42］［美］约瑟夫·熊彼特：《资本主义、社会主义与民主》，吴良健译，商务印书馆 1999 年版。

［43］苗文龙、何德旭、周潮：《企业创新行为差异与政府技术创新支出效应》，载《经济研究》2019 年第 1 期。

［44］蒲志仲、刘新卫、毛程丝：《能源对中国工业化时期经济增长的贡献分析》，载《数量经济技术经济研究》2015 年第 10 期。

［45］曲青山：《深刻理解中国式现代化五个方面的中国特色》，载《求是》2023 年第 16 期。

［46］邵帅、李欣等：《中国雾霾污染治理的经济政策选择——基于空间溢出效应的视角》，载《经济研究》2016 年第 9 期。

［47］苏利阳、郑红霞、王毅：《中国省际工业绿色发展评估》，载《中国人口·资源与环境》2013 年第 8 期。

［48］孙传旺、罗源、姚昕：《交通基础设施与城市空气污染——来自中国的经验证据》，载《经济研究》2019 年第 8 期。

［49］涂正革：《环境、资源与工业增长的协调性》，载《经济研究》2008 年第 2 期。

［50］汪德华、张彬斌、侯思捷：《"十四五"时期我国财政运行的宏观经济环境及基本定位》，载《工信财经科技》2021 年第 2 期。

[51] 汪红驹：《加大需求侧改革力度，完善跨周期宏观调控》，载《银行家》2021 年第 1 期。

[52] 汪三贵：《中国 40 年大规模减贫：推动力量与制度基础》，载《中国人民大学学报》2018 年第 6 期。

[53] 王昌林：《新发展格局》，中信出版社 2021 年版。

[54] 王海芹、高世楫：《我国绿色发展萌芽、起步与政策演进：若干阶段性特征观察》，载《改革》2016 年第 3 期。

[55] 王婷：《中国城镇化对经济增长的影响及其时空分化》，载《人口研究》2013 年第 5 期。

[56] 王小鲁、樊纲、刘鹏：《中国经济增长方式转换和增长可持续性》，载《经济研究》2009 年第 1 期。

[57] 王小鲁、樊纲主编：《中国经济增长的可持续性》，经济科学出版社 2000 年版。

[58] 王玉凤、张淑芹：《财政政策冲击对社会福利及宏观经济的动态影响——基于新凯恩斯 DSGE 模型的分析》，载《中央财经大学学报》2015 年第 4 期。

[59] 吴玉鸣：《中国省域经济增长趋同的空间计量经济分析》，载《数量经济技术经济研究》2006 年第 12 期。

[60] 习近平：《决胜全面建成小康社会　夺取新时代中国特色社会主义伟大胜利——在中国共产党第十九次全国代表大会上的报告》，人民出版社 2017 年版。

[61] 辛超、张平、袁富华：《资本与劳动力配置结构效应——中国案例与国际比较》，载《中国工业经济》2015 年第 2 期。

[62] 许召元：《中国的潜在产出、产出缺口及产量——通货膨胀交替关系——基于"Kalman 滤波"方法的研究》，载《数量经济技术经济研究》2005 年第 12 期。

[63] 杨建芳、龚六堂、张庆华：《人力资本形成及其对经济增长的

影响——一个包含教育和健康投入的内生增长模型及其检验》，载《管理世界》2006 年第 5 期。

［64］杨旭、李隽、王哲昊：《对我国潜在经济增长率的测算——基于二元结构奥肯定律的实证分析》，载《数量经济技术经济研究》2007 年第 10 期。

［65］杨志江、文超祥：《中国绿色发展效率的评价与区域差异》，载《经济地理》2017 年第 3 期。

［66］于成学、葛仁东：《资源开发利用对地区绿色发展的影响研究——以辽宁省为例》，载《中国人口·资源与环境》2015 年第 6 期。

［67］于洪菲、田依民：《中国 1978—2011 年潜在产出和产出缺口的再估算——基于不同生产函数方法》，载《财经科学》2013 年第 5 期。

［68］袁富华、张平、陆明涛：《长期经济增长过程中的人力资本结构——兼论中国人力资本梯度升级问题》，载《经济学动态》2015 年第 5 期。

［69］袁富华：《长期增长过程的"结构性加速"与"结构性减速"：一种解释》，载《经济研究》2012 年第 3 期。

［70］袁富华：《低碳经济约束下的中国潜在经济增长》，载《经济研究》2010 年第 8 期。

［71］袁富华：《中国经济结构性减速、转型风险与供给面改革》，载《中国党政干部论坛》2015 年第 2 期。

［72］张金清、赵伟：《开放经济条件下我国潜在产出水平的估算与解析——基于新凯恩斯主义的理论框架》，载《数量经济技术经济研究》2009 年第 1 期。

［73］张军、章元：《对中国资本存量 K 的再估计》，载《经济研究》2003 年第 7 期。

［74］张连城、韩蓓：《中国潜在经济增长率分析——HP 滤波平滑参数的选择及应用》，载《经济与管理研究》2009 年第 3 期。

［75］张梅：《绿色发展：全球态势与中国的出路》，载《国际问题研究》2013 年第 5 期。

［76］张茉楠：《对第三次全球经济大冲击的判断及对策》，载《国际商务财会》2020 年第 3 期。

［77］张平、刘霞辉、袁富华：《中国经济转型的结构性特征、风险与效率提升路径》，载《经济研究》2013 年第 10 期。

［78］张平、刘霞辉等：《突破经济增长减速的新要素供给理论、体制与政策选择》，载《经济研究》2015 年第 11 期。

［79］张平、刘霞辉等：《中国经济增长的低效率冲击与减速治理》，载《经济研究》2014 年第 12 期。

［80］张晓晶：《宏观杠杆率与跨周期调节》，载《中国金融》2021 年第 5 期。

［81］张艳艳、于津平、李德兴：《交通基础设施与经济增长：基于"一带一路"沿线国家铁路交通基础设施的研究》，载《世界经济研究》2018 年第 3 期。

［82］中国信息通信研究院：《中国数字经济发展研究报告（2023 年）》，2023 年 4 月。

［83］《中华人民共和国国民经济和社会发展第十四个五年规划和 2035 年远景目标纲要》，人民出版社 2021 年版。

［84］周晓艳、张杰、李鹏飞：《中国季度潜在产出与产出缺口的再估算——基于不可观测成分模型的贝叶斯方法》，载《数量经济技术经济研究》2012 年第 10 期。

［85］Alberto Alesiana & Dani Rodrik, *Distributive Politics and Economic Growth*, The Quarterly Journal of Economics, Vol. 109：2, pp. 465 – 490（1994）.

［86］Alwyn Young, *Gold Into Base Metals：Productivity Growth in the People's Republic of China During the Reform Period*, The Journal of Political

Economy, Vol. 111: 6, pp. 1220 – 1261 (2003).

［87］AmCham China, 2020 *China Business Climate Survey Report*, 2020.

［88］Avinash K. Dixit, & Joseph E. Stiglitz, *Monopolistic Competition and Optimal Diversity*, American Economic Review, Vol. 67: 3, p. 297 – 308 (1977).

［89］Boyan Jovanovic & Yaw Nyarko, *Learning by Doing and the Choice of Technology*, Econometrica, Vol. 64: 6, p. 1299 – 1310 (1996).

［90］Boyan Jovanovic, *Selection and the Evolution of Industry*, Econometrica, Vol. 50: 3, p. 649 – 670 (1982).

［91］B. Eichengreen, Donghyun Park, and Kwanho Shin, *When Fast-Growing Economies Slow Down: International Evidence and Implications for China*, Asian Economic Papers, Vol. 11: 1, p. 42 – 87 (2012).

［92］B. Jovanovic & Chung-Yi Tse, *Creative Destruction in Industries*, 2006, NBER Working Paper No. W12520.

［93］B. Jovanovic & Glenn MacDonald, *The Life Cycle of a Competitive Industry*, The Journal of Political Economy, Vol. 102: 2, p. 322 – 347 (1994).

［94］B. Jovanovic & Saul Lach, *Entry, Exit, and Diffusion with Learning by Doing*, American Economic Review, Vol. 79: 4, p. 690 – 699 (1989).

［95］Charles I. Jones, *R&D-Based Models of Economic Growth*, The Journal of Political Economy, Vol. 103: 4, p. 759 – 785 (1995).

［96］Chen Yun & K. Morita, *A Political Economy of Real Estate Development in Shanghai: Present Situation and Impacts on Chinese Macro Economy*, The Hiroshima Economic Review, Vol. 31: 2, pp. 1 – 55 (2007).

［97］ Chuanyi Lu, Qing Tong & Xuemei Liu, *The impacts of carbon tax and complementary policies on Chinese economy*, Energy Policy, Vol. 38: 11, pp. 7278 – 7285（2010）.

［98］ C. Sánchez-Páramo et al. , *COVID – 19 Leaves a Legacy of Rising Poverty and Widening Inequality*, in: World Bank, v. 7. 10. 2021.

［99］ Daron Acemoglu & James A. Robinson, *Persistence of Power, Elites and Institutions*, American Economic Review, Vol. 98: 1, pp. 267 – 293（2008）.

［100］ Daron Acemoglu & Joshua Linn, *Market Size in Innovation: Theory and Evidence from the Pharmaceutical Industry*, The Quarterly Journal of Economics, Vol. 119: 3, pp. 1049 – 1090（2004）.

［101］ Daron Acemoglu & Veronica Guerrieri, *Capital Deepening and Non-Balanced Economic Growth*, The Journal of Political Economy, Vol. 116: 3, pp. 467 – 498（2008）.

［102］ Daron Acemoglu, Fabrizio Zilibotti & Philippe Aghion, *Distance to Frontier, Selection, and Economic Growth*, Journal of the European Economic Association, Vol. 4: 1, pp. 37 – 74（2006）.

［103］ Daron Acemoglu, Simon Johnson & James A. Robinson, *Institutions as a Fundamental Cause of Long-Run Growth*, in Philippe Aghion & Steven N. Durlauf, eds, Handbook of Economic Growth, North Holland, 2005.

［104］ Daron Acemoglu, Simon Johnson & James A. Robinson, *The Rise of Europe: Atlantic Trade, Institutional Change and Economic Growth*, The American Economic Review, Vol. 95: 3, pp. 546 – 579（2005）.

［105］ Daron Acemoglu, *A Note on Diversity and Technological Progress*, MIT working paper,（2009）.

［106］ Daron Acemoglu, *Directed Technical Change*, The Review of

Economic Studies, Vol. 69: 4, pp. 781 – 810 (2002).

[107] Daron Acemoglu, *Equilibrium Bias of Technology*, Econometrica, Vol. 75: 5, pp. 1371 – 1409 (2007).

[108] Daron Acemoglu, *Introduction to Modern Economic Growth*, Princeton University Press, 2008.

[109] Daron Acemoglu, *Labor-and Capital-Augmenting Technical Change*, Journal of the European Economic Association, Vol. 1: 1, pp. 1 – 37 (2003).

[110] David H. Autor, Lawence F. Katz & Ailan B. Krueger, *Computing Inequality: Have Computers Changed the Labor Market?*, The Quarterly Journal of Economics, Vol. 113: 4, pp. 1169 – 1213 (1998).

[111] Elias Dinopoulos & Paul Segerstrom, *A Schumpeterian Model of Protection and Relative Wage*, American Economic Review, Vol. 89: 3, pp. 450 – 473 (1999).

[112] E. L. Glaeser, *A World of Cities: The Causes and Consequences of Urbanization in Poorer Countries*, Journal of the European Economic Association, Vol. 12: 5, pp. 1154 – 1199 (2014).

[113] Gene M. Grossman & Alan B. Krueger, *Economic growth and the environment*, Quarterly journal of economics, Vol. 110: 2, pp. 353 – 378 (1995).

[114] Gene M. Grossman & Elhanan Helpman, *Innovation and Growth in the Global Economy*, Cambridge MA: MIT Press, 1993.

[115] Gene M. Grossman & Elhanan Helpman, *Quality Ladders and Product Cycles*, The Quarterly Journal of Economics, Vol. 106: 2, pp. 557 – 586 (1991).

[116] Harry Wu, Ximing Yue & George G. Zhang, *Constructing Annual Employment and Compensation Matrices and Measuring Labor Input in*

China, Discussion Papers, (2015).

〔117〕 Harry X. Wu, *Accounting for China's Growth in 1952 – 2008: China's Growth Performance Debate Revisited with a newly constructed data set*, Discussion Papers, (2012).

〔118〕 Henri Theil, *Economics and Information Theory*, Amsterdam: North Holland Publishing Co., 1967.

〔119〕 Henri Theil, *Statistical Decomposition Analysis*, Amsterdam: North Holland Publishing Co., 1972.

〔120〕 Huw Lloyd-Ellis, *Endogenous Technological Change and Wage Inequality*, American Economic Review, Vol. 89: 1, pp. 47 – 78 (1999).

〔121〕 IMF, *Fiscal Monitor: Policies for the Recovery*, 2020.

〔122〕 IMF, *The World Economic Outlook database*, 2021.

〔123〕 Jonathan Woetzel et al., *China and the World: Inside the Dynamics of a Changing Relationship*, in: McKinsey Global Institute, v. 1. 7. 2019.

〔124〕 Joseph A. Schumpeter, *Business Cycles: A Theoretical, Historical, and Statistical Analysis of the Capital Process*, McGraw-Hill, 1939.

〔125〕 Joseph A. Schumpeter, *Capitalism, Socialism, and Democracy*, Harper Perennial, 1975.

〔126〕 J. Woetzel et al., *The China Imperative for Multinational Companies*, in: McKinsey Global Institute, v. 15. 1. 2023.

〔127〕 K. Hallding, G. Han & M. Olsson, *China's Climate- and Energy-security Dilemma: Shaping a New Path of Economic Growth*, Journal of Current Chinese Affairs, Vol. 38: 3, pp. 119 – 134 (2009).

〔128〕 K. Sato, *Japan's Potential Output and the GDP Gap: A New Estimate*, Journal of Asian Economics, Vol. 12: 2, pp. 183 – 196 (2001).

〔129〕 Laura Hering & Sandra Poncet, *Environmental policy and* exports: *evidence from Chinese cities*, Journal of environmental economics and management, Vol. 68: 2, pp. 296 – 318 (2014).

[130] Mian Yang, Tiemeng Ma & Chuanwang Sun, *Evaluating the Impact of Urban Traffic Investment on* SO_2 *Emissions in China Cities*, Energy Policy, Vol. 113, p. 20 – 27 (2018).

[131] N. Hara et al. , *The New Estimates of Output Gap and Potential Growth Rate*, Bank of Japan Review, (2006 – E – 3).

[132] Paul M. Romer, *Endogenous Technological Change*, The Journal of Political Economy, Vol. 98: 5, pp. 71 – 102 (1990).

[133] Paul M. Romer, *Increasing Returns and Long-Run Growth*, The Journal of Political Economy, Vol. 94: 5, pp. 1002 – 1037 (1986).

[134] Paul S. Segerstrom, T. C. A. Anant & Elias Dinopoulos, *A Schumpeterian Model of the Product Life Cycle*, American Economic Review, Vol. 80: 5, pp. 1077 – 1091 (1990).

[135] Peter Thompson, *The Microeconomics of an R&D-Based Model of Endogenous Growth*, Journal of Economic Growth, Vol. 6: 4, pp. 263 – 283 (2001).

[136] Philippe Aghion & Peter Howitt, *A Model of Growth through Creative Destruction*, Econometrica, Vol. 60: 2, pp. 323 – 351 (1992).

[137] Philippe Aghion & Peter Howitt, *Endogenous Growth Theory*, MIT Press, 1998.

[138] Philippe Aghion, Peter Howitt & Giovanni L. Violante, *General Purpose Technology and Wage Inequality*, Journal of Economic Growth, Vol. 7: 4, pp. 315 – 345 (2002).

[139] Philippe Aghion, *Schumpeterian Growth Theory and the Dynamics of Income Inequality*, Econometreica, Vol. 70: 3, pp. 855 – 882 (2002).

[140] Rasmus Lentz & Dale T. Mortensen, *An Empirical Model of*

Growth Through Product Innovation, Econometrica, Vol. 76: 6, pp. 1317 – 1373 (2008).

[141] Robert E. Lucas Jr. , *On the Mechanics of Economic Development*, Journal of Monetary Economics, Vol. 221:, p. 3 – 42 (1988).

[142] Robert J. Barro & X. Sala-i-Martin, *Economic Growth*, Cambridge MA: MIT Press, 1995.

[143] Robert J. Barro, *Economic Growth in a Cross Section of Countries*, The Quarterly Journal of Economics, Vol. 106: 2, pp. 407 – 444 (1991).

[144] Rodrigue Mendez, *Creative Destruction and the Rise of Inequality*, Journal of Economic Growth, Vol. 7: 3, pp. 259 – 281 (2002).

[145] Roy C. P. Chung, W. H. Ip & S. L. Chan, *Impacts of the overheating economy on China's manufacturing industry*, International Journal of Advanced Manufacturing Technology, Vol. 43: 11 – 12, pp. 1133 – 1143 (2009).

[146] R. Wike et al. , *Trump Ratings Remain Low Around Globe, While Views of U. S. Stay Mostly Favorable*, in: Pew Research Center, v. 8. 1. 2020.

[147] Sharmishtha Mitra, Vidit Maheswari & Amit Mitra, *A Wavelet Filtering Based Estimation of Output Gap*, Applied Mathematics and Computation, Vol. 218: 7, pp. 3710 – 3722 (2011).

[148] Shouyong Shi, *A Directed Search Model of Inequality with Heterogeneous Skills and Skill-Biased Technology*, Review of Economic Studies, Vol. 69: 2, pp. 467 – 491 (2002).

[149] Staff, *Global Supply Chains are Still a Source of Strength, not Weakness*, in: The Economist, v. 3. 4. 2021.

[150] Susan Lund et al. , *Globalization in Transition: The Future of*

Trade and Value Chains, in：McKinsey Global Institute, v. 16. 1. 2019.

［151］ S. Parker & G. Chefitz, *Debtbook Diplomacy, China's Strategic Leveraging of Its Newfound Economic Influence and the Consequences for U. S. Foreign Policy*, Harvard University, 2018.

［152］ T. Carr et al. , *Delivering the US Manufacturing Renaissance*, McKinsey & Company, V. 29. 8. 2022.

［153］ United Nations Industrial Development Organization, *World Manufacturing Production：Statistics for Quarter* II 2021, 2021.

［154］ United Nations, Department of Economic and Social Affairs, Population Division, *World Population Prospects*, 2019.

［155］ World Bank, *Global Economic Prospects*, 2021.

［156］ Xuedu Lu, Jiahua Pan & Ying Chen, *Sustaining Economic Growth in China under Energy and Climate Security Constraints*, China & World Economy, Vol. 14：6, pp. 85 – 97 （2006）.

［157］ Yu Hao & Yi-Ming Liu, *The Influential Factors of Urban PM 2. 5 Concentrations in China：A Spatial Econometric analysis*, Journal of Cleaner Production, Vol. 112, pp. 1443 – 1453 （2016） .

［158］ Yuqing Xing, *Facts About and Impacts of FDI on China and the World Economy*, China：An International Journal, Vol. 8：2, pp. 309 – 327 （2010）.